# 先秦時代の孝道の研究

康 学偉 著

李 学義・李 筱彤 訳

白帝社

## 内容の概要

　本書は先秦時代の孝道を研究対象にし、幅広く先秦時代の歴史学の各分野に関連させている。そしておよそ100年来の歴史学、民族学、民俗学、倫理学、さらに人類学と考古学などの学科から大量の新しい資料を分析し、運用し、全面的且つ系統的に、先秦時代の孝行観念の形成、発展、繁栄、変換の全体の歴史過程を考察した初めての本である。本書はまた、歴史哲学の理論上から孝道の本質、孝道と政治の関係、孝道の歴史内包、孝道の文化的特性、孝道の時代的意味などの重要な問題を論述している。その中の多くの観点は、いずれも著者が初めて表した新しい見解である。

# 目　次

序文　　呂紹綱　1
前書き　　　　7

## 第一章　孝道の本質と歴史的内包…………………………13
　一、孝道の概念と本質……………………………………………13
　　（一）本義と起源から言えば、孝行が子女の両親に対する真心
　　　　　を込めた対処…………………………………………… 14
　　（二）哲学上から言えば孝行の持つイデオロギーの性質 …… 17
　　（三）倫理上から言えば孝行は縦方向の血縁関係を処理する行
　　　　　為規範…………………………………………………… 21
　二、孝道の歴史内包………………………………………………28
　　（一）二種類の生産の社会構造原理及び適用範囲 …………… 29
　　（二）孝道の発展の一般的歴史過程 …………………………… 31

## 第二章　孝行の観念が父系氏族公社時代の産物………………………39
　一、孝行の観念が形成する前提条件が父系氏族公社時期に備わる　39
　二、中国の父系氏族公社の年代の範囲に関して……………………44
　三、孝行観念が父系氏族社会に形成する文献証拠…………………48
　四、孝行観念が父系氏族社会に形成することに関する民族学的考察　53

## 第三章　西周において盛んに行われる孝道を論ずる………………63
　一、夏商時期の孝行観念の歴史的蓄積………………………………63
　二、孝道が西周において盛んに行われる文献証拠…………………68
　三、西周孝道の特徴と本質に対する理念的思考……………………72
　　（一）孝道が西周に盛んに行われる社会的歴史的原因 ……… 72
　　（二）西周の孝道の特徴、本質と歴史的進歩の意義 ………… 79

第四章　孝道と周代の礼楽文化に関して……………………………… 85
　一、礼の起源、本質及び孝道との関係………………………………… 85
　二、周代の儀礼から反映された孝道観………………………………… 90
　　（一）冠礼：孝悌を人柄の手本行為と提唱 ………………………… 90
　　（二）婚礼：上へは祖先、下へは後世の延続のため ……………… 92
　　（三）葬式の儀礼：孝子の志、人情の元 …………………………… 96
　　（四）祭礼：天性回復、最初の善良な品質を維持 ………………… 109
　　（五）養老礼：孝悌の徳で天下を示す ……………………………… 115

第五章　春秋時代の孝道の動揺を論ずる………………………………… 121
　一、文献における春秋時代の孝道の動揺の証拠……………………… 121
　二、歴史発展のアンバランスと地域文化の孝道への影響…………… 126
　三、中国の奴隷制社会の衰退時期である春秋社会の特徴と孝行動
　　揺の歴史的必然性…………………………………………………… 133
　四、春秋時代の孝道の本質及び歴史発展に対する阻害……………… 142

第六章　戦国時代の伝統孝道の廃退及び封建倫理への変換…………… 147
　一、礼楽文化の解体と孝道の廃退の一般状況………………………… 147
　二、中国が奴隷制社会から封建社会に転換する時期における戦国
　　社会の特徴と孝道衰微の歴史的必然性…………………………… 152
　三、伝統孝道が封建倫理へ転化したことに関して…………………… 161

第七章　春秋戦国の思想界における伝統孝道に対する認識と発展…… 173
　一、儒家の孝道観………………………………………………………… 175
　　（一）孔子による西周の伝統孝道に対する継承と発展 …………… 175
　　（二）曾参の孔子の孝道観に対する闡発 …………………………… 184
　　（三）孔門学派の孝道観に対する孟子による伝承と発展 ………… 189
　　（四）荀子の孝道に対する認識 ……………………………………… 193
　　（五）『孝経』の孝道思想と本質……………………………………… 197

| 二、墨家の孝道論 | 205 |
| 三、道家の孝道論 | 209 |
| 四、法家の孝道論 | 218 |

結語　いくつかの簡単な結論 …………………………………… 233

参考文献総目録 ……………………………………………………… 239

後記 …………………………………………………………………… 245

大陸版の後記 ………………………………………………………… 247

# 序　文

　康学偉君の『先秦孝道研究』という博士論文が台湾文津出版社から刊行されるのを機に、私が序文を書かせていただきます。本来この序文は、康学偉君の指導教授でもあり、私の指導教授でもある金景芳先生に記述していただくはずでしたが、金先生がすでに90歳とご高齢となり、先生が余生を送る時間もきわめて貴重な時間となりつつある為、私達はその貴重な時間を割き、利用することは控えようと考えました。そこで私が金先生の代わりに、この序文を引き受けることになりました。金先生の穏やかな余生を願えば、私はただ恩師の仰せに従うのみであり、この序文の依頼を断る理由など無いに等しかったからです。

　康学偉君は1982年に吉林省四平師範学院の中国語学部を卒業してから、同大学で3年間教員を務めた後武漢大学に入り、古代文学の修士学位を獲得するために勉強していました。1988年に卒業した後、すぐに長春の吉林大学に移り金景芳先生に先秦史を3年間習いました。そして博士論文の『先秦孝道研究』を作成し、1991年秋に順調に答弁を通りました。彼の博士論文は、指導教授の金先生と答弁委員会主席、さらに中国社会科学院歴史研究所長や有名な歴史学者、そして古代文字学者の李学勤先生など、多くの先生方の好評を得ました。康君は論文を作成する過程において、章を1章毎に完成させ、金先生に審査していただく際、すべて1回限りで順調に通り、しかも称賛を受けました。これはたいへん珍しい事です。論文審査の特に厳格な金先生は、誰に対しても容赦がありません。もし駄目ならば、絶対に曖昧にしないで、必ず書き直させます。まして実は、康君は文学研究の出身だったので、当時の状況は決して有利なものではなかったと思われます。途中から歴史研究に変更するとなると、他の歴史研究者達に比べ、非常に精力を使わねばなりません。あいにく彼が勉強する期間は、彼の家庭の多事多難の時期に遭っていました。病気で寝たきりの父の病気見舞い、薬品調達に、どれだけ貴重な研究時間を割き、費やしたか知れません。また、末の弟さんの不慮の事故により、長兄の彼がさらに多くの苦

悩と経済的圧力を被ったか知れません。恐らく経済状態を改善するためだったかもしれませんが、彼は2人の学友と協力して『周易史研究』を共著しました。そしてそれは、すでに湖南出版社から刊行されました。同時に、私が編集長を務めていた『周易辞典』も、彼に30万字ほど編集を頼みました。彼は期限通りにうまく完成してくれました。当時、彼が私事で多くの不利な状況下であるのを私は知っていましたので、果たして期限内に学位論文を完成できるかどうか心配していました。しかし、彼は意外にも奇跡的に創作を終えたのです。その上、その学位論文はとてもすばらしく、優秀な論文として完成されたものでした。彼の成果に感心しながらも注意深く考えてみると、康学偉君が奇跡的で珍しいと言っても、康学偉君には元々確固たる基礎知識が充分にあり、さらに彼は文学と歴史の学問にはなくてはならない賢い素質の持ち主であるうえに、努力を惜しまず、しかも巧みに時間配分をし活用する能力があったので、その成功も当然のことではなかろうかと確信に至りました。私が大学院生のアパートへ彼を訪ねに行ったとき、いつも彼が午前中にもかかわらず部屋に閉じこもって、ぐっすり寝ていることが時々ありました。そんな時、康君がまた徹夜したのではないかと案じていました。

　私は彼の自信力に感心します。彼が「孝道」このテーマを選んで論文を作成するのは、綱渡りのように危険で、少しでも間違いが起きたら、失敗する可能性が高いのではないかと、最初は周囲の皆がちょっと心配をしていました。しかし、彼は少しのためらいも動揺もありませんでした。「孝道」がただの倫理学の範囲だけに属するものではなく、歴史学のテーマで考察するべきではないかと疑問を抱きました。しかも「孝道」は封建時代の道徳規範なので、現実的には通用しないばかりか、適切に処理されないと封建道徳を維持し保護しようと、鼓舞しているのではないかと見なされてしまう危険性もあります。その後の事実が証明したように、我々のそのような心配は全て無用のものになりました。歴史学が持つ範囲はきわめて広く、精神的な方面のものと物質的な方面のものでも、生産関係やそれによる階級・政治関係及び血縁関係（人間そのものでもこの2種類の関係に構成さ

れる）でも、人間が創造したモノなら、すべて歴史学の探求の対象であるべきなのです。歴史学は何と言っても、歴代上の人物の特殊な研究的立場・観点と方法を対象研究とされるものであるのです。よって人類の血縁関係の発生、更に階級、政治関係に言及した「孝道」は、哲学、倫理学の視点から研究されるもので、即ち「孝道」が歴史学上の研究対象になることは、特に不適切なことではないと言えるのです。

　孝行は中国の伝統思想文化の重要な内容の一つとして、二千年余り続く封建社会の中で不名誉な役割を演じたことがあります。漢民族が提出した「父為子綱」は「孝道」という最高の原則で、中国人の発展を押し止め精神を束縛するものでもなく、封建専制統治を守る精神的支柱の一つでもあります。しかし、孝道の発生の初めでは決してこのようではありません。『堯典』では舜について「百姓不親，五品不遜」、「命禹作司徒，敬敷五教」と記載してあります。この「五品」、「五教」の中には孝行の内容を含んでいます。『左伝』文公十八年に大史克に正式に「子孝」の概念を出して、『周礼・大司徒』の「郷之物」の「六行」にも孝の条目があります。それ以降の孔子、孟子、墨子、荀子も孝に言及しています。講じる孝子、孟子、荀子までもが総て孝行を講じます。彼らの言った孝行は、意味はとても単純で、素朴です。『論語・学而』の「孝弟也者，其為仁之本與」と『荀子・王制』の「能以事親謂之孝」が孝行概念の最初の内包と見なすことができます。その意図は明らかに血縁関係の中の両親と子女間の関係の問題を解決するにほかならないのです。そこで子供の親への孝行を強調すると同時に、父親の正義性と母親の慈悲心をも強調します。孝行の根本は、一夫一妻制の個人の家庭の存在にあるのです。両親、子女関係が存在する時代と国家ならばいずれも孝行と親不孝という問題が存在します。個人の家庭が消えてなくなっても、孝行の意義が消えてなくなることはありえないのです。孝行は超時空の道徳的な範疇で、永遠に適用できるのです。ただし歴史の変化に従って、その具体的要求もそれに応じて変化します。封建時代の「父為子綱」の原則は言うまでもなく捨てねばならなく、孔子の所謂「三年無改于父之道，可謂孝矣」、「父母在，不遠遊」と孟子の「不孝有三，無

後為大」などの観念も今日の時代の特徴に適応しなくなりました。しかし、其の観念がどのように変化していくかに関わらず、中華民族の伝統的な孝行の美徳は絶対に守らねばなりません。孝行を含む多くのものが私達の全民族に属し、超時空の恒久性があり、ただある時代或いはある階級の特許品に属するのではないからです。

　私達（学術界を含む）がこの問題に対して実はあまりはっきりしていない時、康君がこの論文のテーマを選んでくれたのは大きな価値があるのです。私の知っている限り、台湾海峡のこちらではこの問題に関する研究が多くありません。台湾では研究がいくらかありますが、透徹した研究はまたきわめて少ないのです。康君のこの論文は実にみごとに学術のスペースを埋めました。まさに答弁委員会の専門家達が与えた評価のように、これは優秀な博士論文です。その最も意義のある美点は、それが孝道を永久に変わらない、融通のきかない抽象的なテーマにして研究しているのではない点にあるのです。彼の言葉遣いのおかげで、孝道は生き生きとした、柔軟な、変化していく歴史的産物になりました。イデオロギーの範疇に属する孝道は、歴史の過程において述べられ、その根は人類の再生産つまり種族の増えることを意味します。物質生産の発展も孝道に決定的な影響を施します。孝道は誰かの聖人が気の向くまま発生するのではなく、当然に人類の親子の情に生じると、すぐさま文明時代の政治生活の軌道に組み入れられるのです。本書では、また孝道が古代中国人の間に特に重視されるのは、古代中国では特殊なタイプの礼楽文化が形成されていただけでなく、このような文化の特徴が倫理道徳を偏重すると深く指摘されています。康君の論文がこのような高いレベルに達したのは、彼が十分な資料に基づき、厳格に史的唯物論の観点や方法を採択して、それぞれを理解し総合して研究した結果です。康君の論文のためにこの評価を下す時でも、私は伝統文化を研究するのはこの方法しかないとは少しも思いません。

　文津出版社編集長の邱鎮京氏が、この博士論文（この１篇に止まらない）を台湾で刊行してくださることこそ、康学偉君が今後の歴史学において、はるかな見通しができる者なのだと承認されたと言えるのではないでしょ

うか。台湾海峡両岸の人々は共通の文化と強靭な伝統の根を持っています。狭い海峡に隔てられても、五千年の歴史にわたり形成された「炎黄」同胞の情を隔てることはできません。それは昔も今も変わらないはずです。今年の夏休みには、邱先生は奥様とご一緒に長春に来られました。僅か短い1、2日でしたが、私たちは親しく交流し、楽しい思い出を残しただけでなく、伝統文化という分野において、私たちはすぐに話が通うのだということに、お互い、どちらともなく気づかされたのでした。

呂紹綱
1992年8月24日
長春の住居にて

# 前書き

　孝道は中国の伝統思想文化の最も重要な内容の中の一つで、中国人の最も重んじる道徳的な倫理規範として、中国の歴史上、非常に重要な地位を占めている。国内外で周知のように、中国の文化は孝行を根本にしており、宗法社会は孝行を基礎にしているのである。

　梁漱溟氏が『中国文化要義』で「中国文化はある意味、孝行の文化とも言える。孝道は中国文化に大いに役立ち、この上もなく地位が高い。もし中国文化に言及するとき、孝行を無視すれば、中国文化に詳しいとは言えない。」と謝幼偉氏の言葉を引用して述べている。フランスの哲学家のモンテスキューは「中国では孝行を義とし、自ら両親を世話することにとどまらず、何でも両親を世話することを第一に始める。(『法意』により)」と述べている。とあるアメリカ人は、中国の孝道話を記した記念切手を説明する際、「中国社会における孝道の美徳と意義と言えば、孝子と慈父に限らず、倫理道徳的な基礎でも、政治上でも、社会上でも、甚だしきに至っては宗教の観念の上でも、すべて重要な役割を果たしている。孝道の美徳を悟ったら、数千年来中国歴史の発展の秘密を悟ることにもなる。(台湾:『今日郵政』1975年12月により)」と述べたと言う。日本の漢学家である桑原隲蔵氏は「孝道は中国の思想基盤でもあれば、また国粋でもある。したがって、中国を研究するには、何よりもまず此の行動を明らかに解明し理解せねばならない。(『支那の孝道』により)」と言っている。

　以上の提言などは、中国の孝道がもたらす歴史上の効果について調べる過程で非常に役立つ。実は、孝道は完全に過去の歴史だけに属するものではない。今日に至っても、孝道を話題にした場合、普通の中国人であるならば、少なからず誰でも孝道について論じることができるだろう。実際に、孝道を知らない中国人は一人もいないだろうし、いかなる人文科学の学者や甚だしきに至っては、一般の教師でも、この話題については多くの高見を述べることができるのである。昨今、中国人の価値観が昔とは違い、あ

る程度の変化が如実に見られるが、相変わらず孝行を重んじている。中国大陸のみならず、台湾でも孝道を重視している。今なお学校では毎週2時間の「生活と倫理」と「公民と道徳」の授業をしている。それにより、孝行を学生に教える。1980年、台湾が制定した老人福利法の第一条は「敬老の美徳を伸ばそう」である。その他、台湾の法律の中でも明確に「敬老」しなければならないと人々に要求している。シンガポール、マレーシアなど華人の多い諸国家では、すべて孝道を尊び崇めている。孝道は歴史的にも現実社会の中でも無視できないからこそ、これを研究する価値があり、必要があると思われる。

　中国の封建社会では、社会上で孝道を極度に重視するだけでなく、学者達もそれをひとつの学問として捉え、研究している。ところが、歴史が本世紀20年代に入って以来、孝道は中国の古代史と文化学のそれぞれの分枝の中で、急に重視されなくなってしまった。孝道は、稀に研究される状態に陥ってしまったのである。

　この現象の原因を究明しようとすれば、無論、この7、80年間における歴史変動の中から探すべきである。1919年の五・四運動から70年代末に至って儒家の学説はまるで取るに足らないものと批判された。人々は中国の政治、経済、科学技術の遅れを孔夫子のせいにし、儒家の学説は現代においては意味のないもと批判され続けた。孝行が諸悪の根源で、孔丘が歴史上の永遠の罪人という観念が流布したのである。この現象については、ここでは評論は控える。しかしこの現象が少なくとも、その後60年来から現在に至るまで、孝道が人々に重視されたり、研究されたりし始めた要因を釈明してくれたのである。

　80年代に入って以来、孝道研究の聖域は開けたが、しかし依然として、その価値観はさほど重要視されず、広くは認められなかった。現在でも学術界では、孝道を研究対象とする専門書が一冊もないどころか、甚だしきに至っては、専門的に孝道を研究する論文も多くない状態である。その上、道徳と功利的評価の輪から離れて、新しい理論思惟を以て孝道を認識させる文章も散見する。

50年代以降から今日まで、海外（香港、台湾）では孝道研究の文章は数量上から見るとかなり多い。しかし私が読み漁った一部の文章から考察してみると、これらの文章は次のような致命的な欠陥がある。つまり、それは理論性と思弁意識が不足しているのである。

　殆どが道徳的な説教を重視していて、陳腐で書生臭く、学術研究の意識に乏しいのである。中国大陸で当年起こった「批林批孔（林彪と孔子を批判する）」運動に反発するという政治目的で意図的に書かれた文章なのだろう。そのような文章ならば、学術性は全く含まないので、ここでわざわざ言及はしない。

　このように本世紀では、国内外を問わず、中国学術界では孝道に関する研究文章は事実、非常に足りない状況なのである。

　上述の状況から伺えるように、現在までの孝道研究の方向性においては大概、倫理学と儒学の研究に留まっており、進展させてもせいぜい文化史研究までである。本格的に歴史学の角度から系統的に考察しようというところまでは未だ円滑に至っていない。

　その支障は何かと言えば、主に歴史学研究上における孝道に対する地位の重要さへの認識が不足していることにあると考える。

　古代史の研究では、学者達は主に社会制度、特に経済と政治制度に興味を持ち、意欲的かつ、熱心に研究に没頭している。彼らは、古代における制度問題を明確に立証できれば、古代社会の実態も明確に把握できると考察している。

　しかし、実はそれだけでは決して、古代社会の実態は把握できないのである。あらゆる政治制度は人が制定するものである。どのように制度を制定するのか、どのような制度を制定するのか、それは当時の人々の頭の中に存在しうるそれぞれの観念意識によって創り出される。悠久の文化伝統の蓄積による根強い観念形態こそ、往々にしてあらゆる重要な制度の最も深い基礎になるのである。そう考えれば、古人の思想観念を研究することは、実は古史研究には欠かせない重要な内容である。先秦史から言えば、我々が知っての通り、先秦時代の中国は礼楽文明であり、人類の初期文明

の主なタイプの一つである。世界で最初に誕生した他の諸文明とは違い、先秦時代の中国は礼楽文明では、孝道こそ、礼楽制度が確立し発展できる内因と動力の中の一つ（詳しくは本文の第四章、第五章の内容を参考）と考えられていた。先秦時代の歴史と文化を研究するには、孝道は言うまでもなく、更にいっそう重視されるべきなのである。孝道が中国の古代史、特に先秦時代史では重要な地位を確立していたことを現在の史学界へ声高に明言すべきである。

孝道研究における薄弱な状況を鑑みて、私は先秦時代の孝道をこの博士論文の研究課題に選んだ。倫理学の著作ではなく、歴史学として作成したこの論文では、儒家の孝行観念（儒家の孝行はただ道徳的な教条で、純粋な観念形式の倫理哲学だけである）をただ取り上げ、研究対象として扱うことはしない。私は孝行を歴史上に発生した一種のイデオロギー、つまり歴史的範疇で起こった偶発的、若しくは必然的に生まれた思想なのか、歴史的な視点角度から系統的にその発生と発展を、客観的に考察し、歴史発展の異なる各段階で孝道が果たした役割を研究しようと試みた。孝道を1つのシステムとして研究し、特にこのシステムの運動過程を研究しながら試みることは、学術界で初めてである。私はその不確かな空白を埋めていく勇気はなかったが、科学的に、事実に基づいて真実を求める態度で、着実に基礎的な研究をすることができた。今後は、この分野において深く研究するためのより良い研究方法を探索してみよう思う。

当課題の理論意義に関しては、上述で既に述べた。次に、その実用的な価値に関する叙述に入る。歴史は現実のためという原則自体は間違いなく正しい。歴史研究の目的は、もちろん現在と将来のためで、退屈しのぎをするために懐古し、更に古人のためではない。前賢は「前事不忘，後事之師（前の事を忘れず、後事の師とする）」、「以古為鑒，可知得失（歴史の成功と失敗を戒めとすれば得失を分かる）」と言ったように、歴史が現実のために参考になることを意味する。今世紀の中国は、多くの社会変動の中で伝統文化に対する多くの討論から始まった。しかし今日に至っても、中国人である我々は、まだまだ自分達の歴史と文化を完全に把握し切れて

いない。実践社会の中で精華と糟をはっきりと見分けられない。往々にして取捨選択が不適当なことをもたらす現実がある。

　孝道は中国の長い歴史と文化、伝統として、果たして精華であるのか、それとも糟なのだろうか。私見ではあるが、これが一概に論じ切れ、一言だけで決められる問題ではないと思っている。それは国家全体と民族が、ある特定の歴史的条件の下で、今ある現状に従って確定せねばならないからである。今日、精華と見なされるものが、いつか糟となり、軽蔑されるかもしれない。またこれに対して、今日では糟と見なされているものでも、いつか精華と高く評価されるかもしれない。これが弁証法である。中国では、不運なことに言形而上学が荒れ狂っている。良いと言われるものなら何でも良いと思われ、悪いと言われるものなら何でも悪いと思われる。

　私のこの論文の創作目的は、孝道研究の努力により先秦時代の孝道が発生してから衰退に至るまでの軌跡を明確にすることである。更に、重点的に孝道が歴史の異なる発展時期で果たした役割を分析し、その中からいくつかの法則性と普遍的な意味及び見解を発見することである。歴史を顧みながら、健康的な民族を建設するために、精華の取り入れと糟を取り除く上での標準を決めるために、理論上の根拠を明示し提供できるようにしたい。勿論、このような研究では真理性と科学性を首位に置いてこそ、得た結論は普遍的意義を持つことができる。もし単純にある段階の政治のためならば、実用主義を招きやすい。

　本論の作成を始めた頃、恩師の金景芳先生が以下の2点を繰り返し強調し指導してくださった。

　第一に、主観的願望に左右され、自分の観点を証明するために、自分勝手に史料を濫用したり、史料に根拠がないのに憶測で判断し、理由もなく論述しては絶対にならない。大量の史料から史実に基づき、忠実に真剣な研究を経てから結論を出さなければならない。

　第二に、歴史の発展とその特徴に注意せねばならない。歴史は絶えず発展するので、発展途上の中で更にまた段階性がある。したがって、研究の結論は、必ず歴史変動という特徴を反映させなければならない。機械的、

平面的に問題を理解し、観察することは絶対に避けねばならない。

　金先生が指導してくれたこの２点は、私の研究課題に役立てるだけでなく、歴史全体についての研究にも普遍的な指導意義があると思っている。実際には完全に、この２点を忠実に守り、実行し、完璧にやり遂げることは難しい。しかし心の中では常に慕って、ずっとこれを基本的な原則として銘記している。この信念の上で、私は具体的な研究過程で次の以下の点に注意を置いた。第一に、理論性と思弁性を重視し、孤立的に現象を重ねて叙述する方法を使わず、面倒な考証をせず、表面の現象に潜んだ裏にある歴史的原因に対する考察に重点を置く。第二に、孝道が異なる歴史発展段階及び異なる特徴的状況下で、どのように位置づけられていたのかを考察する。ミクロ研究では巨視的な鳥瞰原則を忘れないという言葉通りに、この研究でも、孝道の移り変わりの全体の手がかりを明らかにすることに重点を置き、進めていく。第三に、集学的な総合研究に注意する。歴史学の方法を主とするが、同時にその他の方法を排斥せず、民族学、考古学、民俗学、倫理学、人類学などの新しい研究成果を利用する。第四に、道徳的、功利的、浅薄的な優劣についての評価を避け、実用主義を防止し、孝道に対する価値観の移り変わりを辿った軌跡から規則的な結論を重視する。現時点での私自身の学力に限りがあり、様々な視点から再考してみた場合、私や私の指導者が抱いていたこの論文への期待値には、到達していないのではないかと危惧している。恐らく多くの不足、更にミスが存在していると思われる。よって、先輩と同志の皆様にご指導くださるようお願い申し上げたい。

# 第一章　孝道の本質と歴史的内包

　孝道と言えば、中国人にとって知らない人は決していない。中国全体の古代の宗法社会の中において、孝道は最も基本的で最も重要な倫理道徳の思想である。孝道と宗法社会とは、離れたことがない。しかし、適確に孝道を定義しようとすれば、それは容易なことではない。中国の伝統的なものの多くは、大抵そうである。賢人達の言葉の表現の仕方は様々である。その表現は物事によって定義される。見方の角度がそれぞれに異なっているため、誰に従ったらよいか判らない。賢人達が用いた言葉の表現はたくさんある。しかし大抵その言葉を発した背景、またその経緯は伝えられていない。よって、その言葉の意味の捉え方、見方、角度はそれぞれ異なってしまっている。人々はどうしたらよいか全く分からなくなってしまうのである。

　そのため、私達が孝道を対象にして具体的な深い考察を行う前に、古人の論述を根拠に分析と帰納を経て、孝道の概念、本質と歴史内包を明確にしなければならない。この目的のために本章は次のように、両方から論述を展開することにする。（一）歴史的、哲学的、倫理的な角度から孝道の概念と一般的本質を分析する。（二）二種類の生産理論と二種類の生産の社会構造原理を主にして、全体の中国の歴史における孝道の発生と発展の一般過程を俯瞰し、孝道の歴史的内包を明確にするようにする。

## 一、孝道の概念と本質

　古い文献の中で孝道を意味する論述のある資料が多く存在するが、乱雑

な状態を呈している。この現象をもたらした主な原因が次の二つである。一つは論述内容が複雑なため、単にある一つの角度、ある一つの側面からだけでは明確に説明しがたい為であり、もう一つは古人の理論概略力と抽象化力の欠如による為である。更に効率的な方法を取るために、今回は古人全ての論断をひとつひとつ並べ、再び帰納したり抽象化したりはしない。筆者による文献考察と研究プロセスを省略し、即、以下の３つの論点を提出し、論証を行う。なぜなら、この３つの論点だけでも全面的に孝道の概念と本質を概括することができるからである。

（一）本義と起源から言えば、孝行が子女の両親に対する真心を込めた対処

　孝の本義は子女の両親に対する真心を込めた対処で、子女の両親に対する直接の関係である。古人がこれに対する論述をしているのは明らかである。ここでは証明に、数例を挙げてみる。

　　孝，善事父母者也。從老省，從子，子承老也。（『説文解字』）

このように字形からの説明は、形訓と言われる。

　　善父母為孝。（『爾雅・釈訓』、『周礼・大司寇』鄭注、『詩・小雅・六月』毛伝にも見られる）
　　孝三行：一日孝行，以親父母……（『周礼・地官・師氏』）
　　能以事親謂之孝。（『荀子・王制』）
　　慈恵愛親曰孝。（『逸周書・諡法』）

このように字義からの説明は、義訓と言われる。

　　孝，好也。愛好父母也。（『釈名』）
　　孝者，畜也。順于道，不逆於倫，是之謂畜。（『礼祀・祭統』）

このように字音からの説明からは、声訓と言われる。

誰でも親から生まれ、両親らに育てられるので、これらの言い方は本来は分かりやすい。孝行の最初の意味はとても自然で質素で、純然と天性から生ずるものである。金文の中で、「孝」という字は「𦥑」と書かれて、長髪の老人が手で子供の頭を撫でるようで、ほぼ父と子の間の親愛なる関係を表しているのである。『金璋所蔵甲骨卜辞』に見られる「𦥑」、「𦥑」という「孝」が、有る学者の地名と思われる。しかし、字形から見れば、老人の体と手だけ見られないが金文の「孝」とは同じである（簡略な甲骨文に比べて、金文の方が繁雑なのは一般的な規則である）。『詩・小雅・蓼莪』で次のように曰く。

　蓼蓼者莪，匪莪伊蒿，哀哀父母，生我劬勞。——父兮生我，母兮鞠我，拊我畜我，長我育我，顧我複我，出入腹我。欲報之德，昊天罔極。

　詩に表現された素朴な自然の親子の間の情が、孝行が生まれる基礎である。
　人類社会が存在したり発展したりすることができる前提は、まず人類自身の生存であるので、物質の生産（それによって自分の生命を維持する）と人自身の生産（出産によって次世代を作る）は欠かせない。この二種類の再生産の方法によって、人類の文明の発展の程度を制約している。どうやら、人類社会が生存したり発展したりしていくには、必ず繁栄増殖せねばならぬ。これは人為的ではない、自然な行為なのである。繁栄増殖するには、当たり前のように必ず夫婦、親子関係が現れて、必ず家庭が現れるものである。血縁関係を絆にする氏族社会に誕生した孝の観念は次のような二つの条件に基づいて誕生した。一つは血縁関係に基づく「親親」の情である。これは人類史上自然に発生した古い感情である。もう一つは「文明社会の細胞形態」である個体婚姻制の確立である。したがって、孝行の本義が親子の愛、子女が両親へ真心がこもった対処を向けることを意味する言い方は歴史の実際に合うのである。
　時が経つにつれて、孝の概念が拡大され、後に定義した現象が現れた。主に次のような二つの語義解釈がある。

第一に、子が父に対するだけでなく、孫後世の先祖に対する情も孝と称される。

  孝孫有慶，報以介福，萬壽無疆。(『詩・小雅・楚茨』)
  汝克紹乃顯祖，汝肇刑文武，用會紹乃辟，追孝於前文人。(『尚書・文侯之命』)
  繼先祖之志為孝。(『尚書・文侯之命』の「追孝於前文人」傳から引用)
  夫孝者，善繼人之志，善述人之事者也。(『中庸』十九章)

これは明らかに孝の本義の延伸、つまり父子の直接の関係から祖父と孫までに延びたのである。祖先に対しても孝行を行わねばならぬのは、宗族観念が盛んに行われた後の事である。

第二、喪に服すのが孝行

  祭曰卒哭，止孝子無時之哭也。(『釈名』)
  崔子豹居喪哀毀，人云崔九作孝，風吹即倒。(『北史・崔儦伝』)

喪に服すのが孝行であるが故に、両親のために喪に服す者は「孝子」と、喪服は「孝服」と、喪に服すことは「服孝」とも呼ばれる。ここから、孝という意味は後につけたものと分かった。

孝の本義結とそれに関わる二つの延伸する定義を明確にし、文字の意味から孝をとらえた。それでは、孝はどうしてまた孝道とも称されるか。調べてみたら、「孝道」という語彙は、最初『史記・仲尼弟子列伝』の中の「曾參……，孔子以為能通孝道」から由来するのである。「道」は元々、人々が歩く道の事であるが、哲学の範疇に昇ったなら、物事の運動変化が必ず従わねばならぬ普遍的な規則、或いは万物の本体のことを指すようになる。中国の伝統のいわゆる「天道」が、宇宙或いは自然界の運動規則であるに対して、いわゆる「人道」とは、社会の運動規則を指して、「天道」と「人道」は、古人にとっては合一したものと思われる。したがって、倫理学の意味における「道」は、通常は人々の行為の基本的な準則を指すようになる。「孝

道」は主に倫理の意味上の名詞で、子女として尽くすべき道義、つまり子孫の両親、祖先に対する仕えの行為規範に転じるようになった。

(二) 哲学上から言えば孝行の持つイデオロギーの性質

先の節での論述から分かるように、孝行は観念形態のもので、議論の余地なく社会の精神生活の方面に属し、社会に反映されているはずであり、社会のイデオロギーの範疇に属するのである。これは孝行の一般的本質と言える。以下、三つの方面から孝行のイデオロギーの性質を論証することを予定する。

1. 孝行は道徳的な範疇に属するイデオロギー

唯物史観には「人々が自分で生活をする社会生産の中においては、彼らの意志どおりでない一定の関係（彼らの物質生産力の一定の発展階段とお互いに適応する生産関係）が現れるのは必然的なことである。社会経済構造がすべてこれらの生産関係からなるものである。つまり、その上に法律的、政治的な上部構造が存在し、一定の社会意識形式がそれに適応した現実的な基礎がある。全体の社会生活、政治生活と精神生活の過程は物質生活の生産方式に制約されている。人々の意識が人々の存在を決定するわけでなく、逆に人々の社会的存在が意識を決定すると思われている。ここで述べた「生産関係の総和」が、経済基礎であり、「法律的、政治的な」機関、施設は上部構造で、経済基礎に適応する「法律的、政治的な」観点、及び観念は「社会意識形式（即ちイデオロギーで、観念形態と称する）」である。経済基礎が社会的存在で、イデオロギーは社会意識、即ち精神の存在である。ここで述べた孝行というのは、言うまでもなく社会の物質が存在するのではなく、社会の精神製品で、精神の現象の一種である。それは経済基礎でもなければ、上部構造の中の機関或いは機構でもないので、イデオロギーの一種のものでしかない。

社会意識は社会生活の精神の方面で、人々の社会精神生活の中のあらゆる意識の要素と観念形態の総括である。社会意識の諸形式の中で、道徳は社会の人々の間及び個人と社会の間における関係を調整する行為規範の総和で、間違いなく社会意識の形式の中では、孝道は道徳的な範疇に収めら

れるわけである。孝道は社会文化の構成要素として、何と言っても経済基礎の一種の反映しかない。

孝道はイデオロギーとして、勿論あらゆるイデオロギーに共有する基本的な特徴を備えている。まず、それは社会の反映として経済基礎から制約と決定を受けている。その次に、それは相対的な独立性があって、社会的存在に対して反作用を発揮している。しかし、孝道と経済基礎との間の上述関係は、直接的に発生するのではなく、その他の社会意識の形式、特に政治、道徳などの「媒介」を通し、その影響を施すのである。経済基礎の変化によって比較的、直接的に政治、道徳の変化に影響する。政治、道徳の変化は必ず孝行観念の変化を引き起こす。たとえ逆にしてもそうである。孝行観念が人々の政治、道徳の観念に影響し、間接的に経済基礎に影響を及ぼすことも、同様に経済基礎の発展を促進する。容易に分かるこの道理は、疑う余地のない基本理論である。各章の論述で詳しく言及するので、ここではこれ以上議論しないことにする。

## 2. 孝の階級性

社会意識の形式は、社会に反映する偏重した面と段階の違いによって、次のような二種類に分けられる。ひとつは社会で鮮明な階級を持つ政治や法律思想、道徳、宗教、芸術、哲学などのほとんどの社会科学を含む階級性である。もうひとつは、それ自体に階級はないが、異なる社会制度、階級に利用される各種の自然科学、言語学や形式論理学などの無階級性である。孝行は道徳的な範疇のイデオロギーに属するので、階級社会の中では勿論、階級性がある。

孝行観念は元来、人類自身の再生産過程において自然的に発生した「親」への感情であるので、原始社会の孝道は、言うまでもなく階級性を持たない。しかし、社会に階級の区別が現れた後、「地域団体」が「血族団体」に取って代わり、国家の末端組織になる時、観念形態としての孝道は自然に階級性を持つようになった。孝道の発生と変遷の全過程を考察してみても、その実際的な状況も同様である。階級社会に入って以来、孝道はいつも深い階級の烙印を押されるようになった（具体な考察過程なら本章第二節を参照）

### 3. 孝道と政治の関係

　階級社会での階級闘争は、政治の執権の奪い合い、政治組織団体の強化を巡る政治闘争であり、異なる階級の経済利益の闘争の反映である。孝道の観念形態は、経済基礎に反作用する場合には、政治を媒介にして形成された。つまり、政治に対する作用を通じて経済基礎に影響を施す。このように、孝道の一般的な本質を認識するには、孝道と政治の発生状況との極めて緊密な関わりを認識していかなければならない。

　中国の奴隷制社会と封建社会の中で、道徳は社会の意識形式の中において特殊で重要な地位を占めてきた。儒家の学説の中では、道徳はすべてのイデオロギーの中心で、どんなものでも道徳の色彩を色濃くされてきた。道徳という標準ですべての物事の正義と邪悪、善良と醜悪を判別する。したがって、道徳と政治の関係はかねてから非常に緊密である。道徳範疇としての孝道は、中国の伝統的政治との関係にも非常に緊密である。具体的に分析してみれば、主に次のように三方面に表現されている。

　第一に、孝道は等級制の政治原則の倫理の基礎である。等級制が中国の奴隷制社会と封建社会の根本的な政治の原則で、いわゆる「君為臣綱，父為子綱，夫為妻綱」とは等級制度の中でも最も基本的なものである。この「三綱」そのものが等級服従関係を要求する政治原則である。韓非子が最初出した時にも、混乱整備を政治問題と見なしたのである。韓非子が「臣事君，子事父，妻事夫，三者順則天下治，三者逆則天下亂，此天下之常道也」と表している(3)。統治者が孝道の「父尊子卑」を仁愛と正義とし、ここから派生してきた等級規則制度なども合理的で、それによって政治原則に当たり前の人情の仮面をかぶせていた。

　第二に、忠孝一本であるが、父に孝行を行うのは忠君の前提である。儒家学派が一貫して忠孝一本を重んじる。『礼記・大学』には「孝者所以事君也，弟者所以事長也」と書かれている。『礼記・祭統』には「忠臣以事其君，孝子以事其親，其本一也。」と書かれている。孔子も「孝慈則忠」（『論語・為政』）と言われる。『孝経』では更に「君子之事親孝，故忠可移於君」と「以孝事君則忠」と書かれている。どうして忠孝を一本と見なすことができるのか。儒家はかねてから自分を基にして他人を類推する。身近な所から遠

くへ推進する。そのように血縁関係を処理する原則が社会関係の中まで広まっていった。社会の基本的なファクター因子としての家庭は、儒家の観念では、家は縮小した国で、国は増幅した家であるので、家庭を整え治めることと、国を治めることとは一致すると考えられた。個人の小家族にとって、父は一家の長なのである。同様に、社会という大家族にとっては、天子は最高の主人であり、父なのである。孝道は、人々を無条件に父に従うように求める。それさえやり遂げれば、更に無条件に君主に従うことができる。忠孝一本というのは、所謂「忠臣出於孝子之門」と言われるように、孝が忠の基礎である。小家族の中で孝行を貫徹するのは、ちょうどもっとよく社会の大家族の忠孝を貫徹するためである。小家族の中では「子不問父過，兒不嫌母醜」のが、社会という大家族の中で君主に対する無限な尊崇と絶対的な服従に延伸する。忠孝一本、相互に矛盾しない。これは儒家の一貫した認識でもあれば、中国伝統政治の特徴の一つでもある。

第三に、孝道は直接政治に奉仕して、孝行で天下を治める。早くも孔子の時でも、孝行が政治のために奉仕するという命題を出した。

　　齊景公問政於孔子，孔子對曰："君君、臣臣、父父、子子"。（『論語・淵顔』）
　　或謂孔子曰："子奚不為政？" 子曰："書云'孝乎惟孝，友于兄弟，施于有政'，是亦為政，奚其為為政？"（『論語・為政』）

『呂氏春秋・孝行覽』にも「凡為天下，治國家，必務本而後末。……務本必貴於孝」と書いてある。『孝経』には「昔者明王之以孝治天下也……」と書いてある。それらはいずれも孝が政治のために奉仕する孔子の思想に対する継承と発展である。孝が天下を治める根本になって、それが政治と密接に関係していると言える。史家が言う「漢代では孝を以て天下を治める」という史実は、より孝道が直接政治に奉仕している実例である。

これで分かるように、孝道と政治の関係は非常に密接している。これをはっきり解明できれば、孝行の階級性に対する認識に役立ち、イデオロギーとしての孝行の一般的な本質に対する理解にも役立つ。政治は倫理的色彩のある政治で、倫理は政治原則を中心とする倫理である。これは中国の封

建的な政治の特徴の一つでもあれば、中国の伝統の孝道一つの基本点でもある。

## (三) 倫理上から言えば孝行は縦方向の血縁関係を処理する行為規範

　倫理学は道徳現象を研究対象にするので、孝道を研究する際には、倫理の角度を放棄することはできない。

### 1. 孝行は行為規範

　道徳は原始社会に起源する。原始社会では道徳によって氏族と集落の利益を保護する。道徳そのものが全体の成員によって従われる準則であったが、階級性を持たない。この道徳は習慣と伝統の力に頼って維持されるので、その時点では未だ系統的な倫理が形成する可能性がなかった。階級が現れると、道徳はそれに応じて階級性ができた。階級によって道徳が違った。人類の文明の発展につれて、違う階級の道徳のために弁護したり説明したりする倫理学説が生じ始める。我が国の殷周の奴隷制社会、特に西周時代で、倫理思想は既に誕生したが、それは未だ完全に宗教、政治から分離し、比較的独立的な思想体系が形成されていなかった。厳密に言うと、我が国の倫理思想体系は奴隷制社会の衰退から封建主義へ転換する春秋戦国時代に誕生したのである。この時、深刻な社会変革によって社会の生産力が解放されて、科学文化の発展が推進され、それによって学術思想の前例のない繁栄をとげた「百家争鳴」の局面が現れていた。我が国の古代の系統的な倫理の学説が、この社会の激しい変革の中で確立して発展してきたのである。倫理の意味上の孝道が、この時期に完備された。

　我が国の伝統的な倫理思想はかなり豊富な内容であるが、道徳標準或いは行為規範の問題が、その中の最も重要な内容の一つである。道徳標準と行為規範は、大体次のような二種類に分けられる。その一種類は仁、義、礼、智、信、廉、恥などのように、あらゆる人関関係に適用したものである。もう一つの種類は忠、孝、悌などのように、特定の社会、家庭と個人の関係だけに適用したものである。孝道は一種の行為規範、或いは道徳標準として家庭関係だけに適用して、子女の父に対する或いは孫の祖に対する関係を特に指す。したがって、倫理学の意味の上から孝行は縦方向の血

縁関係の行為規範を処理するのである。

## 2. 孝の内容

それでは、行為規範としての孝道は、その具体的な内容はそれぞれ何があるか。曾子が「孝有三，大者尊親，其次弗辱，其下能養[4]」と言われた先秦時期の経典の表現によって、「尊親」、「弗辱」、「能養」という三つの階層に分けられる。これから孝道の内容に対する簡潔な概括である其の三者をそれぞれ分けて述べてみる。

### (1) 両親尊敬

これは孝道を実行する最高の境界の第一段階である。両親尊敬とは、両親を高貴で光栄に思うことで、積極的な孝行の行為を意味する。しかし、両親尊敬の道は様々多く、まずは、「以天下養」と真誠さと自然であることを最高としている。最初に古人の論述を見てみよう。

> 孝子之至，莫大乎尊親，尊親之至，莫大乎以天下養。為天子父，尊之至也，以天下養，養之至也。(『孟子・万章』)
> 唯天下之至聖，……聲名洋溢乎中國，施及蠻貊，舟車所至，人力所通，天之所覆，地之所載，日月所照，霜露所墜，凡有血氣者，莫不尊親，故曰配天。(『中庸』)
> 曾子曰："敢問聖人之德，無以加於孝乎？" 子曰："天地之性，人為貴，人之行莫大於孝，孝莫大於嚴父，嚴父莫大於配天，則周公其人也。昔者周公郊祀后稷以配天，宗祀文天於明堂以配上帝，是以四海之內，各以其職來祭。夫聖人之德，又何以加於孝乎？"
> (『孝経・聖治章第九』)

ここは第一条の資料で言う、「以天下養」と言われる大舜の孝行で、第二、三条の資料で言うのは「盡性為聖」と言われる周公の孝行である。いずれも聖徳な者になって天命をもらった。大舜と周公のように両親を尊敬する思いは普通の人には越えられないほどかなり深く、良人である。しかし、世間の人は誰でも大舜と周公になれるわけではない。では、一般的な士大夫と普通の人はどうすれば両親を深く尊敬できるかについて、古人は

その内容は次の四つにあると述べている。

一つは、事業で業績を積んで名を成し、有名になって、栄誉を高め、名を挙げ、後代のため、子孫のために幸福をもたらす働きによって両親に光栄と思ってもらうことを意味する。

　　立身行道,揚名於後世,以顯父母,孝之終也。(『孝経・開宗明義章第一』)
　　子曰：君子之事親孝，故忠可移於君；事兄悌，故順可移於長；居家理，故治可移於官。是以行成於內，而名立於後世矣。(『孝経・広揚明章第十四』)

名を高くあげて、両親が光栄に思ってくれることは、両親が生きる期間だけに限られるわけではない。両親が亡くなった後でも有名になったら、依然として両親に高い名声を残してあげることができると考え、同様にこれも両親への深い尊敬の念に相当するのである。

もう一つは両親に永遠に祭祀の尊崇を享受するように、代々血統を継いで、子孫を繁栄させることである。

　　不孝有三，無後為大。舜不告而娶，為無後也。君子以為猶告也。(『孟子・離婁』)

趙岐が「於禮有不孝者三事，謂阿意曲從,陷親不義,一不孝也；家貧親老,不為祿仕,二不孝也；不娶無子,絕先祖祀,三不孝也」と注釈する。子供がないのは先祖に対する祭祀を中断させてしまい、両親を尊敬する方法がないので、跡継ぎがいないのは最大の不幸だとされるのである。したがって、子々孫々へと受け継いでいくことは、非常に重要な両親尊敬の意義ある内容の一つと思われている。『大戴礼記・曾子大孝』では「孝有三：小孝用力，中孝用勞，大孝不匱。」と絶え間ない生命の伝承は孝行の最高原則と思われている。

三つ目は慎重に両親の葬儀を取り扱って、敬虔に昔の先祖を祭祀する。礼儀を込めて葬儀と祭祀を行う。

孟懿子問孝，子曰："無違。"樊遲禦，子告之曰："孟孫問孝於我，我對曰無違。"樊遲曰："何謂也？"子曰："生，事之以禮；死，葬之以禮，祭之以禮。"(『論語・為政』)

両親が亡くなったら、死後でも哀悼の栄誉を享受させるように、礼義に照らして埋葬し、霊魂が安寧できるように時期どおりの祭事を営む。それも両親尊敬の表現である。

四つ目は志を持って改めなく両親の遺業を受け継ぐことである。

子曰：父在觀其志，父歿觀其行，三年無改於父之道，可謂孝矣。(『論語・学而』)

曾子曰：吾聞諸夫子：孟莊子之孝也，其他可能也，其不改父之臣，與父之政，是難能也。(『論語・子張』)

両親の志を継ぐことができたら、両親は亡くなった後も心残りはなく、これも「尊親」の重要な内容である。後世の司馬遷が父親である司馬談の志を受け継ぎ『史記』を書き上げるのは父親の遺業を受け継ぐ典型的な手本である。

上記の論述から分かるように、両親尊敬とは両親の生きているうちのみならず、両親が亡くなった後でも孝行を尽くせることなのである。一般人が大舜と周公のような程度になれるのは難しいが、しかし力の及ぶ限り努力さえすれば、やはり両親尊敬をやり遂げることができるのである。

(2) 辱めない

これは孝道を実行する第二の段階である。辱めないとは、両親に辱めを感じさせない。これは保守的な孝行尽くしで、その主要な内容は次のように三つに分けられる。

まずに、両親に心配させないように怪我から体を守ることである。

曾子曰：身也者，父母之遺體也，行父母之遺體，敢不敬乎？(『礼記・祭義』)

> 孟子曰：事孰為大？事親為大。守孰為大？守身為大。不失其身而能事其親者，吾聞之矣。失其身而能事其親者，吾未之聞也。(『孟子・離婁』)
> 身體髮膚，受之父母，不敢毀傷。孝之始也。(『孝経・開宗明義章第一』)

　ここで言う道理は分かりやすい。健康を失ったら両親を世話することができないので、体の健康無事を保全しなければならない。その他に、両親としては一番心配するのは子供が病気にかかることであるので、体の健康を維持するのも、両親を安心させたり、楽しませたりすることができる。いわゆる「父母唯其疾之憂」(5)というのも、そのことを意味しているのである。
　次に、放任せず慎重で、両親の苦労を増加しないことである。

> 公都子曰："匡章通國皆稱不孝焉，夫子與之游，又從而禮貌之，敢問何也？"孟子曰："世俗所謂不孝者五：惰其四肢，不顧父母之養，一不孝也；博奕好飲酒，不顧父母之養，二不孝也；好財貨，私妻子，不顧父母之養，三不孝也；縱耳目之欲，以為父母戮，四不孝也；好勇鬥狠，以危父母，五不孝也。章子有一於是乎！"(『孟子・離婁』)

　厳格に品格を磨き、純潔で災いを遠く離れて、両親を巻き添えにさせないのは、辱めない重要な内容である。
　最後に、両親に不義にならないように合理的に諫言せねばならないことである。

> 子曰：事父母幾諫，見志不從，又敬不違，勞而不怨。(『論語・里仁』)
> 入孝出弟，人之小行也；上順下篤，人之中行也；從道不從君，從義不從父，人之大行也。(『荀子・子道』)
> 曾子曰："敢問子從父之令，可謂孝乎？"子曰："是何言與！是何言與！昔者天子有爭臣七人，雖無道，不失其天下；諸侯有爭臣五人，雖無道，不失其國；大夫有爭臣三人，雖無道，不失其家；士有爭友，則身不離於令名；父有爭子，則身不陷於不義。故當不義，則子不可以不爭於父，臣不可以不爭於君。故當不義，則爭之。從父之令，又焉得為孝乎？"(『孝

経・諫諍章第十五』）

　両親でも賢愚の差があるため、必ずしもそのすることすべてが筋道に合うとは限らなく、子女としては両親に過ちがあれば、合理的にそれとなく諫言せねばならない（「幾諫」とは深い意味を含んだ言葉で諫言すること）。ひたすら盲従して、両親が不義になってしまうことは妥当ではないのである。

　(3) 養え

　これが孝道を実行する第三番目の段階である。養えというのは両親を養わねばならないのである。孝道の最低限度の要求である、次のような二つの内容を含む。

　まずは敬を孝にして、何よりも誰よりも両親を尊敬し、両親を供養することである。

　　子遊問孝。子曰："今之孝者是謂能養，至於犬馬皆能有養，不敬，何以別乎？"（『論語・為政』）
　　亨孰羶薌，嘗而薦之，非孝也，養也。……衆之本教曰孝，其行曰養。養可能也，敬為難；……（『礼記・祭義』）
　　曾子曰：孝子之養老也，樂其心，不違其志，樂其耳目，安其寢處，以其飲食忠養之，孝子之身終。（『礼記・内則』）
　　曾子養曾晳，必有酒肉。將撤，必請所與，問有餘，必曰有。曾晳死，曾元養曾子，必有酒肉。將撤，不請所與，問有餘，曰：亡矣，將以複進也。此所謂養口體者也，若曾子者，則可謂養志也。（『孟子・離婁』）

　両親に豊かで、十分な衣食、住宅、交通機関を提供する「養口體」ということだけではまだ足りなくて、更に重要なのは「養志」、つまり両親を尊敬することを求めることである。孝の第一義は真心で、決して物質だけを重視するわけでない。したがって、『呂氏春秋・孝行覽』には「養有五道：修宮室，安床第，節飲食，養體之道也；樹五色，施五彩，列文章，養目之道也；正六律，和五聲，雜八音，養耳之道也；熟五穀，烹六畜，和煎調，

養口之道也；和顏色，說（悅）言語，敬進退，養志之道也。此五者代進而厚用之，可謂善養矣」と記載している。

　二つ目は真誠を孝行にして、苦労を払う事と親を楽しませる事を並行に実行しなければならないということである。

　　子夏問孝。子曰："色難，有事弟子服其勞，有酒食先生饌，曾是以為孝乎？"（『論語・為政』）

　所謂「服勞」が、苦労の状況に遭った時、両親に苦労と心配をさせないように子女のほうが両親の代わりにやることを指す。しかしそれだけでは未だ足りなくて、両親が楽しむように、喜びの容色で両親を世話するという「色難」が大切なのである。逆に、尊敬の念もなく、真心がこもっていないなら、たとえ両親にどんなに行き届いた世話をしたとしても、真実な供養と言えない。

　行為規範としての孝道は、既に先秦時代学者（主に儒家学者）によって倫理の角度から系統的な説明を行っていた。前漢、後漢時代からずっと明清時代まで、封建専制主義制度が次第に強化されるにつれて、孝道の内容もいくつかの相応する変化が見られたが、しかし全般的には上述の範囲を越えておらず、更に加えて何ら実質的な変化は見られない。

## 3．孝の形式

　孝は礼と同じで、内容と形式という二つの方面をも含んでいる。その形式の方面は儒家に規定される厳しい儀式で、集中的に『礼記』のいくつかの篇章に表現されている。これらの儀式は両親の生きている時と両親の無くなった後という二つの部分に分けられる。

　両親の生きている時の儀式は多くて、主に『礼記・内則』に記載されている。「下氣怡聲，問衣燠寒」と教えてくれたように、子女が必ず時間どおりにご機嫌をうかがわねばならないと定めて、普段から出入りをし、洗面、食事と宿泊も凡て一定の手順と節儀があり、甚だしきに至っては両親の前には「不敢噦、噫、嚏、咳、欠伸、跛倚、睇視，不敢唾洟。寒不敢襲，癢不敢搔。不有敬事，不敢袒裼。不涉不撅。褻衣衾，不見裏」に注意すべ

きであるとされている。これらの繁文縟礼の多くは実際的には意味がない。

　両親が亡くなった後の形式はもっと多くなるが、たいてい葬礼と祭礼という二種類に分けられる。葬礼に関して、『礼記』の『奔喪』、『問喪』、『喪大記』、『喪服小記』、『三年問』などの篇では、いずれも葬儀に駆けつけること、納棺すること、大声を上げて泣くこと、喪に服すことから喪服、哭喪杖などに対しては非常に詳細に規定されている。祭礼に関して、『礼記』の『祭義』、『祭統』などの篇にも、気持ち、服装、表情、言語などの方面が具体的に述べられている。これらは虚偽的で誠実さに欠けており、甚だしきに至っては個人の感情に背いた形式の大部分は、実際的には少しも価値がない。

　孝行に関する一連の繁雑で拘束的でうっとうしい形式は、今日の観念から見れば勿論価値のないものと見なされると思われるが、それはその当時では大いに役割を果たしていた。その儀式こそ、孝行強化に役立っていたのである。

　上記の論述から解るように、孝行は本義或いは起源上から子女が真心を込めて両親に対処することを指し示している。哲学上からは道徳的な範疇に属する社会のイデオロギーであり、倫理上から言うと縦方向の血縁関係を処理する行為規範である。つまり、孝行概念と本質は、次のように定義をすることができる。

　いわゆる孝行は、人類自身の再生産に伴って自然に発生した「親親」の感情であり、階級社会の中では、それは縦方向の血縁関係の中で下の世代の者が年長者への行為規範を表現する観念体系の総和なのである。

## 二、孝道の歴史的内包

　観念形態のものとしては、孝道は議論の余地はなく社会の精神生活の方面に属するものなのである。それは一定の社会的存在が反映されているはずだからである。しかし孝道は、人類自身の再生産からうまれたので、物

質生産の過程で発生した他の意識形式に比べれば、自の特殊性を持っている。したがって、孝道の異なる歴史段階の中における異なる内包を調べるには、その時の物質生産の社会構造だけを考察するにはまだ足りないのである。必ず当時の人々自身の生産の社会構造を考察して、二種類の生産の社会構造と相互関係の中で問題を研究しなければならない。

## （一）二種類の生産の社会構造原理及び適用範囲

　二種類の生産理論の基礎の上で、二種類の生産の社会構造の原理を導き出すことができる。この原理は歴史段階の区別から一定の社会の歴史段階の中におけるあるイデオロギー、或いは経済基礎状況の研究にとっては、普遍的な指導意義がある。本書では、二種類の生産と二種類の生産の社会構造の原理を指導思想の理論的基礎にする。後に続く各章への円滑な論述を図るために、ここではまず、この原理に対する個人の理解を述べてみたい。

　物質生産の社会構造については、一般的に言われる原理では、最も基本的な意味上から次のような三つの段階がある。第1の生産様式は、決定効果を発揮する要素である。第2の生産関係は、このような社会構造実質の表現である。第3の所有制度関係は、生産関係の権利、意志の形式である。この三つの段階の有機的な結合こそが、社会経済の基礎を構成しているのである。

　人自身の生産の社会構造の原理については、人類自身の再生産は「自己の生命の生産」と「他人の生命の生産」という二種類の情況を含むと思われている。前者は消費活動の一環を通じて、自分が生産過程で既に消耗した生命力を再び生産しているので明らかに、それは既に物質生産の社会構造に含まれていると言える。後者は出産によって次世代の新人を生産するため、勿論、これを直接物質生産の社会構造の中に含めることはあり得ない。したがって必然的に、人自身の生産の社会構造（実際的にはただ人自身の生産の第二種類の情況）は存在していると言える。更に最も基本的な意味から見ると、人自身の生産の社会構造にも次のように三つの段階を含む。第1の婚姻形式は、人類自身の生産の社会組織形式で、「他人の生命

の生産」の「生産方式」とも言える。

　第2の親族関係は、一定の婚姻形式によって規定される人と人の間の社会関係で、「他人の生命の生産」の「生産関係」と言える。第3の親族制度は、親族関係の権利、意志の形式で、「他人の生命の生産」の「所有制度関係」とも言える。

　上述から明らかに、人自身の生産の社会構造は物質生産の社会構造に非常に似ている。これは社会物質運動の共通の特徴を表明している。しかし、人自身の生産の社会構造は、物質生産の社会構造に比べれば、一定の特殊性を持つ。全体的に見て、二者の関係は次のようである。二種類の生産の二種類の社会構造は、統一的社会の物質運動の過程における二つの互いに依存したり、制約したり、そして一定の意味上で互いに転化させたりして緊密につながっている。物質生産の社会構造が引き続き、人自身の生産の領域へ延続していると見なしてよい。したがって、この二種類の生産の社会構造の中において、物質生産の社会構造は、普段は主導的な役割を果たすのである。厳格な意味では、二種類の生産の社会構造が有機的に結合して始めて、社会形態の全体にある全ての物質性の方面を構成し、一定の社会形態の基礎になるのである。したがって、ある方面のみを偏重し、他の方面を見落とすことは、この理論の基本的な原理から乖離してしまうのである。

　二種類の生産と二種類の生産の社会構造の原理についての考察は、ここ数年来、既に我が国の学術界の関心と重視を集めてきている。しかし実践的な研究を指導する立場から見れば、現在ではまた一定の問題が存在している。つまり、主にこの理論の適用範囲に対しての認識が明確でなく、二種類の正しくない偏見が存在しているからである。

　第1種の偏見は、この理論はただ原始社会にのみ適用していて、奴隷、封建、資本主義、社会主義という四つの社会経済の形態には適応できていないということであった。その理由として階級社会を考えた場合、家庭と出産はいずれも所有制度に制約されて、社会発展の促進を遅らせる役割を果たすだけであり、社会発展の動力と言えば、主に階級闘争である。したがって、決定効果を発揮する物質の生産と再生産に対して、人身の生産の

効果においては、甚だしきに至っては考慮に入れられないほど微小であるということだ。このような見方は誤っている。なぜならそれは二種の生産と二種の生産の、社会構造原理の精神の本質を理解していないがために誤りを招いたことになるからである。この二種類の生産はいずれも「歴史の中にある決定的要因」である以上、もし血族関係が役に立たないのならば、所謂二種類の生産という呼び方は成り立たないのである。歴史現象が表明されたように、奴隷制社会と封建社会では、人身の生産の社会構造も極めて重要で、この点を離れては、宗法制度の長らくの強盛で衰えない原因を説明することができないだけでなく、血族グループの統治はある王朝から次の王朝へと絶えず継続していくことを説明できないからである。

　第2種の偏見は、二種類の生産と二種類の生産の社会構造を同一視して、主要なものと副次的なものを区別せずに盲目的にすべての社会経済形態に用いてしまうことである。このような認識方法とやり方では、人身の生産の特殊性を見落とし、原始社会と階級社会の人身の生産の「生産様式」（婚姻形式）をイコールとし、異なる歴史段階の中において人身の生産の社会構造の変化に気づけない。事実、二種類の生産の社会構造が、異なる歴史段階の中で、その効果が同じ訳はない。一般的には、「労働の技術が遅れれば遅れるほど、労働生産物の数量や、それによって得られる社会の財産は制限を受け、社会制度は更にもっと大きな規模で血族関係の支配を受けやすい」[6]と言われる。社会の物質生産は発達すればするほど、血縁関係は支配的地位を占めやすい。したがって、原始社会の中において、人身の生産の社会構造は決定的な効果を発揮している。しかし、階級社会へと時代が変化したとき、物質の生産能力が高まるにつれて、血縁関係は次第に薄れ、物質生産の社会構造が主導的な役割を果たし始めるようになった。

　二種の生産の社会構造の基本原理とその適用範囲を知ることは、孝道の研究にとっては重大な指導的意義がある。

## （二）孝道の発展の一般的歴史過程

　孝道は他の道徳観念と同じように、一定の歴史的条件下の産物であり、歴史の発展とともに発展するものである。異なる歴史的条件下では、孝道

の内容も実質も表現形式も違う。歴史的唯物論が教えてくれたように、いかなる文化の現象を考察しても、その時の具体的な歴史環境を離れられない。いわゆる「一定の歴史的条件」或いは「具体的な歴史的環境」は、私の理解では、主に一定の歴史段階の中にある二種類の生産の社会構造を指す。ここでは孝道を、異なる歴史段階にある二種類の生産の社会構造と、相互関係を背景に趣をおきながら、その一般的な発展過程を考察し、歴史的内包を明確にすることにする。

　長い原始社会は、人類最初の社会経済形態であり、人類の起源から階級社会の出現までは、およそ二百数万年もある。その大部分の時期は、原始社会の形成段階である原始的集団の時代に属している。未だ社会的分業が現れていないために、生産力と生産関係はまだ区別することはできなかった。この時には未だ氏族もいなく、晩期猿人は、恐らく血縁の集団婚の生活を過ごしている[7]。この時期において、孝行の観念は言うまでもなく生まれることはあり得ない。

　母系氏族社会が出現した時点で、その時期は原始社会の発展と繁栄期と言える。生産力が発展するにつれて、社会労働が分化し、物質生産の社会構造は明らかになる。生産関係では男女間の社会労働の分化が現れる。イデオロギーの中の宗教、芸術などの上部構造も現れ始める。しかし、政治と法律の制度はまだ誕生していない。母系社会では、血縁関係を基礎にしている。よって人身の生産の社会構造は、当時の社会形態の中では決定的役割を果たしている。にもかかわらず、この時期においては個体婚姻制が未だなく、家庭が出現していないので、人々は母親しか分からなく自分の父親が誰だか分からない状態であり、孝行観念の発生の可能性はまず無い。

　生産力の一層の発展につれて、生産力と生産関係の矛盾が現れる。それは次第に激化し始め、最終的には激烈な革命を経て、父権力はついに母権力に打ち勝つのである。これでついに、いわゆる「世界の歴史的な意味での女性の失敗」が証明されたのである。社会が母系氏族から父系氏族に移行し、これを持って原始社会が崩壊を始める。父系社会は人身の生産の社会構造を主導的地位に引き続き占め、社会発展の主な原動力は部落、家庭の発展と人口の増殖になる。「全ての蒙昧民族と野蛮民族の社会制度の中

では親族関係が決定的役割を果たしている」ので、「父親、子女、兄弟、姉妹などの呼称は単なる栄誉称号ではなく、完全に丁重な相互義務の呼び方であり、しかも、これらの義務の総和こそ、これら民族の社会制度の実質部を構成している」のである。父系家父長制の時期、「社会制度の本質部」は父権である。男性中心を特徴とする一夫一妻制の家庭が社会構造の細胞である。各種の親族関係も相互義務も、いずれもここから派生してきたのである。天然肉親関係による「親親」の感情と個体婚姻制という孝行観念の発生に必要な二つの前提が、全て備えられたのである。よって筆者は、孝行の観念がこの時期に生まれたのだと思う。伝説と文献の中における堯、舜の時代の孝行物語は、当たり前のように後に付加された理想的な成分がある。しかし依然として、その中から歴史的過程の真実及び歴史の軌跡を観察し、見い出すことができる。勿論、当時の人々の思考力に限られてしまい、孝行観念はまだ明確な概念、或いは系統化な理論では述べられていない。歴史的に分析してみたら、その時の孝行観念の内包は、両親に捧げた尊敬と肉親愛に過ぎないのである。この感情は習慣と伝統の力によって維持されており、階級性がない。

　依然として人身の生産の社会構造を主導的地位に占める生産力の決定的役割のために父系氏族公社は次第に崩壊し、人類が野蛮な時代から文明的な時代に入る。階級社会の社会経済形態はひとつに奴隷制社会である。この時、国家の末端組織は地区団体が血族団体に取って代わり、家庭制度は完全に所有制に支配された。奴隷制社会と原始社会との主な違いは、生産の社会構造である。奴隷社会では、親族関係あるいは血族関係は全体の物質の生産様式を代表することができず、物質生産の構成部分に属さない。つまり、二種類の生産の社会構造の中で、物質生産の社会構造が奴隷社会の社会経済形態の主導となった。このような変化がもたらした決定的効果こそ、孝行観念がそれに応じて根本的な変化をきたした要因である。

　第一に、孝行観念はすでに血縁関係から階級関係の中に広がって、そして階級関係に奉仕するようになった。現存文献の不足のため、夏殷の二世代は詳しく知らないが、『尚書』の『甘誓』、『盤庚』などの篇から見れば、父権保護の思想が既に君主の権力と組み合わさって、明確な階級の属性を

持つようになっている。周代になると、孝道は明らかに西周の奴隷所有者の統治のツールとなり、最も説得力のある事例が、宗法制の確立である。等級の奴隷制血族制度の宗法制として、厳格な等級性はその主要な内容として、強烈な政治機能がある。それは既に原始社会にあったような平等な血族関係ではなく、血縁関係に覆われた不平等関係、即ち階級関係である。

第二に、孝行観念は既に自然な感情から強制性な規範に転化した。『呂氏春秋・孝行覧』では「『商書』で曰く：刑三百，罪莫重於不孝。」と記載している。高誘が「商湯所制法也。」と注釈する。又、『尚書』の『酒誥』、『無逸』などの篇の記載によると、商代では既に三年の喪の制度があった。人々が農作業或いは行商という手段で両親に孝行し、両親を供養するのは、この時の孝道が既に自然な性を超えると説明している。周代に至って、親不孝が更に極悪非道で許すことができない罪になった。『尚書・康誥』には「元悪大憝，矧惟不孝之友；……天惟與我民彝大泯亂。曰：乃其速由文王作罰，刑茲無赦！」と周公誥が康叔を戒めるという記録がある。親不孝、不友愛が天に手配された秩序をかき乱すと極悪大罪とし、文王に決められた刑罰に従って、その場で打ち殺していいとある。『孝経』で「五刑之屬三千，而罪莫大於不孝。」と書かれている。『尚書・呂刑』を読んだら分かるように、「墨刑之屬千，劓刑之屬千，剕刑之屬五百，宮刑之屬三百，大辟之屬二百」という周代の刑罰は五刑で総計三千種類ある。周代では親不孝が、三千という数多くの罪悪の中で何よりの罪悪と見なされ、最も重い刑罰を科されている。上述の変化から分かるように、奴隷社会の孝行観念の内包は、血縁関係の角度から血族集団の統治を守るものである。

たとえ同じ一つの社会経済形態でも、奴隷社会の発展の異なる歴史段階において、二種類の生産の社会構造及び相互関係も絶え間ない変化の中に置かれている。このような変化のため、孝道も絶え間なく変化し、その趣旨が決定されていく。

春秋時代に入って初めて、中国奴隷社会が傾き始め、嫡長子継承制を中心とする宗法制度も衝撃を受ける。と、同時に孝道も衰微し始める。戦国時代になると、奴隷社会から封建社会に転換する。新旧の社会制度交替の闘争の中、中国の孝道は厳しい洗礼を受けた。新しい生産関係を代表する

地主階層が、伝統の孝道に対して、社会改革に応じた挑戦を展開した。私達が今日見る孔、曾、孟、荀などの儒家の大家が提唱し、尊び崇めた様々の孝行の多くは、実は春秋の初期前の状況で提唱されたもので奴隷制社会の隆盛期の道徳的な標準に過ぎない。礼楽崩壊を非難した彼らの孝道違反の様々な言行は、そのまま春秋晩期から戦国晩期までの社会実況に相当する。このような流れから分かるように社会と経済の発展と安定の時では、孝道は重視されているが、逆に、社会が揺れ動いて、階級矛盾が激化する際には、孝道は衝撃を受け、揺らいでいる。これには実に分かりやすい原因がある。孝道は、ある社会意識形式と精神文明内容を含みながら、直接人々の全体の道徳観念に影響を与える。よってその役割は、社会の安定を促進、もしくは破壊するという裏表の務めを果たすことになる。社会の上昇時期で孝道を提唱するのは、家庭と社会を安定させる目的を達するためであるのに対して、社会の動乱時期で孝道に反対するのは、等級の秩序を破壊したり、「犯上作亂」を奨励したりするためなのである。私達はこのようなことから、更に孝道が統治秩序を守るツールなのだという実質を認識できる。

　秦の統一を契機にして、歴史は封建社会に入った。秦国は商鞅の変法の時からも、政治制度の上で宗法分封制廃止を求めて、賢能者を任用するのに役立つ郡県制に変更した。この変革によって、人身の生産の社会構造の中における重要な位置を占める、親族関係と親族制度の生産理論が変化したという角度から考察を行った。この変革に応じて、孝道は更に衰微していき、既に社会的に重視されなくなっていった。[9]秦の統一後、独断主義の中央集権政府が、統治思想上では、法家の学説を推進し、伝統の礼楽文化に反対し、「以法為教」、「以吏為師」を強調し、法の精神で新しい社会秩序を創立することを図る。ところがその結果、社会矛盾を激化させて、急速に秦王朝の全滅を招く。興味深いことに、味わい深いのは、漢代に入って間もなく、孝道が意外にも、かつてないほど高度までに上げ奉られ、国を治め、家を整えるための、この上なく良い方策になっていったことである。後に、長い封建社会の中で、孝道は歴代王朝の国を治める根本として重要視され続け、動揺なく尊び崇めるべき観念という地位を占めている。

中国封建社会全体の歴史過程において、奴隷制社会と比較してみても、孝道の本質と内包は決して変化していない。しかも歴代の統治者によって提唱されて、その地位が益々盛大で、甚だしきに至っては国家の存亡、社会の安否、一族の盛衰、文化の栄枯、……すべて孝道と密接な関連を持っている。

　私が孝道を研究している過程の中で、曾て長久に困惑される問題がある。それは、民族学と世界的角度から見れば、世界の諸民族でも父系家父長制があり、自然な感情の孝行観念として、世界中に普遍的に存在しているはずである。にもかかわらず、何故か、このような観念が、中国では原始社会、奴隷制社会からずっと封建社会までに延長、継続しながら著しい発展を成し遂げてきたのに、それ以外の民族の中では発展が十分ではないのか。その要因を追究してみれば、統治者の提唱と強力な推進、儒家の尊重と自らの実践などが挙げられるが、しかしいずれも究極の原因ではないようである。肝心の問題点は一体何であろうかと究明すれば、二種類の生産の社会構造の間の結合の方法から探すべきである。原始社会が奴隷制社会への過渡期において、中国の国家機関は原始社会の氏族組織を利用して築いたので、支配階級は依然として血縁関係によって財産と権力を割り当てられてきた。被支配階級もまた集落し、居住するというある形式を保留している。換言すれば、血縁関係は突き破られずに、かえって特殊な社会組織形式となり、宗法制度に発展してきた。恩師の金景芳先生が『中国奴隷社会史』で論述したように、夏代が氏族制度から奴隷制国家への過渡期で、啓が権力を奪い取るのは国家の部分的な出現の標識である。全体の夏代は四百年余りにわたって凡て奴隷制を代表する夏王朝であった。王朝権力が届く範囲内では血縁の団体を基礎とする部落が、国家へ転化していたという過渡期の性質を持つ。このような現象は、理論から言えば、統治の物質生産の社会構造の中の生産関係から、やはり主に人身の生産の社会構造における親族関係を反映していると解釈してよい。このような二種類の生産の社会構造は、互いに転化して、相連なる特徴により、血縁関係は奴隷制社会の中でも、人々の政治関係、経済関係とその他の社会関係の基礎になった。そのため、夏商周の三世代を通じて、ついに宗法制に発展した。このよう

な宗法制の決定効果により孝道を十分に発展させることができ、孝道は極めて重要な倫理の原則となった。西方民族ならそうではなくなる。古代ギリシアを例にしてみると、ソロン変革時からも氏族血縁関係の支配を突き破って、地域団体を末端組織にする古典的奴隷制度の国家が創立されている。このような国家の中で、商品経済の発達につれて、公社は破壊されたので、血縁関係の倫理思想は次第に衰退していき、社会的、政治的な倫理が発展した。中国の封建社会は、奴隷制社会と比較してみたら、人身の生産の社会構造は決していかなる本質の変化もない。小農経済を社会の主要な経済力とする国家である。必然的に血族家庭の道徳的標準が、社会全体の道徳的標準となる。孝道が封建社会で「人気」を保持できたのは、それほど不思議なことではない。総じて言えば、中国の奴隷社会と封建社会では、社会形態の基礎を物質生産の社会構造と主導にしているが、しかし人身の生産の社会構造は驚異的に互いに依存しあい転化させる関係を維持しているということである。宗法と政権とが合一して血族グループの統治を守るのは、世界諸国と異なった中国の特色であり、中国の奴隷社会と封建社会に共通する政治的特徴を挙げるとすれば、根本的に孝道の観念にとりわけ恵まれていたことである。

**注釈**

(1) 孫海波著『甲骨文編』 中華書局1982年影印本第357頁。
(2) 『マルクスエンゲルス選集』第二巻 人民出版社1972年版 第82-83頁。
(3) 『韓非子・忠孝』
(4) 『礼記・祭義』
(5) 『論語・為政』
(6) 同じ注釈(2) 第四巻 第2頁。
(7) モーガン著『古代社会』を参照。
(8) 同じ注釈(6) 第24頁
(9) 『荀子・性悪』:「天非私齊魯之民而外秦人也,然而於父子之義夫婦之別,不如齊魯之孝具敬父者,何也？以秦人之從性情,安恣睢,慢於禮義故也。豈其性異矣哉。」
(10) 『家庭・私有制和国家的起源』の「アテネ国家の誕生」の部分を参照。

# 第二章　孝行の観念が父系氏族公社時代の産物

　最初の孝行観念は原始社会に起源したということは大多数の学者が承認している。しかし一体、原始社会のどの段階で形成されたのか、またその形成の前提条件は何であったのかについては、合理的で明確な定論を得た者を見ない。前章では既に概要を言及した、孝行の観念の発生には血縁関係に基づき発生した「親」への情と個体婚姻制の成立という二つの条件が必須であった。それは原始社会末期、即ち父系社会公社時期に成熟する。この章では、以下の四つの方面からこの観点を論証する。

## 一、孝行の観念が形成する前提条件が父系氏族公社時期に備わる

　原始時代の群居時期には、孝行の観念があったのかと問えば、答えは否である。なぜなら人類は動物界から出てきて、まだ自身と周囲の自然界との間に隔たりはなく、個人社会と自然界との区別に大きな開きがない状態だったからである。しかも原始群落は成員一人一人に格差はなく、すべての成員が対等平等であり、まして社会構造が成り立っていたとは言えない状況であった。
　母系氏族社会は血縁関係を基礎にした人身の生産の社会構造だということは既に明らかであり、社会の中でそれは決定的な効果を発揮していた。したがって、その時の親子関係は明確であった。このようなことから鑑みて、人類に親子間での何らかの気持ち、感情が湧き現れた時点で、孝行の観念が既にできたはずである。しかし実はそうではなかった。というのは

「親」への感情は孝行観念が生じる前提条件の唯一のものであり、さらにそれは母親と子供の間だけに存在したものであるからである。原始の共産制は物質が比較的貧しい基礎の上に成立していたので、労働の成果が全体の社会成員へ均等に享受せねばならなかった。したがって、人々は生活物資を分配する時、家族は勿論、他の氏族成員に対応する場合も、依怙贔屓という不公平な取り扱いや間違いが存在することを許さなかった。恐らく風習、伝統、習慣の基本的枠内での行動以外は許されなかった。ダーウィンが「最初は厳格な社会性のいくつかは、徳行が重視される(1)」というように、「天下為公」（天下もって公と為す）の状況では、人々は「不獨親其親，不獨子其子（『礼記・礼運』）」しかできない。老人を扶するのも全体の氏族成員の責任だったので、子供には両親に対しての特殊な責任と義務はなかった。

　孝行の観念が発生する前提条件は父系氏族社会に備わった。孝行の観念は元来人類自身の再生産に伴って生まれた。その他の社会意識と比べれば、孝行の観念は特殊性があるので、孝行発生を研究するには、その時の二種類の生産の社会構造に対する考察を切り離せないのである。私達は父系氏族公社の二種類の生産の社会構造及び相互関係を簡略に分析して、この節の論点に対する論述を展開する。

　物資生産の社会構造から見ると、父系社会は母系社会に比べ、わりと大きな変化が見られる。社会生産力の発展から、家庭経済の中における男女の地位の変化をもたらした。男子は農業と牧畜業の主要な引き受け手に成るのに対して、女性は副次的な地位まで排除された。この生産様式の変革により、生産関係の変化が生じた。人と人の間の社会関係の中で、男子を主とするようになった。生産関係の権利意識の形式としての所有制度関係は、生産過程で獲得した成果の所有者が主に男子になり、女性の経済的地位は完全に男子の下まで下がった。母権制氏族時代では、成員の死後にその財産は必ず氏族内に残さねばならなかった。つまり母親側の血縁親族に所有されて、自分の子供たちが父親の氏族に属さないため、父親の財産を受け継ぐことができなかった。父権制の時代に入ってからは、言うまでもなくこの継承制度に変化が生じる。物質生産の社会構造の中で主導的地位

を占めた男子が、自分の子女を有利することができるようになった。『家庭、私有制和国家的起源』では、「財産の増加に伴って、それは一方では夫を家庭の中で妻よりもっと重要な地位を占拠させる。一方、子供に有利なため、またその強化された地位を利用して伝統の継承制度を変えるようにする。しかし、家系がやはり母権制によって確定した場合には実現は不可能であった。よって完全に母権制を廃止しなければならないとし、母権制はすぐに廃止された。このようなことは、現在の私達が想像するより簡単である。なぜなら、このような家系革命を完成することは、人類が経験してきた最も急進的な革命の一つに過ぎないからである。当時のいかなる氏族の成員を誰をも侵害したりはしない。氏族成員全体が保留していく継承制度は今と同じである。氏族内の男性成員の子供を本氏族内に残し、女性成員の子供は本氏族を離れ、彼らの父親の氏族の中に入れることを簡単に約束さえすれば、凡てが完成される。このように女性係譜に従って家系を計算する方法の母系の相続権を廃止して、男性に従って家系を計算する方法である父系の相続権を確立してきた」(2)と論述している。人類自身の生産の社会構造から見ると、父系社会は母系社会に比べて極めて大きな変化を持つ。

　まず婚姻形態である。男子が物質生産の社会構造の中における主導的地位に立ち、妻の方に居住する元の婚姻形態を変えるのは避けられない。男子を主心として生産を行う状況では、以前の母系公社ので育った本氏族の男子は、ますます婚姻盟約の氏族に「嫁い」で相手側の公社の成算となる家庭組織には行きたくなくなる。逆に、相手側の女を自分の公社に嫁がせて自分自身の個体家庭を構成する意欲が強くなる。自分の公社の年頃の女は、婚姻盟約の氏族に嫁がせ、その公社の男性の妻になる。兎角、当時の婚姻形式は、対偶婚、非排他性の個人の婚姻から、排他性の個人の婚姻、即ち一夫一妻制に移行しつつあった。なぜ、一夫一妻制に向って移行したのか？非常に明らかなのは「妻の貞操を保証することによって、子供が自分の物だと保証するため」である。(3)「それが夫の統治の上で創立されたのである。その目的は子供の出生を明らかにし保証することである。出産された子供が、間違いなく一定の父の子女だということを保証する。一定の

父だと確定された子供は、実の継承者の資格を持ち、彼らの父親の財産を受け継ぐ」。「婚姻が以前と同様、依然として利害関係を図るものであった。それは決して個人の性愛の結果ではなかった。個人の性愛とは全く、いかなる共通点もない。自然条件を基礎にせず、経済条件を基礎にした。つまり、原初的で自然に形成され、発展してきた公有制を、「一夫一妻制」によって「勝つ私有制」に変化させ、それを基礎とする第一個の家庭形式を形成したのである。ギリシア人が率直に宣言した個人の婚姻制の唯一の目的として、夫が家庭の中で統治の地位を占め、妻は、自分の財産を受け継ぐ子供を作るに過ぎない」という観点がある。

次に親族関係である。婚姻形態の変化は画期的な意義があった。一夫一妻制に規定される人と人の間の関係（親族関係）からも勿論、母権制時代とは違い、まるっきり異なる。

まず婚姻関係（これが親族関係の最も重要な一環である）から見てみよう。結婚する男女双方の両性関係が次世代の出産を決めるだけではなく、結婚する双方の経済関係を決めていく。一夫一妻の個体婚姻は、最初は一般的に夫婦の経済平等を意味する。しかし財産は往々にして分けられる。階級関係の発生と発展に伴い、妻は次第に夫の財産になり、簡単な出産の道具になる。

次に狭義の親族関係（血族）と姻戚関係（これが親族関係の重要な構成部分である）を見てみよう。理論的には婚姻関係により決定される。同時に肯定的な方面からも否定的な方面からも婚姻関係を制約している。父権時代では、この関係の変化は明らかである。例えば、父娘、母子、兄弟姉妹の間では婚姻を結ぶことを許さないのは、否定的な方面から婚姻関係を定めているからである。従兄弟と従姉妹との間では優先的に婚姻を結ぶことができる（多くの文化人類学方面のこのような例が挙げられる）のは、肯定的な方面から婚姻関係を規定するからである。父権制時代では、この二種類の関係の方面により、婚姻関係を定めている。もっとも重要な変化は、この二種類の親族関係が一部の人間の間の物質変換関係を定めていることである。例えば、ある人は老いて、病気などで働く能力を失い、物質生産の領域から退出し、やむを得なく狭義的な親族関係と婚姻関係で助け

を借りなければならない。規定される人間の間で行う物質変換に頼って生きていくしかない。これにより「供養関係」が生じて、血縁の親族の間では供養する義務が生じてきた。このような義務の発生は簡単な事ではない。それは私有の観念と密接に関連するので、原始の公有制と相容れない。

　最後に親族制度である。親族制度の中でいずれの親族呼称の内包と外延でも相応する親族関係に規定されている。これらの親族呼称は明確に親族関係により規定される人と人の間の物質変換関係を反映している。「父、子女、兄弟、姉妹などの呼称は、簡単な栄誉称号なわけではなくて、完全に確定した、非常に丁重な相互義務の呼び方であり、これらの義務の総和がこれらの民族の社会制度の本質の部分を構成する」[6]。親族制度は親族関係の権利と意志の形成として一旦確定されたら、社会的な名義で親族関係の実現を保障する役割を果たす。父権制の下で、父権が社会制度の「実質部」なので、男性を中心とする一夫一妻制の家庭は社会構造の細胞であり、各種の親族関係間の相互義務もすべてここから派生してきたのである。父親の子女に対する養育義務と両親を供養する義務も、いずれも父権制の確立以後の産物であることが以上のことで分かるであろう。

　父系氏族公社の二種類の生産の社会構造を簡単に分析してみたが、総括して言えば、生産力発展の最終的な決定効果により、男女が家族経済の中における地位の変化をもたらしてきたのは、母権制から父権制に移行する根本的な原因である。労働生産物の余剰、社会の財産の増加に伴って、私有の観念は発生してきた。自分の子女に有利なように継承制度の変化を求めたことは必須である。対偶式の家庭から一夫一妻制の家庭に対する転換は父権制の確立の標識である。財産の継承を他人へ流さないように、女が男性側に嫁いで来ることにより、明確な父と子の関係ができた。個体の家庭経済に結びついて、家庭の中の権利と義務は現れて、夫婦と子女は独立した経済単位が構成された。この単位では両親は子女を育てる義務もあれば、子女から孝養される権利もある。それに対して、子女は両親を供養する義務がある。これに携われば、家長の父は絶対的な権威を有することが認められて、子女を支配することができる。同様に、子女は尊敬して従う義務がある。したがって、個体婚姻制の確立こそ、孝行観念の生じる重要

な前提条件である。上記の分析から更に見抜くことができるように、その時の二種類の生産の社会構造の中において、人間自身の生産の社会構造は依然として主導的地位を占めている。親族関係は社会制度の中で決定的な役割を果たしている。当時の物質生産の社会構造の中の生産関係が主に反映したのは、やはり人間自身の生産的社会構造に見られる親族関係であり、階級関係ではなかった。したがって、血縁関係こそ当時の人々の経済関係の基礎であった。血縁関係に基づき生じた「親親」の感情が、この時期にやっと発展して完備した。そして後に、孝行観念の感情の絆になった。このように父系氏族社会では、孝行観念が生じる二つの前提条件をいずれも備えていたので、孝行観念の発生も自然に成就することができたのである。

## 二、中国の父系氏族公社の年代の範囲に関して

先に孝行観念が発生した前提条件が父系氏族社会に備わっていたことを論述した。そこで、中国の父系氏族公社がいつからと計算すれば妥当であるのか、その年代範囲をどのように確定すべきなのかという新しい問題が生じた。この問題を解決しなければ、具体的な資料を利用し孝行観念の誕生時期を論証できないのである。

中華文明は歴史が長く、中国人はよく「自従盤古開天地，三皇五帝到如今」と言うが、盤古の天地開闢説は神話的色彩が濃くて信じる価値がない。しかも三皇の伝説もかねてから諸説があり、意見がまとまっていないため実に探求しにくい。中国の伝説時代の歴史は、五帝の時代からであれば比較的に信頼できる。『尚書』にある「独負荷尭以来」でも、『史記』が「五帝」まで遡ることでも、この結論の妥当性を証明してくれた。

『国語・晋語四』では「昔少典氏娶於有蟜氏，生黄帝、炎帝。黄帝以姫水成，炎帝以姜水成。成而異徳，故黄帝為姫，炎帝為姜。」と記載されている。少典氏が有蟜氏を妻に「娶る」のは言うまでもなく女性側が男性側に嫁がせて、少典氏と有蟜氏とはお互いに通婚しあっている父系氏族のようである。しかし、もしかすると記録者が後代の人の目で古代の物事を見て、こ

第二章　孝行の観念が父系氏族公社時代の産物　45

のように言ったのであって、まだ定説と見なせない。その後黄帝、炎帝が少典氏族から分かれて、それぞれ姫水と姜水の浜までに移動して定住し、次第に強大になり、父系氏族公社に移行すると、部落から更に部落連盟にまで発展してきた。それが所謂「成而異徳」である。黄帝、炎帝はともに少典氏からであり、このような「血縁親族関係が連盟の真実な基礎」である。黄帝の時から絶え間ない戦争も、明らかに原始の部落連盟間の戦争である。歴史の上で、黄帝、炎帝の以前では「帝」という呼称はなく、いわゆる「帝」が、実際には中国原始社会の部落連盟時期の軍事上級指導者の呼称である。「五帝」は特定の歴史時代の呼称で、黄帝はこの時代の初期を代表している。この初期は多分既に氏族社会の部落連盟と軍事民主制時期に入ったかのようである。

　それでは、黄帝時の家系が女系に推移する時代から男系に推移する時代に移行したかどうか、つまり完全に父権制の時代に入ったかどうかについては、現在でも未だ証拠としての直接の資料がない。恩師の金景芳先生は『中国古代思想的淵源』という文章で、理論上の説明と古い文献資料の論証を通じて、「顓頊から、既に男系に推移する、つまり、父系氏族公社時代に入ると言っても完全に問題はなくなった」と断言している。私の理解によると、金氏がこの限度を顓頊時代に定めるのは、顓頊までは確定できないが、しかし少なくとも顓頊の時は既に完全に父系氏族公社に入ったと言える。したがって、金氏の結論には根拠があり憶測の言葉が含まれていずに、十分に信じられるのである。伝説時代古代史の研究に長じている徐旭生氏が、我が国の古史の上では帝顓頊時代が第二の巨大な変化時期であると考察している。氏は「帝顓頊までは、母系制度はすでに次第に父系制度に取って代わられたが、しかし男尊女卑の風俗習慣は未だ形成されていない。帝顓頊に入ってから宗教の勢力で男性が女性より地位が高いことを明確に規定して、父系制度を確実に創立した」と言っている。このような見方は金氏の研究結論に一致している。顓頊は確かに画期的な重要な人物である。『国語・楚語』に「使名姓之後，能知……氏姓之出而心率舊典者為之宗」と記載されている。"「氏」は男子の属する姓は心拍の古い典者このために祖先を出します"，氏は男子の族系の標識であるので、家系が男

系で成立しなければ族系の区別はない。

　上記の結論を充実したり実証したりするために、ここで再び、いくつかの考古学上の資料を補充する必要があると思う。

　周知の通り、黄河の中、下流の南岸と淮河北岸の広大な地区の至る所にある大汶口文化の遺跡を包含した時期は大体紀元前4000年から紀元前2000年までである。その墓葬から見ると、おおよそ三期に分けることができる。シングル葬、同性合葬、同性夫婦を合葬する、集団数人合葬と母子合葬というこれらの初期墓葬の葬式は、典型的な母系氏族の埋葬風俗を反映している(10)。副葬品となると、「普通な墓はいずれも数多くない、材質が大体同じで少量の副葬品がある。これらの副葬品は主に陶器や装飾品などの生活用品であるが、生産用具を稀に見る(11)」。これらはその時代には生産用具が現出したことが説明されている。その他に副葬品をもつ半坡遺跡と姜寨遺跡のように、一般的に言えば女性は男性より高いという状況からも、生産の発展に連れて、男子の社会的地位もある程度向上したと説明できるようである。にもかかわらず、初期墓が間違いなく女系氏族公社の情況を反映させている。

　中期墓葬が反映されたのは紀元前3000年に近い時期の情況である。それは初期墓葬とは全く違っている。葬式上最も明らかな変化は「年齢似たり寄ったりのダブル成年男女の合葬する習わしが現れ、初期の同性の合葬墓と集団数人の合葬墓は既に消えてしまった(12)」のである。同性の合葬墓と集団数人の合葬墓が消えてしまったことが、母系氏族がもう再度出現しなかったこと、少なくとも母系氏族からすでに父系制へ転換しつつあったことを説明している。この変化はきわめて重要な意味がある。年齢似たり寄ったりのダブル成年男女の合葬は、実際には父系氏族が既に形成している標識と見なすことはできなくても、少なくとも多数の状況で父系氏族がすでに発生したことを説明することができる。

　「大汶口13号墓のような典型的な成年男女の合葬墓を比較してみよう。ツイン男女同穴の墓はいずれも男性は左・女性は右という順序に並べられて、副葬品は多くは男性側に置かれる。例えば、大汶口13号墓は男性が40歳ぐらい、女性は30歳数歳で、鼎、豆、壺、罐、盃、鬶、と兜形の器

などを含む陶製生活容器と石鏟、魚鏢、骨鏃や骨鐮と象牙彫刻物とブタの頭などがあるに対して、女性側の小さな穴には 14 のブタの頭だけ置かれる(13)」。

　この男女は夫婦のようである。「年齢似たり寄ったり」だけではなく、その上女性の身の回りにも十四の豚の頭という副葬品もある。それから見ると、妾とか奴隷のような身分の女である可能性は低い。夫婦合葬或いは妻を夫に従って埋葬するのは、その時既に個体婚姻制を実行し、女は既に夫の家系に属することを説明している。これは父系氏族が形成されている確証である。それ以外に、大汶口 1 号墓のように、男女合葬墓から又明らかに女尊男卑から男尊女卑へとの男女の地位の移行が表されている。

　「穴が長さ 2.5、幅 1.4、深さ 0.4 メートル。北壁には外へ拡張し出した長さ 1.8、幅 0.2 メートル、底部が少し高い小さな穴がある。女性がこの小さい穴の内に埋葬されたが、男性は穴の中央に埋蔵された。40 数件の副葬品は男性の片側に集中するが、女性に属する副葬品は頸部につける一本の玉管、右腰間にある一つのカメの甲が置かれるだけである(14)」。葬式のレベルが男性に比べて低いのみならず、その上副葬品はほんの少しの装飾物であることから見ると、この女性は男性の妻のようではない。しかし、妻にも関わらず、ここに表現された異なった男女の尊卑も、別の角度から父系社会の特有な特徴が反映されている。

　末期墓葬から紀元前 2000 年前後の情況が反映された。その時は既に夏代に入り、間違いなく父権制が確立された。注意してもらいたいのは、末期墓葬と中期のとを比べてみれば、葬式上においては別に違いは何もなかった(15)。このような情況によって、ちょうど中期の墓葬の年代が父系氏族時代に入ったのを反証してはいないかと言うことである。

　大汶口墓葬の中期を代表した年代は、ほぼ歴史の伝説の五帝時代に重なり合う。考古学の成果によって私達が五帝時代、特に帝顓頊からを父系氏族公社階段と見なすのは妥当と証明されている。

　勿論、母系から父系への移行と言えば、諸氏族のそれぞれの発展はアンバランスの状況を呈している。金先生が「商周二代の祖先が、契と後稷からはじめて父系氏族公社に入ったに対して、虞夏の方がわりに早かった。

虞は顓頊に始まって……、夏も顓頊に始まるはずである」と言う。したがって、中国が顓頊時代でも既に完全に父系社会に入ったと言うのは、中原の虞部落と夏人の祖先である崇の部落のことを指すのである。北方の商人と西方の周人となると、父系氏族公社段階に入った時期は、大体堯と舜の時代までであろうと思う。夏后啓が建立した夏王朝は、中国の父系氏族公社の解体する標識と見なすことができる。しかし氏族公社の解体もアンバランスである。夏王朝の創立によって国家が部分的に出現したことが表明された。奴隷制度の代表である夏王朝の権力が届く範囲内では、又国家に転化する部落が存在していた。全体の夏代の四百年間でも、氏族制度から奴隷制度国家へ移行する性質がある。

　上記の論述から、中国の父方氏族公社は古代の伝説の中の五帝時代前期に生まれた。顓頊時代を完全に成熟した標識にし、堯舜時代に発展していった。そして夏王朝が創立してから解体を始める。原始社会の発展史において部落社会期、或いは原始社会の衰亡期と称するこの時期は、部落連盟と軍事民主制時期に属している。原始の考古学上の新石器時代末期から銅石併用時代、即ち考古学の上の大汶口文化、竜山文化と斉家文化の時期に相当する。

## 三、孝行観念が父系氏族社会に形成する文献証拠

　個体の婚姻制が文明社会の細胞形態である。一夫一妻制家庭の出現は文明時代の初めを示している。人類の儀礼法律は父系氏族社会の始まった後で生まれた。理論的に孝行観念が父系氏族公社時期に形成されたことは疑義のないはずである。面白いことに古代の文献で鮮明に孝行観念の観点が叙述されている。今証明として数例を挙げてみる。

　　有天地然後有萬物，有萬物然後有男女，有男女然後有夫婦，有夫婦然後有父子，有父子然後有君臣，有君臣然後有上下，有上下然後禮義有所錯。(『周易・序卦』)

第二章　孝行の観念が父系氏族公社時代の産物　49

夫禮始於冠，本於昏，重於喪祭，尊於朝聘，和於射郷，此禮之大體也。（『礼記・昏義』）

男女有別，而後夫婦有義，夫婦有義，而後父子有親，父子有親，而後君臣有正。故曰昏禮者，禮之本也。（同上）

男女有別，然後父子親；父子親，然後義生；義生，然後禮作；禮作，然後萬物安。無別無義，禽獸之道也。（『礼記・郊特牲』）

君子之道造端乎夫婦，及其至也，察乎天地。（『礼記・中庸』）

夫婦之道，不可不正也，君臣父子之本也。（『荀子・大略』）

　これらの言論は集中的に、父権制こそ、文明社会の一切の礼義法律の起点で、人類のすべての文明も皆個体家庭が創立した後で発生したという道理を説明している。金先生は、これらの言論から構成される思想体系は、儒家が歴史文化に対する全体の認識を代表していると想定されている。先生は「このような観点は決して偶然に関連するわけでなく、本当にそれを認識して、そしてそれを全体の思想体系の核心とするのである。我々が中国奴隷社会及び封建社会の思想を研究するうちに、多くの「親親」、「尊尊」、「仁義」、「礼法」などの概念が現れてくる。それらの概念は決して乱雑なのでなく、体系的にしているものである。もしこの体系の根源或いは起点を探求するならば、自然に原始時代の父権制にさかのぼるわけである」[17]と言う。確かにこのように、本書で研究している孝道を例にしても、その起源を探求するには、必ず原始社会の父権制の時代まで遡らねばならない。以上から分かったように、「有夫婦然後有父子」、「夫婦有義而後父子有親」、「男女有別然後父子親」がいずれも、男尊女卑の父権制の家庭から父と子の間の情けと権利義務が生まれたことを意味していないか。同様に、「有父子然後有君臣」、「父子有親而後君臣有正」も、家庭の中で父と子の間の上下尊卑があってはじめて、国家が現れて、そして父と子の間の関係を君臣の関係に広げたのではないか。この言い方に照らして理解すれば、孝行の観念が父権制の確立の後、国家が現れる前に発生したことは、極めて明確になるのである。これらの非常に貴重な古代文献資料を認識する上で肝心な点は、全面的な理解をやり遂げてから、その深い思想の内包を悟って、

物事を認識する方法を獲得することができることである。

中国の古い文献からは孝行観念の誕生する時代に対する理論の説明のみならず、孝行観念が父系氏族公社に誕生する事実の証拠も調べられる。帝嚳以前のこの方面の記録は探し当てにくいが、堯舜時代の史料なら比較的多くある。ここで、私はそれらを大体4種類に分けてそれぞれ述べてみよう。

第1種類に、堯舜の時に孝行で人民を教え導く事実が現れた『尚書・舜典』に見る。

　　帝曰：契！百姓不親，五品不遜，汝作司徒，敬敷五孝，在寬。

ここで言った「五教」はいったい何を指すか。『左伝』文公十八年には「舉八元，使布五教于四方：父義、母慈、兄友、弟共（恭）、子孝。」と書かれている。

『孟子・滕文公』にも、「人之有道也，飽食暖衣，逸居而無教，則近於禽獸。聖人有憂之，使契為司徒，教以人倫：父子有親，君臣有義，夫婦有別，長幼有序，朋友有信。」と書かれている。『左伝』と『孟子』が「五教」にあげた解説を対比してみれば、前者の方が正しいはずである。『史記・五帝本紀』で採用したのが「父義母慈兄友弟恭子孝」で所謂「五教」であるという『左伝』の言い方である。これは当時の歴史的実情に合う。『国語・鄭語』では「商契能和合五教，以保於百姓者也。」と書かれたように、舜の時代では、未だ国家がないので、勿論、君臣がなかった。五教つまり五禮の内容は、完全な家庭内部の行為規範である。『孟子』が「五倫」と解釈するのは、明らかな階級の内容であって、本来の意味に一致しない。それは孟子がその時の政治の状況に合うように直されたはずである。『荀子・成相篇』には、「契為司徒，民知孝弟，尊有德。」と書かれている。これらの史料は堯舜時代では既に孝行を家庭の礼儀として尊重して、家庭が睦まじく安定するように、それによって庶民を教化することになっている。

第二種類に、父系氏族公社時期にも既に宗廟があり、『尚書・甘誓』には「用命，賞於祖；弗用命，戮於社」と書かれている。啓が有扈氏を滅亡

させる出陣を前に建てたこの誓いは、夏のはじめには宗廟が存在していた実証である。しかし祖廟の誕生はこの前の父系氏族公社時期に起源したことは肯定できる。『国語・魯語上』で「有虞氏禘黄帝而祖顓頊, 郊堯而宗舜。夏後氏禘黄帝而祖顓頊, 郊鯀而宗禹。商人禘舜而祖契, 郊冥而宗湯。周人禘嚳而郊稷, 祖文王而宗武王。」と展禽の言葉を引用している。「禘」は宗廟の祭祀名で、「有虞氏禘黄帝而祖顓頊」から、堯舜時代でもこの宗廟祭祀の礼儀を行ったことを証明している。『釈名・釈宮室』に書かれている「廟, 貌也, 先祖形貌所在也」からも、宗廟は実は一種の祖先崇拝の表現なのであるのが分かる。『中国古代思想的淵源』(18)という文の中で父系氏族公社時期の宗廟問題に対して金先生は専門的に論述した。堯舜禹時代では「宗廟は血縁の親族関係を団結させる精神的ものとして存在するのである」という先生の結論は歴史事実に合うのである。祖先崇拝の産物として、宗廟の役割が血縁の親族関係の一族の範囲を超えることはありえない。祖先を祭るとき表現した「幸福の源泉を忘れぬ」という感情意向こそ、孝行観念の発生するきっかけである。しかし、孝行観念が発生した後で、それはまた絶えず人々のこのような意識を醸し出して強化してくる。

　第三種類に、堯舜禹時代にも既に養老の礼儀が行われていた。『礼記・王制』には「有虞氏養國老於上庠, 養庶老於下庠。夏后氏養國老於東序, 養庶老於西序。……有虞氏皇而祭, 深衣而養老, 夏後氏收而祭, 燕衣而養老。」(『礼記・内則』を参考)『礼記・祭義』にも「昔有虞氏貴徳而尚齒, 夏后氏貴爵而尚齒, 殷人貴富而尚齒, 周人貴親而尚齒。虞、夏、殷、周, 天下之盛王也, 未有遺年者, 年之貴乎天下久矣, 次乎事親也。」と書かれている。敬老、養老とは本来では原始社会の美徳である。物質材料の再生産に伴い、人々は次第に文化の代々に伝わることを重視し、豊富な経験の持ち主である先輩を敬重して敬愛してきた。つまり、人類自身の再生産により、又人々に血縁上から年輩の人物を崇敬させ、「幸福の源泉を忘れぬ」という意向が発生してきた。したがって、敬老、養老は生産力が一定の程度に発展した後で自然に発生する社会の習わしである。母系氏族公社の時にも既に形成された其の観念は、所謂「人不獨親其親」(『礼記・礼運』)である。しかし、引用した上述の資料から分かるように、堯舜禹時代で提唱した敬老が、実

際に既に自然の習わしの範囲を超え、一種の礼儀形式と教化手段になった。それは伝統的美徳の簡単な回復を求めなく、新しい深い意味を持つようになった。このような養老の目的は何であろうか。一夫一妻制の家庭を主要生産部門にする父系氏族公社時代では、その目的は勿論人々が老人を尊敬したり供養したりするように教化することによって家庭関係を調和し、更に部落の安定と生産の発展を求めるためである。「庠」、「序」が当時の学校の名である。『礼記・王制』で陳澔が「行養老之禮必於學，以其為講明孝悌禮義之所也」と注釈している。『白虎通義』ではもっと「陳孝悌之德以示天下」という養老の礼儀の本質の目的を正確に言い当てたりした。これで分かるように、養老の礼儀は実際に孝行観念の発生の以降行われる儀礼と見なしてよい。堯舜禹時代では既に養老の礼儀を実行する事実があったので、孝行観念が既に発生していたに違いないのである。

　第四種類に、虞舜の親孝行の伝説である。虞舜は典型的な孝行の手本である。『尚書・堯典』には、「虞舜……瞽子，父頑、母嚚、象傲。克諧以孝，烝烝乂，不格姦」と書かれている。

　この資料に基づいて、『孟子』、『史記・五帝本紀』など文献の記録を参照して分かったように、舜の父親が頑固で道理をわきまえないおやじで[19]、継母は私利私欲に走りやすい老婦人であり[20]、腹払いの弟の象は傲慢で兄を敬愛しないやつである[21]。彼らは舜の財産と妻に分不相応のことを望み[22]、甚だしきに至っては何度も共同で彼を殺そうと企んだ[23]。舜の家庭はきわめて複雑で不幸である。舜はこのような家庭の環境の中に身を置かれたのにもかかわらず、両親に孝行して、兄弟を友愛するように全力を尽くした[24]。家庭関係を日に日に次第に正常にし、結局は互いに殺害するという悪の報いは現れていない。だからこそ、舜の孝行は彼が堯の継承者になる重要な条件の一つである。『孟子』の多くの篇は虞舜に言及して、彼を孝行な人の模範だとしている。特に『万章』上編の全部には、孟子と万章が虞舜の孝行の行いを巡って討論する談話を通じて、生き生きとした孝行の人のイメージを展示した。孟子は甚だしきに至っては「堯舜之道，孝悌而已矣（『孟子・告子下』）」思っている。『荀子・大略篇』にも「虞舜、孝已孝而親不愛」という史実にも言及したことがある。それらに基づいて虞舜の親孝行の伝

説は、歴史の中に確かに存在したことを信じるに価する十分な理由があると言える。疑古派の学者達はこれらの伝説を疑う者もいるが、確かな否定の証拠は提出されていない。非合法的な史料がまだきわめて欠如しており、しかも系統的に示せない今日では、伝説時代の歴史を研究するには、やはり文献を主な資料にすべきである。確かに、虞舜の親孝行に関する多くの伝説が、必ずしもすべてが事実とは限らない。現実的に必要に応じて古人がわざと粉飾したりして、いくつかの理想化された成分を含む可能性が高いと思われる。しかし唯物史観を運用したこれらの伝説を客観的に分析してみれば、その中から真実の歴史軌跡が容易に見て取れるので、完全な作り話であるとは断定しかねる。

　上述の文献証拠をまとめると、既に十分に証明できるのは、孝行観念は父系氏族公社時代でも発生したのである。しかし又明確にすべきなのは、この時の孝行観念が未だ後世の道徳の一つである孝道とは、はるかに異なっているということだ。と言うのは、階級と国家は未だ生まれておらず、この時の孝行観念はただ親を敬愛する感情にすぎない。自然の性を超えておらず、まだ階級性を持っていない。

## 四、孝行観念が父系氏族社会に形成するに関する民族学的考察

　特に民族学に対して研究方法のない私にとっては、異質の諸文化を横の比較でもって行うのは、倍の労力をかけても半分の成果しか得られないことである。しかし古代の文明に対する長期的な認識過程においては、私は研究手段の全面が重要で、ただ歴史学という一つだけの学科の角度から問題を観察するのでは足りないと心から感じる。そのため、ここで凡庸と狭隘ながら、この節を書きだして、専門家の方々のご斧正をお願いしたい。

　物質材料の極めて乏しい蒙昧で野蛮な時代の初期では、まったく孝行観念とは言えないという民族学の説明例証には説明がたくさんある。個別の時期に、人食い現象は比較的多く散見し、甚だしきに至っては10世紀に、

ベルリン人の祖先のファン・ライタボ人或いはブィルツ人が、自分の両親までを食ったことがあるという。動物人類学の角度から見て、これこそ人類が動物界を離脱するために必ず通過する過程なので、このような現象は実は容易に理解できる。中央アフリカの現地人部落が、他の部落と戦争を始める前に、必ず先に両親を食うことが当たり前のように思われている。そして食われた老人の両親も、自分の息子に食われたことを幸福なことと思う。フィジー人の習わしでは、年を取った或いは病気になった両親を生き埋めにして落とすのである。オーストラリアのいくつかの部落なら、「戦陣の上で殺した敵を食べるばかりでなく、その上戦死した味方の仲間をも食う。老衰で死んだ人が食用する価値さえあれば、彼らも食われてしまうのである。」『漢書・匈奴伝』に「壮者食肥美, 老者飲食其餘, 貴壮健, 賤老弱。」と当時の匈奴の風俗が記載されている。このような現象が、多くの民族にも存在したことがある。このようなことから、孝行観念は生産力が一定の段階に発展した以降の産物で、人類生まれつきの本性ではない。

典型的な母系氏族公社、特に其の末期で、既にかなりの物質の基礎があったにもかかわらず、どうして孝行観念がやはり発生していなかったのか。それは、孝行観念がその他の社会意識の形式と異なって、それは物質材料の再生産によって決定されるだけでなく、子を産み育て次世代を育成していくという生産活動にも制約されている。母系氏族公社の婚姻形式は、主に連盟氏族の集団婚から対偶婚とその他の非排他的な婚姻である。このような婚姻形式にはまだ一定の血縁の集団婚の遺跡が残っており、その人身の生産の社会構造も孝行観念の発生に適していない。これらの情況を背景に持つ民族の実例は今日にも多く見られる。我が国の雲南永寧のナーシー族の親族制度と婚姻状況は、単一の氏族圏外の婚姻を結ぶ局面を形成する典型的な例証である。厳汝嫻、宋兆麟が著述した『永寧ナーシー族の母系制』という本の紹介によると、次の其の親族制度は表で標示されたように、全部で六つの世代順に分けて、十四の親族の呼称がある。

| 世代順 | 呼称の音訳 | 叙述式親族の制度に対応する関係 |
|---|---|---|
| 第一代 | アス | 母の母の母と全ての兄弟姉妹、しかもこの世代以上の各世代の男女を含む |
| 第二代 | アイ | 母の母と全ての姉妹 |
| | アプ | 母方のおじと全ての兄弟 |
| 第三代 | アミ | 母と全ての姉妹 |
| | アウ | おじと全ての兄弟 |
| 第四代 | アム | 自分より年上の全ての姉、兄 |
| | ゲミ | 自分より年下の全ての妹 |
| | ゲリ | 自分より年下の全ての弟 |
| 第五代 | モ（女性の呼び方） | 娘と全ての姉妹の娘 |
| | ロ（女性の呼び方） | 息子と全ての姉妹の息子 |
| | ズミ（男性の呼び方） | 全ての姉妹たちの娘 |
| | ズウ（男性の呼び方） | 全ての姉妹たちの息子 |
| 第六代 | ルミ | 娘（女性の呼び方）或いは姪（男性の呼び方）の娘と全ての姉妹たちの娘の娘たち、そしてこの世代以下の各世代の女の子を含む |
| | ルウ | 娘（女性の呼び方）或いは姪（男性の呼び方）の息子と全ての姉妹たちの娘の息子たち、そしてこの世代以下の各世代の男の子を含む。 |

この表から、これらの親族の呼称は婚姻関係と姻戚関係を表していない。完全に母系によって狭義の分類式の親族呼称である。個体の呼称がなくて、甚だしきに至っては「父」や男の「息子」のような呼称さえない。ナーシー族は「アショウ」で臨時或いは長期的な男女の配偶者関係を呼称する。しかし、このような関係は現地では親族でもなければ、親戚でもないことになっている。(30)このような親族制度と対応する現実の婚姻結び情況を厳汝嫻、宋兆麟の両氏は次のように具体的に説明した。

　最初実行した「爾」が（つまり母系氏族――引用者注）の間の氏族外婚制である。「爾」の発展につれて、全ての「爾」も一つずつ若干の「斯日（娘氏族）」に分裂して、それによって、婚姻結びの範囲も次に斯日外婚制と変化してきた。同じ斯日に属する男女は婚姻を結ぶことができないが、違った斯日の男女の間では、皆結婚することができる。父と娘、腹違いの兄妹の間のような同一の母系血縁でない父系血族なら、全て婚姻を結ぶことができる。それに対して、母系の血縁関係を犯さないために、父の異なる兄妹、甚だしきに至っては母親の姉妹の子女とは皆婚姻を結ぶことができなくなる。

　ここ百年来、「斯日」の分裂が頻繁で、別居が四、五世代を上回る以上の「衣社（母系氏族の分枝、つまり親族に相当する。引用者注）」の間にも婚姻を結ぶ現象も現れる。しかし、母系血筋の近親、特に母系に属する「衣社」の外婚制は皆必ず守らねばならない。人々は少年時代から、誰が同じ血統に属する人かを知り、それは厳粛に維持すべきことなのである。これらの決まり事は代々、母親から娘へ、或いは「舅」（実は父親で、母親の兄弟ではない。訳者注）から甥へ伝えることになっている。(31)

　同氏族の男女と全ての他の氏族の男女の間（甚だしきに至っては氏族より更に小さな「斯日」、「衣社」との間）とは世代順を問わずお互いに婚姻を結ぶことができる。こういう婚姻制度の下で生まれた子女が、実父を確かめるのは非常に難しい。世代順も父系に従って区別しにくく、子女はただ母のあった氏族の成員で、親子関係と父系社会はまったく違う。このような子女の氏族所有化によって、母系制社会がまだ厳格な家庭内の愛のタイプの倫理観念が誕生できずに、「人不獨親其親，不獨子其子」（『礼記・

第二章　孝行の観念が父系氏族公社時代の産物　57

礼運』）よりしかたがないと決められる。したがって、孝行観念が生まれるのはあり得ない。

　父系氏族公社の階段に入ってはじめて、孝行観念が発生する前提条件がようやく備わる。ここで庄孔韶氏が著述した『中国西南山地民族父系大家族與乾欄住房』<sup>(32)</sup>という論文の考察成果に基づいて、我が国のジーヌオ族、僜人、トーロン族の関わる風習を分析してみると、孝行観念が父系氏族社会に生まれる可能性と必然性が明らかになる。

　ジーヌオ族は我が国の雲南省のシーサンパンナ・タイ族自治州の雲南西双版納タイ族自治州のジノーロックに分布している。このまだ父系一族公社時期にある少数民族は、人口は約１万人ぐらいである。ジーヌオ族の風習には注意すべき点が二つある。その一つとして、わりに強い祖先崇拝の観念が存在している。どの一族公社（父系大家族）の大きな屋敷にも祖先を祭る場所がある。旧正月の祭りでも、結婚喪事の儀式でも、種まき収穫でも祖先祭祀を必ず行う<sup>(33)</sup>。それは血縁の親族関係の一族を守るという役割を果たしている。したがって、同姓の各一族の間では互いによく協力し合い、同姓の間では婚姻を結ばないのが彼らの伝統の原則である<sup>(34)</sup>。このような情況は、孝行観念の発生に好都合な条件と見なしてよい。もう一つは、ジーヌオ族では既に祖先を尊敬し、子孫を愛護する伝統を形成している。例えば、大きな屋敷の中には四つの暖炉があり、その中のひとつは炊飯用で、他のひとつは野菜を煮るのに使われる。一族の全員は老若男女を問わずいっしょに食事をするのである。料理は自分で自由によそって食べ放題である。家の族長は年齢最長者が担当して、各世代に尊敬される。時には一人で食事をとっても、ごちそうや消化のよい食べ物も老人か子供に譲ることがある。もしも獣を狩ったら一族全員で共に食べる。大人は集まっていっしょに飲食しながら談笑して、どの子供でも柔らかい肉を一人分ずつもらえる<sup>(35)</sup>。一族全員の共食制が取り消された後に、それぞれの小家族は食事を自分で用意する。しかし、各小家族が良い料理を享受する時、習慣の上、家長にプレゼントをしなければならない<sup>(36)</sup>。ジーヌオ族の父系一族公社は、同じ父系祖先と数世代の男系の後裔から構成されているため、既婚の子孫は彼らの小家族の同世代の者と同じ大きい家の中に住んでいる。しか

し既婚の娘、孫娘は彼女たちの夫に居住するしかない。このような情況は、実際には旧中国の数世代一緒に居住する封建大家族とほぼ変わらないのである。したがって、ジーヌオ族のこのような敬老の感情は原始の素朴な孝行観念と見なしていいと思う。

　僜人は我が国のチベット自治区ヒマラヤ山脈の東、横断山脈西部の高山峡谷地区に分布している。その基本的な経済部門は既に個体の家庭に変わり始めて、父系一族公社の末期の形態に属する。僜人の風俗には十分に注意すべきものが二つある。第一に、既に父が権利と威信を確立していること。子女は両親を尊重して、父の言うことに従って、家の内外で事が起きたら、大小を問わず、皆父に上申して、父親からの指導を受けなければならない(37)。第二に、個体の家庭経済が既に形成され、家庭の中の権利と義務関係が発生していること。つまり、「息子が妻をめとった後は、常に父の家に残して共動で生産したり消費したりするという状況は、現在では日に日に目立って減少した。息子は父親の長い屋敷に居住して単独で炊事をすることが許される。生産と消費の方面では十分な独立性が認められる。生産の角度だけから見て、どの屋内の核心家族でも一つの部門がある。生活の中で諸兄弟の小家族の間では、普通はそれぞれ各自が暮らしている。しかし、両親の世話をするので、三食とも諸兄弟が両親に届けねばならない。特に両親が年を取っていて働く能力を喪失した後に、大一族の事は、能力のある長兄或いはその他の兄弟に代行される。未婚の子女は年を取っている両親を頼るほかに、更に生活上で結婚している兄弟達にも頼る。時には人口が本当に多すぎるため、兄弟のある小家族も分家することがある。もし両親が亡くならなければ、分家している息子は、両親を世話する責任を負わねばならない(38)」。「どの家の父系氏族大一族の中でも、もし父親が自分で働く能力を失えば、息子が代わって耕作することになっている。人口の少ない小家庭では、姻戚関係を結んだ家庭と共同で耕作する。もし父が他界した時、他人から借りた金銭があったら、まだ分家していない息子達は共に父に代わって返済する。もしも父の生きている時ならば、ある息子は既に分家して別に居住していても、依然として大一族の対外借金を分担する責任がある。もし末っ子が独り立ちして生活するならば、借金は末っ子

第二章　孝行の観念が父系氏族公社時代の産物　59

が返済することになる。大一族の貴重物は兄弟の間で等分して、一部分の高価なものは末っ子に所有されることになる[39]」。このような情況を分析し見抜くことができたように、僜人は既に完全に親子の間の愛と個体家庭という孝行観念の発生の前提条件を備えていた。しかも父と子の間における権利と義務の出現、及びこれからもたらされた父権と私有の観念、継承の制度によっては、何の疑いもなく僜人が既に文明の入口までに発展していたと表明できる。彼らが両親に従って世話をする行為も、言うまでもなく同じく一種の前階級社会にあった孝行である。

　トールン族は雲南西北部の独竜江流域に居住していて、現在依然として父系一族公社の発展階段にある。トールン族のどの氏族（トールン語では「ニレ」）でも若干の部落（トールン語では「コオン」）から構成される。民族学上ではこのような部落が「家系の群」と呼ばれる。どの「家系の群」も若干の血縁の共同体（父系一族）から構成する。しかし氏族（ニレ）は既に経済の上では役割を果たさず、ただ同じ祖先から起源して互いに助け合ったり救援したりする義務によって、思想意識上で統一体を形成していた。その分枝（コオン）のいずれも確かな始祖があって、系譜がはっきりしている。親分の「カサン」が全部の「コオン」の父系の大一族の生産を行うのを組織する。それぞれの父系大一族が一般的には両親、未婚の子女と一人から三人の既婚の息子の小家族からなる。トールン族は遠くまで名を知られていて、一族内では父と子、祖父母と孫、兄弟の間は遍く睦まじく、愛し合うという伝統の風潮がある。それはつまり一族の中の父と子、祖父と孫、兄弟の間はあまねくむつまじくて、愛し合う。彼らの平日の生活の情況は「息子達は畑仕事を行って、老人たちは家にいて食事を用意する。食事の時、依然としていっしょにいる時が多い。料理作りは両親の暖炉で行うが、自分で炊事をする核家族もある。しかし、うまい料理ができた場合には各小家族の間で美食を互いにプレゼントし合う。両親孝行を必ず行う[40]」。これから判るように、トールン族人は我が国の境界内では生産力の比較的低い民族であるが、しかし民間の風俗は素朴で、既に孝行の観念があった。

　上述のような民族の実例の考察を通して、父系氏族社会のほとんどに孝

行観念の誕生の前提条件が備わっていたことが明らかになった。事実上、確かにたくさんの民族の中でも、その存在が証明されている。勿論、我が国の五帝時代の父系氏族公社と全く同じ民族実例を探し当てようとするならば、その可能性は少ない。このような対比研究は多いが、参考程度の効果を果たすことしかできず、直接的な証拠にはならない。しかしこれらの「傍証」のおかげで孝行観念が父系氏族社会に生まれたという筆者の観点にようやく注釈ができたというのなら、それはそれで任務を果たせたと言えるのではないだろうか。

**注釈**

(1) ダーウィン著『人間の由来』中国語訳本　商務印書館　1983年版　第170頁。
(2) 『マルクスエンゲルス選集』第四巻　人民出版社1972年版　第51頁。
(3) 同上　第53頁。
(4) 同上　第57頁。
(5) 同上　第61－62頁。
(6) 同上　第24頁。
(7) 金景芳の『中国奴隷社会』を参照　上海人民出版社1983年版第2頁。
(8) (18)『社会科学戦線』1981年第四号に掲載。
(9) 徐旭生の『中国古史的伝説時代』　文物出版社1985年版　第85頁。
(10) 黎家芳『従大汶口文化葬俗演変看其社会性質』、『大汶口文化討論論文集』　斉魯書社1979年版第191頁。
(11) 同上　第191頁。
(12) (13) 同上　第194頁。
(14) 同上　第195頁。
(15) 『大汶口文化討論論文集』を参照
(16) (17) 金景気芳著『中国古代思想的淵源』『社会科学戦線』の1981年第四号に掲載。
(19) 『尚書』偽孔伝:「無目曰瞽，舜父有目不能分別好悪，故時人謂之瞽。"又曰:"心不則徳義之経為頑。」
(20) (21) 『史記・五帝本紀』:「舜母死，瞽叟更娶妻而生象。"賈誼《道術篇》:"親愛利子謂之慈，反慈為嚚。"「弟敬愛兄謂之悌，反悌為敖。」
(22) 『孟子・万章』:「象曰:'……牛羊父母，倉廩父母，干戈朕，琴朕，弤朕，二嫂使治朕棲。'」
(23) 『孟子・万章』、『史記・五帝本紀』を参照。

⑷ 『史記・五帝本紀』：舜「順事父及後母與弟，日以篤謹，匪有懈。」
⑸ 李大釗著『物質変動和道徳変動』 載『中国現代思想史資料簡編』 浙江人民出版社 1982 年版第一巻。
⑹ ダーウィン著『人間の由来』中国語訳本を参照 商務印書館 1983 版 第 115 頁。
⑺ モーガンの『古代社会』単行本第 421 頁。
⑻ 雲南人民出版社 1983 年版。
⑼ 同書第 213－216 頁を参照。
⑽ 同上書籍の第 216 頁を参照。
㉛ 同上書籍の第 100－102 頁を参照。
㉜ 林曜華、荘孔韶の『父系家族公社形態研究』に収められる青海人民出版社 1984 年版。
㉝ 同上書籍の 158 頁を参照。
㉞ 同上書籍の 154 頁を参照。
㉟ 同上。
㊱ 同上書籍の第 159 頁。
㊲㊳　同上書籍の第 165 頁。
㊴ 同上書籍の第 166－167 頁。
㊵ 同上書籍の第 182 頁。

# 第三章　西周において盛んに行われる孝道を論ずる

　既に上述に論じた通り、孝行の観念が父系氏族公社時期に発生した。本章から私達は階級社会の中で一種の行為規範としての孝道を討論してみよう。中国の文明史は夏商周の三代から始まった。しかしこの三代は同一視することができない。孝道については、夏、商の二代はすでに自発的で、倫理的な状態の下であったが、西周になってからすっかり変化してしまった。それは既に自然の性質を越えて一種の社会化現象を提し強烈な色彩と階級の内容を表した。したがって、階級社会の孝道を考察するには、まずその重点を西周に置くべきである。本章の内容は、夏商時期の孝道に対する簡単な考察、孝道が西周において盛んに行われる証拠、西周の孝道に対する一般的な認識という三方面から展開してみよう。

## 一、夏商時期の孝行観念の歴史的蓄積

　孔子が「周監於二代，鬱鬱乎文哉！吾從周。」[1]と曰いたことがある。「周監於二代」こそ周代の人が儀礼の制度を制定する時、前の二代の経験を吸収することを基本原則として貫徹する証明である。夏商周三代の政権の基本的な性質は元来同じであるが、ただ奴隷制度が国家の発展の異なる段階にある。これは「周監於二代」の基礎である。また立国が比較的に早いという主な政治の原因で、夏、殷の文化は周の建国よりレベルが高いので、周代の人は夏、殷に学ぶ必要が多くある。孝道が西周に盛んに行われたのは、周代の人々の一時の衝動ではなく、非常に大きな要因は「周監於二代」がもたらした結果である。そこで、周代の孝道を研究するには、言うまで

もなく夏商の二代から始めるべきである。そうすれば継承発展の跡が発見できる。

まず夏代を論じてみよう。孔子が言った「我欲觀夏道，是故之杞而不足征也[2]」のように、古代文献の中で夏代についての記載が簡略すぎて、現在に至っても考古学上の発見は非常に乏しい。孔子の時代においても夏の礼儀を考察することができない。まして今日ではその全貌を覗くことができないのも当然である。ただ、マクロ的におおよそのところだけは認識している。孝行が五帝の時期に発生（その結論については前章の内容を参考）した以上、夏代の人達が孝行の観念を持っていたことは異論がない。夏代は宗廟祭りを主な表現とする祖先崇拝の存在や、養老の礼儀が盛んに行われたことによって証明されている。周知のとおり、夏代が氏族社会から奴隷制度の国家に転換する過渡期に啓が権力を奪い取った。度々部分的な国家の出現を許した四百年もの間夏全体にも孝行的な性質があった。夏代の氏族血縁団体の痕跡に孝道が色濃く表れている。換言すれば、当時の孝道は主に親を尊敬したり敬愛したりする自然な感情に表現されて、階級的な色彩が浅いと言える。これは、後世の純階級社会の孝道とは違う。これは私達が夏代の孝道に対する全体的な認識であるが、資料に限りがあるため更に具体的に説明することはできない。

次は商代を論じてみる。夏代に比べて商についての資料はずっと豊かである。『尚書・多士』には「唯殷先人，有冊有典」が書かれている。少なくとも殷商の文化は確かに高度な発展を成し遂げた。しかし今日現存する資料が依然として少なく主に間接的な材料を借りなければならない。まず周代の人々の記述の中から次の二件の殷人が行った親孝行の事例を知ることができる。

その一として、『周書・無逸』には「其在高宗……作其即位，乃或亮陰，三年不言」と書かれている。高宗即ち武丁が、小乙の子で、「亮陰」とは喪に服することを指すはずである[3]。この文の意味は小乙が死んだ後、高宗が即位して、そして小乙のために三年も喪に服し国事を管理していない。ここから見るところ、殷人は三年もの喪に服する制度が既にあったようで、『論語・憲問』の記載によると、孔子もこのように釈明したのである[4]。

その二として、『戦国策・秦策』には「孝已愛其親，天下欲以為子」と書かれている。それは「孝已，殷王高宗武丁之子。」と注釈している。また『戦国策・燕策』に「孝如曾參、孝已。」と書かれている。また、『荘子・外物』に「人親莫不欲其子之孝，而孝未必愛，故孝已憂而曾參悲」と書かれている。それは「孝已，殷高宗之子也，遭後母之難，憂苦而死。」と注釈している。それに似ている記録はまた『荀子・性悪』、『荀子・大略』、『漢書・古今人物表』などからも調べられる。伝説によると、孝已が両親に孝行を捧げるが、その父の武丁は誤ってその継母の言葉を聞いて、彼を追放して死なせた。甲骨文字には「兄已」というがあるので、王国維は孝已だと考える。

　　癸酉卜貞，王賓父丁，歳三牛，眾兄已一牛，兄庚□□，亡□，（『后』上、一九）
　　癸亥卜貞，兄庚□眾兄已□。（『后』上、八）
　　貞，兄庚□眾兄已，其牛。（同上）

　王氏は「此れは其の祖先の甲の時書かれた。父丁が即ち武丁である。兄已兄庚が即ち孝已及び祖庚のことである。孝已が継承人に立てられていないので、『世本』と『史記』の中に見られない。しかし、その祀典が祖庚都と同じである。」と言っている。もし王氏のその説を信じることができるならば、伝説の孝已は確かにあって、孝行でその名を語るのは、また彼の孝行を顕彰するかのようである。
　以上のふたつの例から、商代には確かに孝行があるという事実だけを説明するにすぎない。商代の孝道に対する全体の認識と把握なら、私達は合理的にその他の文献資料を運用して分析する必要がある。
　中国奴隷制社会国家の形成と発展の時期であった商代は、既に氏族社会から奴隷制度国家への移行を完成させた。しかし、氏族社会の名残が依然として強く、やはり完全で、典型的な奴隷制社会ではなかったと言える。古人は曾て「殷道親親」で殷商社会の特徴を要約する。「親親」とは何か。血縁関係、を重視し、母統（母親）を重視するのである。『礼記・中庸』に

は「親親則諸父昆弟不怨」と書かれていることから、「親親」の対象は「諸父昆弟」である。殷人のみならず、夏人も「親親」を重んじるのが分かった。しかし、年代がかなり古いため、文献証拠が乏しい。それに対して、殷人の「親親」の証拠は十分である。

　殷の『易』にある坤が第一、殷人の伝弟制、殷の王位の弟に継承させる行為が「親親」に帰する最も有力な証拠である。『周礼・春官・大卜』には「掌三易之法，一曰『連山』，二曰『帰蔵』，三曰『周易』，其經卦皆八，其別皆六十有四」と書かれている。鄭玄の言によると、『連山』が夏代の『易』で、『帰蔵』は殷代の『易』である。昔では『易』が三つあるのは既に先代の儒学者に公認されている。孔子は「我欲觀夏道，是故之杞而不足征也，吾得『夏時』焉。我欲觀殷道，是故之宋而不足征也，吾得『坤乾』焉。『坤乾』之義，『夏時』，吾以是觀之。」と言っている。『帰蔵』とも言われる『坤乾』は、聞くところによると『周易』とちょうど逆で、六十四卦の排列順序上では坤卦が首位を占めて、乾卦はこれに次ぐ。恩師の金景芳先生は長年専念して『易』を研究しているので、『坤乾』と『周易』のこの区別を非常に重視している。金先生は「殷の『易』にある坤の第一が決して偶然でなくて、「殷道親親」の特徴を反映して、血縁関係を強調して、「母統」を重んじる。これは際立って継承制を表現している。夏代の継承制が既に子に継がせることを始めたが、商代になると、又弟に継がせる法を制定した。弟が兄の後を継ぐのは、言うまでもなく夏代以前を簡単に恢復することではなく、前進する中での曲折である。周代に入って、子を継承させる制度が最後に確立された。弟を継がせるのは母統を重んじて、子を継がせるのは父統を重んじるので、古人が弟を継承させるのを「親親」と呼び、子を継承させるのを「尊尊」と呼ぶ。殷代では血縁関係を強調し母統を重視して弟を継がせるのは、氏族社会の痕跡が残っていた証拠である。当時、夫と妻、父と子、嫡出と庶出、宗子と一族、土地を所有する君主と臣民などに対する特権は未だ生じていなかった。或いは生じていたが成熟はしていなかった。考古発掘から金先生の上述の論断の合理性を実証している。殷商時代の墓が周代以降の墓に比べて、前者が反映した女性の地位は明らかに後者より高い。この現象は既に学界に広く知られているので、例を挙げ

る必要はない。また、殷人の祭祀制度もこの点を実証することができる。頻繁で盛大な祭祀を主な表現とする祖先崇拝は、殷人文化の重要な特徴の一つである。董作賓氏の研究によると、卜辞の中で考証できる殷人の祖先祭祀の二十種類近くもの祀典は、順次して行われ、亡き祖母に及ぶ(9)。王国維の『殷周制度論』にも「商人の祭祀系統が卜辞の記録に見られ、極めて繁雑である。帝嚳以下から、先公、先王、先妣のいずれに対しても皆専門的に祭祀されている」と書かれている(10)。殷人は先祖を祭祀することをきわめて重視して頻繁に行うだけでなく、先妣に特別な祭祀を行って、所謂「生母入祀法」などの規定がある上から、母系の血筋に対するどれほどの尊重であろうかが分かる。

　金先生が「殷道親親、周道尊尊」を商・周社会の歴史的変革を調べる鍵と見なすのは、私達が商代社会のイデオロギーの特徴を認識するのに重要な指導的意義があるからである。この基本的な観点に基づいて、商代では孝道の特徴として主に血縁関係を重視することによる肉親の情であると認識するのは妥当である。その原因を究明すれば当時、階級の統治関係はまだ未成熟だった。血縁関係は階級関係より重要な状態だったので、周代以降の各王朝とは大きく異なり、孝道はまだ支配階級のツールにはなっていなかった。これこそが私達が商代の孝道に対する全体の認識である。

　上述の部分をまとめて分かったように、夏商の二代の孝行観念はまだ大体において氏族社会の「親親」の段階に留まっており、統治者に強制的に推進されていないので、政治の因素を混ぜたものが少ない。よって今日の私達が孝道に対する一般的な理解とは、はっきりと異なっている。もし孝道の発展を縦方向の歴史として観察しようとするならば、その初めての異化は西周に発生する。後文で西周の孝道の本質と特徴に対する研究に結論を得たとき、私達ははっきりと孝道が殷、周二代とは明らかに異なる地位と役割があったと気づくことだろう。

　夏商の二代の孝行観念の歴史的蓄積によって、西周の孝道が盛んに行われる確かな基礎を築いたということに疑義を抱く人は多分一人もいないだろう。周代の人々は主に何を継承したのか、祖先崇拝であっただろうか。というのは、殷人は神と祖先を尊びあがめて、そして次第に両者を合一に

させた。この精髄は同じく父系血族集団に統治される周代人に吸収、発揮された。陳夢家氏が「祖先崇拝と天神崇拝との次第の接近、混合が、既に殷以後の中国の宗教に規模を確立して、つまり祖先崇拝は天神崇拝を圧倒した。」と言っている。「周監於二代」と言いながらも、その中に何もかも捨て去ったことをも意味している。つまり、主に氏族社会に適応する親親優先の観念を捨て去り、支配階層の利益に好都合の意味で代わっていったことを指す。このような捨て去りこそ、周代人が殷人の統治失敗の教訓を参照する結果である。

## 二、孝道が西周において盛んに行われる文献証拠

中国の孝道が西周に始まるのは、疑義のない定論である。今日、調べられる周代初の文献は満足なほど豊富ではないが、まだ『尚書・周書』の中の大部分、『詩経・周頌』の全部及び『大雅』の一部分、『周易』の卦爻辞、周代初の彝器銘文なども残っていて、実に豊富だと言える。それに「三礼」の中で関係する記録を参照すれば、問題はやはり説明できるのである。この節では典籍と金文を参考しながら、孝道が西周に盛んに行われる歴史的事実を論証してみよう。

現存する資料から見て、早くも周文王の時には、周代人の孝行観が既に形成されている。『詩・大雅・文王有声』に「築城伊淢，作豊伊匹，匪棘其欲，遹追來孝。王后烝哉。」と書かれている。鄭箋、孔疏、朱注によると、本章では周文王が城を築くことと豊邑を建てるのは私欲を満足させるためでなく、先君の遺志を受け継いで、深く孝行をやり遂げる思想を賛美するそうである。先儒の伝説によると、周文王は有名な親孝行な人である。『礼記・文王世子』には、「文王之為世子，朝於王季日三，雞初鳴而衣服，至於寝門外，問内豎之御者曰："今日安否何如？"内豎曰："安，"文王乃喜。及日中又至，亦如之。及莫（暮）又至，亦如之。其有不安節，則内豎以告文王，文王色憂，行不能正履，王季複膳，然後亦複初。食上，必在視寒暖之節，食下，問所膳。命膳宰曰："末有原"，應曰"諾"，然後退。」と書か

れている。『礼記』は完成が比較的に遅く、また漢の儒学者によって多く増加されたり手直しされたりして若干の付加の成分があることは避けられない。しかし周代初の文献における周文王の孝行記載を参照してみれば、決して根も葉もない話ではないようであり、大体は信用できると思われる。

周文王が王季に孝道を尽くしただけでなく、周代初の武王、成王なども誰もかもが孝道を実行する模範であるので、『詩』の中には多く見られている。

例えば：

永言孝思，孝思維則。(『大雅・下武』)
於乎皇考，永世克孝。念茲皇祖，陟降庭止。維予小子，夙夜敬止。於乎皇王，繼序思不忘。(『周頌・閔予小子』)
威儀孔時，君子有孝子。孝子不匱，永錫爾類。其類維何？室家之壼；君子萬年，永錫祚胤。其胤維何？天被爾祿；君子萬年，景命有僕。其僕維何？釐爾女士；釐爾女士，從以孫子。(『大雅・既醉』)

『下武』では武王を、『閔予小子』では成王を、『既醉』では王公族達を称賛する。彼らが祖先に親孝行を尽くして、全体周代人に良い手本を示し確立して、模範の影響力は長らく続いていくので、周王朝の統治もきっと長久であると賛美した。周代では親孝行を表彰する多くの詩篇から数例を挙げてみよう。

率見昭考，以孝以享，以介眉壽。永言保之，思皇多祜。(『周頌・載見』)
有馮有翼，有孝有德，以引以翼。豈弟君子，四方為則。(『大雅・卷阿』)
先祖是皇，神保是饗。孝孫有慶，報以介福。萬壽無疆。(『小雅（楚茨』)
父兮生我，母兮鞠我。拊我畜我，長我育我，顧我複我。欲報之德，昊天罔極。(『小雅・蓼莪』)
於薦廣牡，相予肆祀。假哉皇考，綏予孝子。(『周頌・雝』)

これらの詩篇は極めて孝行な人を謳歌し、孝行な行いを賛美している。

詩篇によって孝道は疑う余地なく、自然に周代人の道徳観念の中を占めていった。そして、孝道はきわめて重要な地位にあることが表明された。

現存している周代の彝器銘文に最もよくあるのは、ある人がある仕事を成し遂げ、帝王から恩賞をもらい、彝器を鋳造し、それは親孝行の一種として祖先へ享受させていったという話である。銘文と『詩』が表現した情感意向とは同じで、いずれも孝行をこの上もない美徳とするのである。

例えば：

天子明哲，覯孝於申。(『大克鼎』)
用追孝於剌仲。(『師奎父鼎』)
夙夜用享孝皇祖文考。(『乎簋』、『文物』1972.2 を参考)
其用夙夜享孝於厥文祖乙公于文妣日戊。(『威鼎』、『文物』1976.6 を参考)
叔噩父作鷺姫旅簋，其夙夜用享孝於皇君，其萬年永寶用。(『叔噩父簋』、『三代』8.16.3 を参考)
用作朕皇考龏叔、皇母龏姚寶尊鼎，用追孝。蘄匄康虞純右，通祿永命。(『頌鼎』、『三代』9.39.1 を参考)

ここでは主に祭祀享受として孝行実行との密接な関係を表現している。両親の生きている時期のみならず、両親が亡くなった後でも孝行を行う必要がある。亡くなった親と先祖を敬虔に祭祀して、真摯をこめて追想するのも、西周時期の孝行観の重要な内容の一つである。

西周で孝道が盛んに行われることは、統治者の提唱に密接に関わっている。西周の初めにも、孝道が社会全員が必ず従わねばならぬ規則になるようにと、統治者は強力に孝道を提唱し遂行して、孝行で天下を感化するという措置を推進していった。

例えば『周書・酒誥』に、「妹土，嗣尓股肱，純其芸黍稷，奔走事厥考厥長。肇牽車牛。遠服賈，用孝養厥父母。」と書かれている。「妹土」とは殷の国土を、「股肱」とは殷人を指す。これは野良仕事でも商業でも親孝行を忘れないように殷の逸民を教えさせると、周公が康叔を戒める言葉である。「彼を注意して殷の逸民を教えさせます、農作をするか商業を営むのであろうと、

すべて孝行の養父母を忘れるなかれ。」ということである。

『周書・酒誥』には、「元惡大憝，矧惟不孝不友。子弗祇服厥父事，大傷厥考心；於父不能字厥子，乃疾厥子；於弟弗念天顯，乃弗克恭厥兄；兄亦不念鞠子哀，大不友於弟。惟吊茲，不於我政人得罪，天惟與我民彝大泯亂。曰：乃其速由文王作罰，刑茲無赦！」

と、とりわけ明確に記載されている。これも周公が康叔を戒める言葉である。孝行を天が下民に賜る常道（民彝）と、不孝を極悪非道の原罪と見なし、不孝な者なら、どんな身分でも文王が当時定めた懲罰の条例に照らし容赦なく厳罰に処せねばならない。『康誥』は西周初期の作品なので、これから見ても、その時の孝行は倫常の要道と見なされるだけでなく、その上さらにそれを重要な政教として強力に推進されたのである。周代の人々は孝道を天下を治めるための礼楽文化であり、重要な内容の一つとし、それによって万民を教化すると考えていた。

『周礼・地官・大司徒』に、「以鄉三物教萬民，而賓興之。一曰六德：知、仁、聖、義、忠、和；二曰六行：孝、友、婣、嫻、任、恤；三曰六藝：禮、樂、射、禦、書、數。」と書かれている。その中の「六行」の一つの「孝」に関して、賈疏が「善於父母為孝」と言っている。それによって、「孝」が「六行」の一つとして、万民にプラスの教育内容を与えて、不孝者に対しては、自然と刑罰される。「師氏」という職は至徳、敏徳、孝徳という三徳と孝行、友行、順行という三行と孝国子（『地官・師氏』）である。「大司楽」が国子を教える時、中、和、祇、庸、孝、友を優先とする（『春官・大司楽』を参考）。周代各級の官吏が民衆を治める時、殆どは教化を正式な手段として、民徳を重視する。孝道が民徳に関わる鍵の存在である。

上述をまとめて分かったように、孝道が西周に盛んに行われると定論するのは、十分な文献の証拠があったためで、史実に合うのである。上述の論述から更に見抜くことができるのは、孝道が西周では既に全面的に認識された行為に発展し、後世の儒家学者に吹聴される孝道と一致するようになった。その内容も豊富で、大体両親孝行・供養、祖先祭祀、祖先の志の継承などを含む。孝行が政教との結合、宗教との連絡、および孝慈、孝友の合一、宗法との関連はいずれも孝行が既に西周社会のイデオロギーと倫

理観念の基本的な綱領を構成し、そして天人合一思想の道徳的な支柱になったと説明する。したがって、西周は中国における伝統孝道の発展上最初の盛期で、私達が先秦孝道を研究する最も重要な歴史段階である。

## 三、西周孝道の特徴と本質に対する理念的思考

西周に孝道が盛んに行われるのは、決して偶然でない。本章の任務としては孝道が西周に盛んに行われることを論証するだけでなく、更に重要なのは孝道が西周に盛んになる歴史的必然性を説明することである。更に西周孝道の特徴と本質を掲示し、歴史的発展の役割と意義を考察することである。

### (一) 孝道が西周に盛んに行われる社会的歴史的原因

中国の奴隷制社会の全盛期である西周は、夏、商の二代と比較してみれば、新しい特徴が若干ある。孝道が西周に盛んに行われたのも、これらの新しい特徴と密接に関わっているのである。西周の井田制、分封制、宗法制と礼という四つの方面の特徴を結び付けて、孝道が西周に盛んに行われる歴史的必然性を考察してみよう。

まず、等級奴隷制度の生産関係としての農村公社制は、孝道が盛んに行われる経済の基礎である。

歴史上登場した土地制度が、ほぼ氏族公社、共産制家庭公社と農村公社（マルク）のいくつかの発展段階を通るのは一般的な発展軌跡である。農村公社の我が国における具体的な表現形式が、井田制である。殷代でも既に井田制を実行しており、公田、私田の区別があった。西周の井田制と夏商の二代と比較してみれば、また著しい違いを見い出す。その違いの一つが、土地分配単位である。夏の時代の50畝（中国の土地面積の単位。1畝は6.667アール。訳者注）は、殷の時代で70畝から百畝に変わると無になると金先生は言われた。[12] それでは、この新しい特徴を持った西周の井田制は、当時盛んに行われている孝道とはどんな関係があるのか。次のよ

うに分析してみた。

　第一に、周代の土地分配単位が殷代とは異なっている原因は、主に当時の社会生産の発展水準によって決定されたからである。生産力の向上によって、耕作に適する土地の面積を絶えず拡大させるために、耕鋤農業が社会生産の主要な部門になっていた。漁猟と採集の影響は日に日に縮小していく。このような情況の発生が、当時の社会経済の発展を大幅に向上させたことを表明している。「衣食足而知禮義」という昔の言葉の意味は、社会存在が社会意識を、物質文明が精神文明を決定することと一致するのである。腹いっぱいになれない原始群落時代では、孝道が盛んに行われたということは考えられない。民族学には多くの生き生きとした事例によって、野蛮な時代では、老人を敬い子供を愛する美徳が発生することはあり得ないと説明されている。経済が基礎であり、人類のすべての儀礼文化の最終動機である。西周の井田制の下で絶えず発展し高まっていった経済だったからこそ、孝道が大いに行われ、強固な基礎となったのである。

　第二に、前の一つの観点に関わって、井田制の完備と発展によって、小農経済であった個体家庭を更に安定化させたことである。謝維揚博士の研究成果によると、周代の井田制の下での家庭の情況上規模はあまり大きくはない。その主な形式は夫婦と子女から構成された非旁系の個体家庭と旁系を含むという簡単な拡大家庭であったという。これは婚姻と親子関係によって関連させたもので、経済上共通の利益を保有する同居人たちの共同体である。呂紹綱氏は『周易・家人』に対する研究を通じて、謝維揚氏と完全に同じ結論を得た。(13)(14)そこから分かるように、周代家庭の一般的な状況は、一部分の夫妻関係、父子関係、兄弟関係のある人たちが一緒に同居して、共に食糧と財産を享受する。この家庭人員は多くはなく、夫妻と一群の子女だけである。第三世代の子女はまだ成年になっておらず、旁系がない。この直系血縁関係と夫妻関係によって維持する家庭は、商代以前の「父親家長大一族」に比べれば、言うまでもなく相対的にずっと安定している。安定的な一夫一妻制の個人家庭を社会の細胞構造とするのは、孝道を貫徹して実施することに利益をもたらす。このような家庭の中で父と子の間の権利と義務はとても明確になり、容易に理解できる。周代人孝道観念では

孝と慈の互いに補い合い、協力し合うことと、孝と友の合一を重んじるのも、別の側面から周代家庭中の父子、兄弟関係の密接さを実証している。

次に、等級奴隷制度政治制度としての分封制は、孝道の盛行する政治の動機である。

分封制は周代で政権を強化するために創立された一種の新しい制度として、周代の初めに全国の範囲内に大規模に実行された。天子が諸侯に対する統轄と隷属関係を大幅に強化して、中央集権の専制国家に向けて大いに猛進した。周代の分封制は次のような二つの要点がある。そのひとつとしては、血縁関係を重視する。氏族血縁関係の残りの影響は当時ではまだとても大きかった。周王朝は統治を強固にするために、依然として夏商の二代のようにその感情の連絡効果を利用して、同姓の親族に呼びかけて籠絡した。周代の初めに分封された者は殆ど周天子の子弟、同姓と戚属であったことも、十分にこの点を表明している。その二としては、血縁関係が政治関係に従うことを強調する。改造によって、周代人の血縁関係は原始社会の血縁関係とは大いにその趣を変えていた。古人のいわゆる「門内之治恩揜義，門外之治義斷恩」[15]、「公子不得禰先君」、「公孫不得祖諸侯」[16]、「大義滅親」[17]などが皆政治関係を第一とし、血縁関係は第二位であったからである。『穀梁伝』文公二年に「不以親親害尊尊」と明言して、血縁関係で政治関係を取って代わったり妨害したりすることは許可しなかった。『喪服』で諸侯が天子のために斬衰を着て三年間喪に服すと規定されている。前の王朝に比べて、周天子と諸侯の関係は、既に「諸侯の長」から「諸侯の君」になった。諸侯が封ぜられた後、周天子は相対的に独立的な諸侯国の君主になった。また同じように卿、大夫に領地を封ずる。封ぜられたこれらの卿、大夫たちは、それぞれに世襲の権力を持つようになった。このように順番に分封したあげく、天子、諸侯、卿、大夫など各級の君主が。誕生した。これらの異なった君主は厳格な尊卑の等級を持ち、幾重にもそれぞれ上役の責任を引き受け、最後は結局、天子が責任を引き受けた。

分封制は殷周時代の政治上の大きな変革であった。周代の孝道に対する影響は直接的であった。第一に、分封制は氏族血縁関係に対する利用と改造であったが、孝道は血縁家庭の間で発生し実行するものであった。この

第三章　西周において盛んに行われる孝道を論ずる　75

二点は本質上の一致性を持っている。また、完全な体系と厳格な等級のある周代の宗法制と孝道との関係はきわめて密接であった。宗法制の発生は、分封制と接に結びついていて、分けたり切り離したりはできなかった。第二に、厳格な等級制原則は血縁関係同様、政治関係に従う分封制に滲透している。西周で実行されている孝道も、厳格な尊卑の等級をも反映している。所謂「母親而不尊, 父尊而不親」[18]、「資於事父以事母, 而愛同。天無二日, 土無二王, 國無二君, 家無二尊, 以一治之也。故父在為母齊衰期者, 見無二尊也」[19]、「合父子之親, 明長幼之序, 以敬四海之内,」[20]なども全て「父尊母卑」、「男尊女卑」を意味している。「父尊子卑」も、孝道の重要な内包の一つである。各級の統治者は孝行で庶民を教化するのは、家庭を安定にするためだけでなく、等級制原則を貫徹し、君主の尊崇地位を際立たせるためでもある。所謂「資于事父以事君, 而敬同。貴貴、尊尊, 義之大者也, 故為君亦斬衰三年」[21]、「君者, 國之隆也；父者, 家之隆也。隆一而治, 二而亂。自古及今, 未有二隆爭重而能長久者」[22]も等級制の核心が君主を尊崇にするのを意味している。父親に親孝行を行うことから、君主に忠誠を捧げることに類推できる。「親親」と「尊尊」とは」実に同じ道理である。したがって、周代で提唱された孝道が孤立しなかったのは偶然ではなく、その当時全体の政治制度に一致していたからである。提唱され推進されていった分封制度の下での孝道は、周代の統治者の強烈な政治意識が反映されていた。

　再度、等級奴隷制度血族制度としての宗法制は孝道が大いに活用された社会的保障である。

　周代の宗法制度は、氏族社会の血縁関係を基礎にして発展してきた。奴隷制度が形成した後、氏族が国家へ、血族団体が地域団体へ取って代わった。しかし血族関係はなくなったわけではなく、粘り強く存在していた。奴隷主階級の統治を強化するため、周代では再度、無数の世代を続かせたこの氏族社会の強力な絆を利用して、統治に適する完全な体系と厳格な等級のある宗法制度に改造した。これが中国奴隷社会全盛期の特徴である。[23]

　血族統治の最も著しい特徴は、支配権力が代々の血族相続であったことである。純粋な貴族の血筋の息子が支配権を継承するために嫡庶制度が生じた。妻が嫡庶に分けるのは、大体周代の初期に始まった。周代の制度に

従って、妾が生んだ子供は庶孼都され、嫡子を越えて爵位を受け継ぐことは禁止された。嫡庶の区別があっても、嫡子の間の争奪を制止することはできないので、嫡長子継承制度を確立する必要があった。王国維は『殷周制度論』に「商と全く違った周代の制度の一つとしては、息子、特に嫡子の制度から宗法と喪服の制度へ、封建人倫制度へ、君の天子と臣の諸侯の制度へと拡大した。」(24)と書かれている。しかし、周代の初めに、息子の確立は必ずしも嫡長子とは限らないので、王国維はまた「……三世代の兄弟の名を前後して並べた際、上下貴賤の差がないが故、大王が王季を確立し、文王が伯邑考を考えずに武王を確立、そして周公が武王を受け継いで政治を執り行う。」と書かれている。(25) 嫡長子継承制度の確定は、成王に始まって、周公に創始された。王氏が以下の部分でまた、「息子に受け継がれる制度から嫡庶制度が生じた。弟でなく、息子に譲られることによって争奪を静めた。……しかし、多くの子供の中から勝手に一人を選んで確立して、其の子が同じように勝手に確立したい人を確立するやり方によって、争奪がもっと激しくなる。かえって商代のように兄弟の仲から年頃の一人を確立するやり方は秩序的ではない。それ故に、息子を確立する法律だけでなく、嫡庶の法律とともに生じた」と書かれている。(26) この時から、「立嫡以長不以賢，立子以貴不以長」(27)がずっと封建社会の末期まで王権継承法の精髄になっていた。嫡長子継承制度の確立は簡単な事ではなく、鮮明に「殷道親親」と「周道尊尊」という周代と殷代の異なった二種の制度の特徴が反映されている。「親親」は母権制度の残りとして、一定の民主的な色彩を帯びているが、「尊尊」は父権制度の絶対な地位を反映して、専制的性質を持つ。したがって、嫡長子継承制度は周代宗法制度の思想基礎である。周代では宗法制度を創建する目的と言えば、嫡長子継承制度を保護するのにある。

　宗法は等級制度の原則によって創設した一種の血縁組織である。その具体的な内容に関し、金先生はご自分の『論宗法制度』で既に明確に述べている。簡単に述べると次のとおりである。(28) 仮にある君主に数人の息子がいて、その中の嫡長子が王位を受け継いだとすれば、宗族系統は君臣系統に従わねばならない。この君主になった嫡長子はその他の諸子とは君臣関係でしかなく、兄弟関係で論じられなくなる。君臣系統と区別するために、

諸子は別に宗族を確立せねばならない。この新しく確立した宗族は「別子（嫡長子以外の息子）」から始まったので、「別子為祖」と呼ばれる。「別子」を受け継ぐ嫡長子は宗子と呼ばれるので、「継別為宗」と呼ばれる。この宗子が代々にも嫡長子により担任し、百世代にも遷移しない「大宗（大宗族）」として、全宗族を統率する。「別子」の嫡長子以外の諸子は「別」を受け継げなく、「祢（先父）」を受け継ぐしかないので、「小宗」と呼ばれる。「小宗」の宗子が又「別子」の受け継いだ大宗族を尊重しなければならない。一人の庶子は多くとも四つの「小宗」、一つの「大宗」しか持たない。したがって、「小宗」は又「五世則遷之宗」とも呼ばれる。周代では「大宗」が同氏族集団始祖の化身と見なされ、「大宗」を尊崇するのは祖先を尊崇するのを意味しているので、『礼記・大伝』に「尊祖故敬宗，敬宗，尊祖之義也。」と言われている。これによって、「大宗」は同氏族集団の全体の中で核心的地位を占め、同氏族集団成員の全員を維持する役割を果たした。『儀礼・喪服』に「大宗者，尊之統也……大宗者，收族者也」が書かれている。ここで言う「大宗」は始祖の化身なので、自分の父親、祖よりも尊敬すべきほど尊者の中の最もの尊者である。此の核心は百世代にも遷移せず、同氏族成員の間の血縁制約の関係も永世絶えない。「小宗」の権利は、主に近親の中の血縁関係を制約して、その相応する同氏親族範囲内で、「大宗」が全体の同氏族集団範囲内において果たした大体同じような役割を果たしている。人たちが「大宗」に対して同じように、「小宗」を受け継ぐ父、祖の化身として尊崇する。ここで分かるように、宗法制度は実に一族主義が盛行する産物であり、ある種の総合権利と義務関係を持つ血縁親族間で実行される制度であった。

　以上の論述を行うと、宗法と孝道との関係が比較的はっきりしてくるであろう。周代の人々の実際生活では、宗法と孝道のつながりは非常に緊密であった。その証明に金文の例を挙げてみよう。

　　用追孝於己伯，用享大宗。(『盧鐘』、『三代』1．17.1 を参考)
　　用享孝于宗老。(『辛中姫鼎』、『三代』3．41.2 を参考)
　　用享孝宗室。(『曼龔父』、『三代』10.39．1 を参考)

用享孝於兄弟、婚媾、諸老。(『殳季戾父壺』、『三代』12.28. 2 を参考)
用享考(孝)于大宗。(『兮熬壺』、『捃古』2. 2.76 を参考)
用好(孝)宗廟、享夙夕、好(孝)朋友雩百諸婚媾。(『伯簋』、『大系』図録 137 を参考)

ここで言う「大宗」、「宗老」は、間違いなく宗法の中の「大宗」を指し、「兄弟」「婚姻」は「小宗」に属す同姓の庶弟と異姓の姻親を指すはずである。これによって、周代では孝道が宗法としっかり結びづいていたことが十分に証明できるだろう。概要に言えば、宗法は孝道を切り離すことなく利用し、父、祖乃至始祖を尊崇させた。孝道は宗法制度の倫理観念上の表現である。宗法制度の実行によって、血縁親族関係の間の綜合的権利と義務が社会全体に認可された。したがって、宗法制度が人々の孝行観念を強化させた。そして「私法」と道徳の角度から、孝道の推進を保障したのである。

また、等級奴隷制度のイデオロギーとして集中的に表現された「親親」、「尊尊」の観念は、孝道が盛んに行われる文化の礎になった。

周礼は、政治制度である分封と血族制度である宗法がイデオロギー上、反映されている。周礼は「經禮三百、曲禮三千」[29]と名付けられている。その主な内容は、社会の血縁関係を反映する「親親」と社会の政治関係即ち階級関係を反映する「尊尊」についてであり、この二つの方面にほかならない。『礼記・大伝』にある「親親也、尊尊也……此其不可得與民變革者也」でも、『礼記・中庸』に書かれている「仁者人也、親親為大。義者宜也、尊賢為大。親親之殺、尊賢之等、禮所生也」でも、「親親」と「尊尊」を周礼の核心とすることを説明している。金先生は、次のように述べていた。西周では血縁関係は副次的な地位に退いた。しかし、政治関係とは相変わらず密接に絡み合っていた[30]。「親親」と「尊尊」の中で、厳格な等級制原則を貫徹している。「親親」の中に貫く等級制原則が、古人の言葉で換えれば「親親以三為五、以五為九、上殺、下殺、旁殺而親畢矣」[31]である。この言葉は自身を起点に、上には父親が最も親しくて、祖はこれに次いで、曾祖父、高祖はまた順序にこれに次ぐ。下へは、子供が最も親しくて、孫はこれに次いで、曾孫、玄孫はまた順序にこれに告ぐ。横向きなら兄弟が

最も親しく、従兄弟、再従兄弟、同族の兄弟などが次第に疎遠になる。その他に、上記で述べたように、家庭で父母にも等級が存在しており、母より父の方が尊重されやすい。「尊尊」の中に貫いた制度原則が、所謂「尊賢之等」である。古人が言った「名位不同，禮亦異數」[32]と「自上以下，隆殺以兩，禮也」[33]も等級制の問題に関わっている。「親親」にしても「尊尊」にしても、その実質と言えば、あくまでも等級制度であり、周礼の最も本質的なものであった。

　周代の人たちのイデオロギーの中にあった厳格な等級の観念から孝道が盛んに行われたために堅固な文化の基礎が築かれた。前文に挙げた多くの例証から、西周の孝道観が等級原則を重要な特徴としていたことが容易に見て取れる。行いの対象は両親のほかにも、祖父母、先祖、更には宗室、宗廟、大宗（正妻から生まれる男の子、訳者注）、小宗（妾から生まれる男の子、訳者注）乃至兄弟、縁組みなどがあり、とても広範であった。しかし、決して平等ではなくて、血縁関係の近い者より遠い者へ、尊を先にし卑を後にされたのである。政治の因素を混合したために、階級関係は血縁関係より重要視された。肉親の情より社会の地位が重要であり、その価値観は社会的地位へ譲るより仕方がなかったという状況は、鮮明に周代の孝道が、前代の孝道と違った特徴を含んでいたことを意味している。

　以上のように、西周の四つの新しい特徴に対する考察を通して分かるように、奴隷制社会の全盛時期とされる西周では既に孝道を大いに行うに適当な土壌と条件が備わっていた。そして孝道の隆盛は歴史上の必然性であり、その時代に反映されていったと言える。

## （二）西周の孝道の特徴、本質と歴史的進歩意義

　西周の孝道の特徴と言えば、前で繰り返し論述したように、孝行が政教との結合、宗法、宗教と切り離せず、また「孝慈」と「孝友」は互いに頼っていたことなどである。しかし、もし、簡潔明瞭にその根本的な特徴をまとめるならば、それは父権制の下の等級制であると思われる。西周の孝道が初めから終わりまで貫徹されたのは、やはり等級制の原則があったからである。中国で、氏族組織形式が徹底的に破壊されず、階級社会に入って

から国家を創立したため、氏族首長の権力が比較的に長期的な維持を得た。そして国家の形成過程において重要な役割を果たした。甚だしきに至っては、各級の国家機関の権力も、ほとんど氏族の首領に操られたまま王侯に変わっている。氏族社会の血縁、絆は急に断ち切ることができないため、支配者はその関係を改造し利用することしかできなかった。宗法制度の確立は、西周支配者が血縁関係を相対的に改造し利用した高い水準の成果であった。完全な体系と厳格な等級の宗法制があったからこそ、血縁関係を氏族社会の民主基礎から階級社会専制ツールに転化させることができた。社会は等級の社会であらねばならぬと決定付けさせた。宗法に従って、一般的に統治者と血縁の最も近い人は、政治上でも最も尊貴であった。王（天子）の嫡長子によって王位を受け継ぐが、その他の息子は宗派を別に創立して、遠くの諸侯に分封された。諸侯も同じように、嫡長子によって爵位を受け継がれ、その他の息子も宗派を別に創立し封地を封ぜられ、国の世襲の官吏になった。このように幾重にも重なり合った分封を通じて、自然に「王及公、侯、伯、子、男、甸、采、衛、大夫各居其列」[34]、「王臣公、公臣大夫、大夫臣士」[35]という森厳な等級ができあがる。等級制は実に宗法血縁関係の産物であるが、氏族社会の血縁関係が階級社会の変態或いは異化した西周の孝道は、宗法制度が倫理観念上の表現と化したと思ってよい。したがって、明確な等級性を持っていたと言ってもおかしくない。『礼記・喪服小記』に「親親、尊尊、長長、男女之有別，人道之大者也」と書かれている。ここで言う宗法倫理思想の基本原則の中では特に「尊尊」、「親親」が最も重要である。宗法倫理思想の基本原則を貫徹して、上下貴賎男女親疎を弁別するために「尊尊」を強調せねばならぬ。同様に血縁関係を利用して、階級矛盾を緩和して、家庭や社会を安定にするためにも、「親親」を重視する必要がある。前の小節の論述のように、「尊尊」にしても「親親」にしても同級制の原則を貫いている。階級関係が血縁関係より高いため、「親親」の原則は「尊尊」に従わねばならない。『礼記・喪服四制』に「門内之治恩撺義，門外之治義斷恩。資于事父以事君而敬同，貴貴尊尊，義之大者也，故為君亦斬衰三年。」と書かれている。この中の「門内」とは、家庭父子の間の血縁関係のことで、その範囲内で「親親」の原則を主とす

るのに対して、「門外」とは君臣の間の政治関係を指す。この範囲の内では「尊尊」という原則を主とする。普通の臣民と君主は血縁の親族関係であるが、自分の父に対するように、「斬衰」という喪服を着て三年の喪に服さねばならない。このことから、等級の原則を失えば、孝道は精髄をなくしてしまい、ただの博愛になってしまうことが分かった。

　西周孝道の本質は何であろうか。ひと言でいえば、奴隷主階級の統治のツールである。西周政治の基本形式は分封制の下で幾重にも重なり合う君主専制と厳格な等級制である。この二点はいずれも宗法血縁関係の産物である。孝道は宗法制が倫理観念上の表現として、君主専制と等級制のために弁護するものである。社会成員全員さえ孝道に要求された通りに父親が慈悲、子女が孝行、兄が友愛、弟が恭しく…などできれば、等級制度は自然に保護を得、等級制のピラミッドの頂にある天子がどっしりと安定できるはずである。これが西周孝道の実質であり、周代の支配者が強力に孝道を推進した理由である。

　それでは、西周の孝道をどのように評価すれば妥当であるか。この問題は西周の特定の歴史的条件と結びつけながら認識していくしかない。西周では、井田制の下で一夫一妻制の小農個体経済が社会構造の細胞である。当時の二種類の生産の社会構造の中で、人身の生産の社会構造は依然として非常に重要な地位を占有していた。そして大きく物質材料の生産の社会構造の中の生産関係を決定していた。頑固な氏族の残りの存在のため、人々はまだ血縁のきずなから抜け出しにくかった。まるで王国維の言った「道徳の団体」<sup>(36)</sup>のようで、中国社会もまだ一つの統一した経済体だとは言えない。このような状況の下では、社会全体を維持していくために、身分の平等な社会成員を規定した権利と義務には頼ることはできず、主に宗法血縁感情とそれに緊密する倫理道徳に頼っていた。父系エイドを完備して確保するために、一夫一妻制、嫡長子相続制を核心とする宗法制度が構築された。孝道がこの制度のイデオロギー上での表現である。したがって、西周の孝道は父系制度の更なる改善のため、奴隷制社会の発展と進歩のために、歴史上で比類のない重要で積極的な効果を果たした。もし宗法血縁のこの絆がなければ、西周はこの天下統一の後、ただだらけた一時的な軍事行政

連合体のままに決して「溥天之下，莫非王土。率土之濱，莫非王臣」[37]のような君主政体になれなかっただろう。そのため、西周の孝道の歴史的進歩の影響を過小評価すべきではない。しかしこの進歩の影響時期は長くはなかった。血族グループ統治を基礎とする奴隷制社会では、新生したばかりのころは、革命的に向上した。しかし、その反動で、最高峰から衰退し没落してしまったのである。奴隷制社会の全盛時期の社会イデオロギーの中の一つとして、奴隷制度が上昇する時期には、孝道は、制度の発展を確保し補完するために歴史上重要かつ進歩的な役割を果たした。奴隷制度が衰退し消滅したら、それはかえって廃れ没落した世の中になり、反動的に歴史の前進を妨げただろう。歴史が春秋時代に入るに至った以後、孝道に基づいて極力守られたものは、没落貴族の利益であった。新生地主階級の行う革命とは相容れずに歴史上の発展の障害となった。孔夫子の感嘆した「禮壞樂崩」では、奴隷制社会のイデオロギーが反映し、新しい歴史の時期に激烈な衝撃を与えたとされる。この歴史現象から、社会が上昇する時期には、孝道が社会安定と統治秩序を守るという重要な役割を果たしている。しかし社会が衰亡し、革命しようとするとき、孝道が旧秩序を守って、革命を妨げる影響をもたらしてきたと表明している。

**注釈**

(1)『論語・八佾』。

(2)(7)『礼記・礼運』。

(3)(4) 亮陰、『尚書大伝』では「梁闇」とされ、『論語・憲問』では「諒陰」とされ、『喪服四制』では「諒闇」とされる。偽孔伝と孔疏では「信黙」で解釈するので、喪に服することを指すはずである。『論語・憲問』に「子張曰：'『書』云高宗諒陰，三年不言，何謂也？'子曰：'何必高宗，古之人皆然。君薨，百官總己，以聽於塚宰三年。'」と書かれて、『論語集注曰』には「諒陰，天子居喪之名，未詳其義」と書かれている。

(5) 王国維の『観堂集林』巻九『殷卜辞中所見先公先王考』。

(6)『史記・梁孝王世家』褚少孫が竇太后の詞を補載。

(8) 金景芳の『易論』(上) (1981年7月に斉魯書社で出版された『古史論集』に載せられ) を参考。

⑼ 董作賓の『殷歴譜』上編巻一『殷歴鳥瞰』を参考。
⑽ そのほか、王国維の『殷礼征文』にも詳論あり。
⑾ 陳夢家の『殷墟卜辞綜述』 第561－562頁。
⑿ 金景芳の『論井田制度』（斉魯書社　1982年版）と『中国奴隷社会史』（上海人民出版社1983年版）の関連章節を参考。
⒀ 謝維楊の『周代家庭形態』　中国社会科学出版社1990年版。
⒁ 呂紹綱の『周易闡微』　吉林大学出版社1990年版。
⒂⒆㉑『礼記・喪服四制』。
⒃『礼記・喪服』。
⒄『左伝』隠公四年。
⒆『礼記・表記』。
⒇『礼記・楽記』。
㉒『荀上・致士』。
㉓ 金景芳の『中国奴隷社会史』　上海人民出版社　1983年版　第141－142頁を参考。
㉔㉕㉖㊱『観堂集林』第二冊　中華書局影印、商務印書館版、1959年版。
㉗『公羊伝』隠公元年。
㉘ もとは『東北人民大学人文科学学報』1956年第二号に掲載され、『古史論集』（斉魯書社　1981年7月出版）に収録され。
㉙『礼記・礼器』。
㉚ 此の小節は金景芳の『古史論集』第205頁と『中国奴隷社会史』第151－153頁を参考。
㉛『礼記・喪服小記』。
㉜『左伝』荘公十八年。
㉝ 同上、襄公二十六年。
㉞ 同上、襄公十五年。
㉟ 同上、昭公七年。
㊲『詩・小雅・北山』。

# 第四章　孝道と周代の礼楽文化に関して

　前章では主に孝道が西周では盛んに行われたことを論証し、西周の孝道の特徴と本質などの重要な問題に対する認識を解決した。しかし十分に表しきれないと思ったので、また西周の孝道を対象にして、この章を書こうと思う。『礼記・仲尼燕居』に書かれている「制度在禮」は奴隷制度時代で社会を治める主な道具が礼であるのを意味している。世界で最初の「礼楽」が中国の西周時代に誕生した。その他の文明を区別するがゆえに、人々に常に当時の政治制度を「礼治」と概括し、西周文明を礼楽文化を呼ぶ。我が国古代の礼楽文化が父権制の確立に伴って次第に興り、夏商の二時代に渡り、西周の時代に最高峰に登りつめた。しかし、礼楽の崩壊が西周中葉以降に始まり、春秋戦国以降、この文明は解体された。「礼治」は社会を治める一種のとても特殊な方法である。これと似た方法で社会関係を調整して社会秩序を守る国は中国以外には見い出されない。したがって、中国の歴史と文化を探求するには、周礼に対する研究を重視し、西周の孝道を考察せねばならない。礼楽文化を総体的背景に置いてこそ、孝道を全面的、客観的に行うことができるのである。本章では周礼と孝道との関係から着手し、周礼の中における孝行観念の反映を重点的に考察し、更に周代礼楽文化の重要な構成部分としての孝道を基本的な論点から認識できるようにする。

## 一、礼の起源、本質及び孝道との関係

　礼は人間のお互いの付き合いによって思想感情を表す形式である。この

意義から言えば、それは「俗」と一致するのである。しかし厳密に言うと、礼と「俗」とは密接に関わるが、また厳格に区別されるふたつの異なった物事である。後者は原始的風習と儀礼を指し、生活実践の中で定着し流行する民間文化で、階級的要素はない。それに対して、前者は文明社会になって初めて現れ、古い風習を政治的に強化させる目的によってできるので、厳格な等級精神、即ち階級のような要素を持つ。この点を明確にして初めて、礼の起源を探求することが可能になろう。

礼の起源に関して、古今の礼学者の間では貿易説、飲食説、祭祀説など諸説があるが、いずれも問題の肝心な点に触れなかった。金先生はこの問題に関わった多くの文章の中で、礼が男女の違いを起点として、個体の婚姻制度が確立した後でできたと述べている。その結論は、先秦時期の儒家（主に孔子）の論述とも一致している。『礼記・内則』に、「禮始于謹夫婦、為宮室、辨內外。」と書かれて、『礼記・郊特牲』に「男女有別然後父子親，父子親然後義生，義生然後禮作，禮作然後萬物安。無別無義，禽獸之道也。」と書かれ、『中庸』に「君子之道，造端乎夫婦。」と書かれている。『周易・序卦伝』にも、「有天地然後有萬物，有萬物然後有男女，有男女然後有夫婦，有夫婦然後有父子，有父子然後有君臣，有君臣然後有上下，有上下然後禮義有所措。」と書かれている。これらの材料が教えてくれたように、社会上に安定的な家庭が現れて初めて、礼が発生する可能性があった。したがって、『礼記・礼運』に「今大道既隠，天下為家，各親其親，各子其子，貨力為已，大人世及以為禮，城郭溝池以為固，禮義以為紀。」と書かれている。これらから、礼は父権制家庭が確立した後の人類文明の入口に発生したことが分かる。

原始儀礼が階級要素を持つ「礼」に質的に変化したのは、夏という国家が創立された以後のはずである。支配者は小さな力で大きな成果を上げることができる政治の持つ役割を運用する。既に燦然と完備した家庭の礼楽を君主に対する尊敬へ向け、昔から形成されていた祀典の礼を社会的地位等級差別の制度に変えた。しかし夏代礼制の具体的な内容は詳しく考察できない。さらに『礼記・礼運』などの文献を参考にしても関連した内容は多くない。商代の礼制も詳しい資料はなく、多くの学者は甲骨文から商代

第四章　孝道と周代の礼楽文化に関して　87

の法令制度を考証して、王位継承制度、祭祀制度などの若干の成果を得たが、未だその全貌を探知することができていない。孔子の「夏禮吾能言之，杞不足征也；殷禮吾能言之，宋不足征也。文獻不足故也！」という感慨も私達の今日直面した苦境を言い当てている。西周になって初めて、礼制がようやく次第に整ってきた。歴史記録によると、周公が礼楽を創作して、専ら「大宗伯」という職を設けて「掌建邦之天神人鬼地示之禮，以佐王建保邦國」と命令した。周礼に関し、西周が完全な記録を残してくれていないが、私達は儒家の作品の中からも跡を探りだすことができる。『左伝・隠公七年』に「凡諸侯同盟，於是稱名，故薨則赴以名，告終稱嗣也，以繼好息民，謂之《禮經》。」と書かれている。杜預が「此言凡例，乃周公所制『禮経』也。」と注釈している。『礼記・王制』に「天子祭天地，諸侯祭社稷，大夫祭五祀。天子祭天下名山大川，五嶽視三公，四瀆視諸侯。諸侯祭名山大川之在其地者。」と書かれて、同書の『曲礼上』に「夫禮者，所以定親疏，決嫌疑，別同異，明是非也……道德仁義，非禮不成。教訓正俗，非禮不備。宦學事師，非禮不親。班朝治軍，涖官行法，非禮威嚴不行。禱祠祭祀，供給鬼神，非禮不誠不莊。是以君子恭敬撙節退讓以明禮。」と書かれている。又、『曲礼下』には「天子之妃曰'后'，諸侯曰'夫人'，大夫曰'孺人'，士曰'婦人'，庶人曰'妻'……天子死曰'崩'，諸侯曰'薨'，大夫曰'卒'，士曰'不祿'，庶人曰'死'」と書かれている。これらから、かなり完備な西周の礼制が、ほとんど社会生活の各方面に関わっているのが分かった。『礼記・礼器』で言われる「經禮三百，曲禮三千」は確数でないが、少なくとも周礼が極めて繁縟な事実を説明している。

　礼の起源と発展の基礎を明確にした上で、私達が再び礼の本質を討論するのは、比較的に簡単になったのである。『礼記・礼運』に次のように書かれている。

　　故聖人耐（能）以天下為一家，以中國為一人者，非意之也。必知其情，辟於其義，明於其利，達於其患，然後能為之。何謂人情？喜、怒、哀、懼、愛、惡、欲，七者弗學而能。何謂人義？父慈、子孝、兄良、弟悌、夫義、婦聽、長惠、幼順、君仁、臣忠，十者謂之人義。講信修睦，謂

之人利。争奪相殺，謂之人患。故聖人之所以治人七情，修十義，講信修睦，尚辭讓，去争奪，舍禮何以治之？

飲食男女，人之大欲存焉。死亡貧苦，人之大悪存焉。故欲、悪者，心之大端也。人藏其心，不可測度也。美悪皆在其心，不見其色也。欲一以窮之，舍禮何以哉？

『荀子・礼論』には、「禮起于何也？曰人生而有欲，欲而不得，則不能無求，求而無度量分界，則不能無争，争則亂，亂則窮。先王悪其亂也，故制禮義以分之，以養人之欲，給人之求，使欲必不窮於物，物必不屈於欲，兩者相持相長，是禮之所起也。」と書かれている。

　人類の欲、悪の情感と基本的な要求が同じであるからこそ、個体の人と群体の社会とは必ず矛盾が生じるものなのであり、その対立を解決するには礼が不可欠である。これらから見たところ、礼の役割は人間の大欲と大悪を制限し、等級名分を通じて人を制御することにある。この基本点から出発して、私達は礼の性質を次のような三方面から認識できる。

　その一として、社会学の角度から見て、礼は社会のコントロール・システムである。人の本性は自由であるが、群体の社会では社会一分子のいずれの個体としての人がルフ・コントロールを要求するので、個体成員がいつも束縛の中に置かれる。礼がちょうどこの対立の産物で、人々が自分で創造した、本性と違ったものである。社会が前進するには、人類が発展していくには、礼はコントロール・システムとして、古代社会では確かに欠かせないものである。

　その二として、歴史上から見て、礼は社会等級の標識である。上文で引用した『左伝』、『礼記』の中における周礼に関わる資料から明らかに等級の原則を表して、このような等級が血縁関係と政治関係という両方面に表現されている。前者は自然的で、後者は人為的であるが、両者とも歴史の産物である。政治関係は勿論平等ではなくて、人類が文明社会に入ると、等級、階級の社会が始まることは、理解しやすい。意外にも、血縁社会でも、人は平等ではない。孔子は「仁者人也，親親為大；義者宜也，尊賢為大。親親之殺，尊賢之等，禮所生也。」と言った。(3)「親親之殺」がつまり血縁関

第四章　孝道と周代の礼楽文化に関して　89

係の中の差別で、其の内包は前の章で既に分析しておいたので、再び述べる必要はない。それは「親親」と「尊尊」の中における等級が最も重要であるが、礼がこのような差別と等級を表現するものである。階級社会の中で、誰でも家庭（血縁）と社会（政治）の二種類の関係の中で一定の位置を占めるが、この位置によって彼と周囲の人との関係を確定された。どのようにこの関係をうまく処理すればよいかと言うと、礼が必要で、礼が規定する地位に照らしてそれぞれの立場さえわきまえれば、家庭と社会全体の秩序を保証することができる。

　その三として、倫理学から見て、礼は仁義の表現様式である。どのように血縁関係と政治関係をうまく処理すればよいのかと、儒家の倫理では仁、義の二つの概念を出した。孟子は「仁之實，事親是也；義之實，從兄是也；智之實，知斯二者弗去是也；禮之實，節文斯二者是也。」と言う。「節文」は表現を意味するのである。上記の言葉では一定の形式で仁、義を表現するという礼の実質を概括している。上述の三方面を総合して、礼の本質は人の等、差別を表現することにあるのが分かる。呂紹剛氏が「礼が観念形態の物質付属物である」、「礼が国家の政治、経済、文化、軍事、宗教諸方面の法令制度及び人々の日常生活、風習から表現された、人間関係の等級格差を反映する社会規範である。」、「礼の実質内容が仁義で、礼は仁義の表現形式である。仁の基本内容は血縁関係の親親である。義の基本内容は政治関係の尊尊である。この両種類の関係には等級格差が存在して、この等級格差が表現されたのが礼である。これは儒家が礼の実質に関する権威的で、規範的な観点である」などと指摘している。呂氏が礼の概念と品質を簡潔に概括した上記の言葉は、この段落の論述の結論と見なしていい。

　ここまで論述して、礼と孝道の関係が明らかになった。『礼記·昏義』に「夫禮，始於冠，本於昏，重於喪、祭，尊於朝，聘，和於射、鄉，此禮之大體也。」と書かれている。周礼には「經禮三百，曲禮三千」と称されるが、大体上述のような八大種類と分ける。もし更に分析してみるならば、この八種類が表現した内容は、古人が「五倫」或いは「五常」と呼ばれる君臣、父子、兄弟、夫妻、友達という五種類の関係にほかならない。『礼記·中庸』に「天下之達道五，所以行之者三：曰君臣也，父子也，夫婦也，昆弟也，朋友之

交也，五者天下之達道也。智仁勇三者，天下之達德也，所以行之者一也。」と書かれている。この「五倫」の中で、父子、兄弟、夫妻という三者から家庭成員の関係が構成されるのに対して、君臣、友達という二者によって家庭以外の社会的、政治的な関係が構成される。したがって、所謂「威儀三千」(6)とは、皆この二種類の関係の中に集中するにすぎない。この二種類の関係を処理する準則というと、また仁、義にほかならない。その中では「親親」を基本内容として、孝、慈、良、順、友、仁、悌などの倫理道徳範疇を含む仁とは血縁関係を処理するに対して、「尊尊」を基本内容として、忠、信、節などの倫理道徳範疇を含む義は政治関係を処理するのである。『礼記・祭義』では曾子が孝道を論じる時、「禮者，履此者也。」と載せている。孔穎が「履，踐履也，言欲行禮於外者，必須履踐此孝者也。」と注釈している。その言葉は礼が孝道を実践するのに用いられるので、若し孝道が分からなければ、言うまでもなく礼が分からないことを意味する。『左伝』文公二年にも「孝、禮之始也」と書かれている。このように見たところ、「礼は孝道という観念の物質的付属物で、孝道の表現形式である。孝道なら礼（特に家庭血縁関係に関わる礼）」と表現され、重要であったとされる礼と孝道の関係について、次のように述べてよいだろう。

## 二、周代の儀礼から反映された孝道観

礼と孝道の関係は上記で述べた。それでは、周代マナーは、一体どのように孝道の観念を反映したかについて述べよう。冠礼、結婚式、葬儀式、祭礼および養老礼などの昔の礼儀に対する分析を通じ、この問題を具体的に説明することにする。孝道が周代礼楽文化の中において占めた重要な地位を論証してみよう。

### (一) 冠礼：孝悌を人柄の手本行為を提唱

冠礼は成年の男子のために行われる儀式として、その形式も比較的に早く整った。民族学では成年男子の儀式は世界野蛮民族の中で、ほとんどあ

まねく流行しているということが説明できる豊富な例証がある。中国の冠礼は、いつ始まったのかを考証したくとも、実行しにくい。しかし原始社会で制定されたと断言しても疑義がない。階級社会に入った後に、この伝統的かつ悠久的な民俗儀礼は礼の範疇に組み入れられた。西周に入り、更に礼の種類、即ち、所謂「八項（冠、婚、喪・祭、朝、聘、射、郷）」は冠礼のひとつになった。『禮記・曲禮上』で述べた「二十曰弱, 冠。」と「男子二十, 冠而字」からでも、『檀弓上』で述べた「幼名, 冠字, 五十以伯仲, 死溢, 周道也」からでも、冠礼が二十歳の男子に加冠し、そして字を命名する儀式であることが分かる。周代貴族の家庭の中で、すべての男子は成年になったら、冠礼を行わねばならない。『儀礼』の第一編の『士冠礼』に「士」について、この階層の加冠儀式の全過程が述べられている。本書では「筮日（占いで吉日を選び）」、「戒賓（列席客を誘い）」、「筮賓（客たちの中から加冠してくれる者を選定）」、「宿賓、賛冠者（再度、加冠してくれる者とその助手へのお知らせ）」、「為期（加冠日の宣告）」、器と服装の陳列、三回の加冠儀式（順次に黒い布の冠、皮弁（皮制の冠）、爵弁（冠礼の最高級））の行い方、加冠者に甘酒を賜り祝賀、母親と親戚と郷紳たちに感謝し祝福をもらうなどの段取り手順をひとつひとつに列挙し考察はせずに、儀式に対する分析を通して、その儀式の中に含まれた孝道観を攫みたい。

　冠礼で最も注目を惹かれるのは、お辞儀は宗廟の中で行われ、そして祖先を祭り、そのことをお知らせしなければならないということである。『礼記・冠義』では「是故古者重冠, 重冠故行之於廟。行之於廟者, 所以尊重事, 尊重事而不敢擅重事, 不敢擅重事, 所以自卑而尊先祖也」と書いてある。古代野蛮社会での成人式は普通は公共の場所で行われるが、今日では、一族の宗廟で行われ祖先を祭り、祖先尊崇と親孝行の義を示すために行われる。陳澔の『礼記集説』で「古者重事必行之廟中……以示有所尊而不敢專也。冠禮者, 人道之始, 所不可後也。孝子之事親也, 有大事, 必告而後行, 沒則行諸廟, 猶是義也。」と書かれている廟での冠礼では、当該一族で一人の後継ぎ者が成人し、つまり祖先の事業を受け継ぐことを表明している。そうして、成人後は自分の身分に基づいた言行を規範とし、一族の

名誉が広く知られるようにと教育を施すのである。「子孫恒能法其先父德行[7]」が、周代人が後代に対する要求と望みである。『礼記・冠義』ではまた「凡人之所以為人者，禮義也。禮義之始，在於正容體、齊顏色、順辭令。容體正、顏色齊、辭令順、而後禮義備。以正君臣、親父子、和長幼。君臣正、父子親、長幼和、而後禮義立。」「已冠而字之，成人之道也……成人之者，將責成人禮焉也。責成人禮焉者，將責為人子、為人弟、為人臣、為人少者之禮行焉。將責四者之行於人，其禮可不重與？故孝弟忠順之行立，而後可以為人。可以為人，而後可以治人也。」と書かれている。ここでは、冠礼の重要性は君臣関係を正しくし、父と子を親しくし、年配者と幼年者を和やかにするという高みに上げ解明する。冠礼の日から、この青年は正式に社会の一員として、子供、兄弟、下位者等としての責任を負わねばならない。「孝弟忠順之行立，而後可以為人」の通り、冠礼の中に含まれた社会的意味を見出すことができる。このように孝道の観念が、冠礼の中で十分に体現されている。

（二）婚礼：上へは祖先、下へは後世の延続のため

婚礼というのは男子が妻を娶るための儀式である。『儀礼・士昏礼』で賈疏が「士娶妻之禮，以昏為期，因而名焉」と鄭玄の『目録』を引用している。男子が妻を娶るその形成は冠礼より遅く、父系氏族社会の晩期のはずである。階級社会に入った後、父系血族支配の強化に従い、それも礼の範疇に組み入れられた。『儀礼・士昏礼』では周代の「士」という階層の婚礼の儀式を記載する時、納採、問名、納吉、納徵、請期、親迎の六つの部分仮名が最も完璧な形式であると述べている。それに基づき、再び『左伝』など諸書の伝記を広く調べてみたところ、周代の大夫、諸侯、天子及び庶民までの結婚式をほぼ復元することができるようだ。しかし、本文では細かく煩わしい儀式の詳細を考証したり釈明したりせず、儀式の中に潜んだ孝道の観念と意識を理解していきたい。

歴史が父権制の時代に入った後に、人々の婚姻観念は根本的に変化した。もはや母権家族制度の下でのように個人の性愛の要求によるものではなくなった。婚姻は完全に、第一主義の一族の後代を延続するという目的を達

成するための選択手段となった。本文の第二章で論述したように、一夫一妻制の確立の根本的な目的は、確かに父に属する子供を生むことであり、それを確定するためであったので、個人の性愛とは少しの共通点もなかった。私が確認した婚礼の資料を分析してみると、周代の夫が妻をめとる目的は、主に以下の二点である。

　第一に、家族の血筋を存続し、子孫を永遠に絶やさないためである。『礼記・哀公問』では孔子の「天地不合，萬物不生。大昏，萬世之嗣也。」を引用した。『礼記・昏記』では「昏禮者，將合二姓之好，上以事宗廟，而下以繼後世也。故君子重之。是以昏禮納采、問名、納吉、納徴、請期，皆主人筵几於廟，而拜迎於門外，入揖讓而升，聽命於廟，所以敬慎重正，婚禮也。」と言われている。この言葉は後継ぎを選び、先祖を継ぐために妻をめとるのを意味している。祖先の弔いをし、祖先に妻を娶る報告をすることは、婚礼ではとても重要なのである。『礼記・曲礼』では「男女非有行媒，不相知名。非受幣，不交不親。」と孔子は言っている。鄭玄は「昏禮，凡受女之禮皆於廟為神席，'以告鬼神'謂此也」注釈している。『左伝』昭公元年の記録には「楚公子圍聘于鄭，且娶于公孫段氏，伍舉為介。將入館，鄭人惡之，使行人子羽與之言，乃館於外。既聘將以眾逆。子産患之，使子羽辭曰：'以敝邑褊小，不足以容從者，請墠聽命。'令尹命大宰伯州犁對曰：'君辱貺寡大夫圍，謂圍將使豐氏撫有而室。圍布几筵，告于莊共之廟而來。若野賜之，是委君貺於草莽也，是寡大夫不得列于諸卿也……'」がある。鄭国人が城の外で祭祀をせずに結婚式を行おうと思った。しかし、楚国人はまだ祖廟に結婚の報告をしていないので、野原でも結婚式を行ってはいけないと強調したと言う。このことから、祖廟に結婚を伝えることは、婚礼の中で不可欠な一環であったことが分かる。もし祖廟に伝えずに「先配後祖」(結婚)したら、社会から認められず、人々に「是不為夫婦，誣其祖矣。非禮也，何以能育。」と思われる。祖先を弔い、祖先を祭るだけではなく、いわゆる「六礼」までにも、神廟ですべてを完成させなければならない。最後の「親迎」とは花婿が妻の実家まで花嫁を迎えに行く。出発する前に、その父は息子に「往迎爾相，承我宗事，帥以敬先妣之嗣。」と命令する。花婿は妻側の実家に着くと、妻の父親は花婿を一族の祖先を祭っ

てある廟に案内し、そこで娘を彼に渡す。『白虎通』では次のようにその理由を解釈している。

　　遣女於禰廟者，重先人之遺體，不敢自專，故告禰也。(11)

　花嫁は夫の家に来た後、3ヶ月経ってからやっと、初めて夫の家の祖廟に入り、参拝することが許される。これは「廟見」と言われる。「廟見」の後でなければ、夫の家の正式な妻の資格がもらえないのである。(12)祖先を参拝し、その同意をもらって初めて婚姻が有効とされ、妻という社会的立場が確立される。妻を娶る直接の目的は子供を生み、血筋を継続させるためである。「不孝有三，無後為大」(13)なので、女はもし出産することができないのならば、ほぼ離縁させられる。その運命は避けられない。男が妻と離縁する理由は、古代から「七出」の条があり、『儀禮・喪服傳疏』で言われた「七出者：無子，一也；淫佚，二也；不事舅姑，三也；口舌，四也；盗竊，五也；妒忌，六也；惡疾，七也。」という古代からの「七出」が挙げられている。「七出」の条の中で「無子」を第一位に位置することでも、特にその重要性を表す。
　第二に、両親に孝養を尽くすため妻を娶る。舅と姑（おじの姑）に仕えることは、妻としてのきわめて重要な義務である。『穀梁伝』桓公三年の記載によれば、女子は嫁になる前に、その両親から「父戒之曰：'謹慎從爾舅之言。' 母戒之曰：'謹慎從爾姑之言。' 諸母般申之曰：'謹慎從爾父母之言。」と特に舅と姑に対する親孝行をせねばならないと言い付けされる。「七出」には「不事舅姑」がその一つであるので、嫁になった後は、「事舅姑如事父母」(14)をせねばならない。『礼記・内則』で記載された「子婦未孝未敬，勿庸疾怨，姑教之，若不可教，而後怒之。不可，怒，子放婦出，而不表禮焉」のように、舅姑に仕える礼儀作法はかなり多いので、少しでも親に不孝なようなことをしたら、すぐに離縁させられるおそれがある。「子甚宜其妻，父母不悅，出；子不宜其妻，父母曰 '是善事我'，子行夫婦之禮焉，沒身不衰」の通り、親は息子夫婦に対し絶対的な権力がある。
　このように見たところ、妻を娶ることは決して夫のためではなく、祖先

(両親が生きている祖先である)、宗法同族のためである。この点を明確にして初めて、その時代における婚姻の関連制度を理解することができる。

　孝道観念が結婚の目的に反映された周代の婚礼だけでなく、その他の方面でも孝道観念が明らかに反映された表現をみることができる。ここでは「同姓不婚」を巡り、いくつかの私古人的な理解を述べてみるつもりである。周知のように、同姓不婚は周代の人々の婚姻において最も基本的な原則である。配偶者を選ぶ時、彼らは非常に「男女辨姓」を重視し、男女が同姓であれば結合は許さない。『左伝』襄公二十五年で、「齊棠公之妻，東郭偃之姊也。東郭偃臣崔武子，棠公死，偃禦武子以吊焉，見棠姜而美之，使偃取之（娶っている）。偃曰：'男女辨姓。今君出自丁（斉丁公は崔武子の先人であり、苗字は姜である。），臣出自桓（斉垣公小白は東郭偃の先人であり、苗字は薑である。）不可。」と記録されている。または『左伝』の記載によれば、晋平公が重篤になり、大夫である叔向がその病気の具合について鄭子産に尋ねたとき、子産は「……僑（子產）又聞之，內官不及同姓。其生不殖，美先盡矣，則相生疾。君子是以惡之。故《志》曰：'買妾不知其姓，則卜之。'違此二者，古之所慎也。男女辨姓，禮之大司也。今君內實有四姬焉，其無乃是也乎？若由是二者，弗可為也已。四姬有省，猶可；無則必生疾矣。」と返事した。晋平公の苗字は姫なのに、また同じ姫という同姓の妾が四人いる。同姓とは結婚しないという原則に背いた故に、子産は以上のような見解を言い出したのである。ここから見たところ、「男女辨姓」が実に「禮之大司」であり、西周から伝わってきた決まりである。したがって、『礼記・大伝』では「雖百世而婚姻不通者，周道然也」と述べられている。『曲禮上』にも「娶妻不娶同姓，故買妾不知其姓則卜之。」と書かれている。残った問題は、周代の人々は何故同姓の婚姻を許さないのかということである。私見であるが、これが周代の同族支配体系の制度と孝道観によったと思う。同族支配体系の制度の規定には、宗法制度に「大宗百世不遷」と規定されたので、同姓者達は、百世を経ても何の変りもなく同一の祖先であり、依然として血筋を乱してはいけない人間同士である。さもなくば祖先の遺体を重んじることなく、畜生と同じような行為とすると見なされる。人々は同姓不婚を論じるたびに往々にして、「男女同姓，其生

不蕃」を根拠にし、周代の人々がすでに近親結婚が次世代に対する危害が分かっていたので、同姓同士の男女の結婚を制限すると断言する。実は、このような理解は実は浅く、問題の本質までに深く入り込んでいない。周代の人々がすでに「男女同姓，其生不蕃」ということを認識したと結論づけることは間違っていない。というのは、人々が長期的な婚姻現象から確実にこの経験に総括したからである。しかし、周代の人々の「其生不蕃」の原因に対する理解は、今日憶測したように遺伝学の角度から理解するものではなかっただろう。当時の人々はまだ遺伝学あるいは優生学の方面から問題を認識することはできなかったはずだ。ひいては漢、唐時代に至っても、人々は依然として道徳的な角度から解釈するものであった。鄭玄が『礼記・曲礼上』の「娶妻不娶同姓」を「為其近禽獣」に注釈した。孔穎達が『左伝』の「男女同姓，其生不蕃」を「禮娶妻不娶同姓，辟違禮而娶，故其生子不能蕃息昌盛也。」に注釈した。これらから見て分かるように、周代の人々は「男女同姓，其生不蕃」の原因を礼儀制度に背き、行為が畜生に近いからだとまとめたのである。同姓の女性が、なんといっても祖先が残してきた身体である。もし敢えてその身体を持つ女性を妻にし、妾にしたら、祖先の遺体を尊敬していないということになり、孝道と宗法、更に妻娶りの時、祖廟で先人に伝える意義に背いた行為になるため、順調で盛んな後代の延続はありえない。同姓不婚が周代婚礼の基本原則とされていたことは即ち、孝道の観念に浸透されていたということになる。

## (三) 葬式の儀礼：孝子の志、人情の元

葬礼の習わしは文化の遺伝子でもあり、社会の遺伝子でもある。その発生は昔の原始社会に自然発生した。階級社会に入って以来、支配者は伝統的な葬儀の習わしを反映させ、効果的に等級関係を生み出し、支配秩序を維持しようとした。そのために、葬礼が発生した。周代の葬礼を記録する文献として『儀礼』、『喪服』、『士喪礼』、『既夕礼』、『士虞礼』などがある。『礼記』の中で、葬儀に言及するのは『檀弓』、『曾子問』、『喪服小記』、『雑記』、『喪大記』、『奔喪』、『問喪』、『服問』、『間伝』、『三年問』、『喪服四制』等十余篇もある。『周礼』の中で「冢人」、「墓大夫」、「職喪」、「喪祝」、「夏

采」など専ら葬儀を掌る官職と機関が記載されている。これらは十分に周代の人々が葬儀をどれほど重視したかが分かる。上述のような諸文献を総合的に考察してみると、周代の葬儀が次のように三段階に分けられることが分かった。

第一段階としては、埋葬前の儀礼である。つまり、死んだときから埋葬されるまでこの期間の儀礼を指す。第二段階としては葬儀である。つまり、死者埋葬の儀礼である。第三段階としては葬儀後の喪に服する儀礼である。これらの儀礼の中から反映された孝道観を考察するために葬儀の三つの段階をそれぞれ簡単に分析してみよう。

まず、埋葬前の儀礼から述べてみよう。死亡は葬儀の始まりで、死んだ時から埋葬までのこの段階（普通、天子は７ヶ月、諸侯は５ヶ月、士大夫は３ヶ月というのはその決まりである）の中で、どのように肉親の喪に駆けつけるか、どのように親友に伝えるか、それにどのように死者の遺体を処置すればいいのかという一連の規定行為こそ、埋葬前の儀礼の基本内容を構成する。肉親の喪に駆けつける儀礼に関し、『礼記・奔喪』には非常に詳しく記載されている。それによれば、両親の逝去を知らせに来た使者には子女は泣きながら応えるべきである。それから詳しく両親の死因を尋ね、聞き終わった後はまた泣く。深く悼み悲しんだ後は、すぐに出発し、肉親の喪に駆けつける。途中「見星而行，見星而舍」でなければならなく、昼夜を兼ねて行く。病気や身体障害、生産などの原因で肉親の喪に駆けつけることができない場合も、深く悼み悲しむ状態で両親の死を弔う。つまり「聞喪不得奔喪，哭盡哀，問故，又哭盡哀。乃為位，括發袒成踊，襲絰絞帶即位……」である。喪服を着て、行動する。肉親の喪に駆けつける過程では、主として、激しく泣き叫ぶことで悲しむ気持ちを表す。『伝記・雑記下』で「曾申問于曾子曰：'哭父母有常聲乎？' 曰：'中路嬰兒失其母焉，何常聲之有？'」と云われ、陳澔が『集説』で「哀痛之極，無複音節。」と注釈している。そこから見ると、激しく泣き叫ぶことは元来、深い感情や心性から生じる悲しむ気持ちで、元々孝子の気持ちからであることが分かった。迅速に肉親の喪に駆けつけるのは、言うまでもなく早急に亡くなった親の死に顔を観るためであり、葬儀をすることによって孝行をするためでもあ

る。肉親の喪に駆けつけるのは親孝行の最も基本的な要求である。こうしなければ、道徳的に激しく非難されたり、人々にあざ笑われたりする恐れがある。戦国時代の呉起が、母親の喪に駆けつけなかったことで、曾子に卑しい者と軽蔑され、ひいては絶交されてしまった。[19]両親が亡くなったら、子女は迅速に関係する親族と郷里の隣近所の人々に知らせねばならない。親友が肉親の喪に駆けつけてこられるように死亡を通知する。これは無論宗法一族意識からの考慮でもあり、または、葬儀に対する丁重な表示でもある。亡くなった時から埋葬するまでの一連の儀礼につき、『儀礼』の『士喪礼』、『既夕礼』及び『礼記』の『間伝』、『問喪』などの篇にきわめて詳しい記述がある。士を例にすれば、彼らが亡くなった時から埋葬するまでの全部の儀式は、大体九つの段階に分けられるのである。第一歩は「属纊」である。つまり、新しい蚕糸あるいは綿で死者の鼻孔の前をおいて、その人が生きているかどうかを確かめることである。第二歩は亡霊が体に戻るように死体に魂を呼び寄せる。しかも死者の官位姓名を記した柩前の旗を作り、祭祀ための帷幕のある霊堂などを設ける必要がある。第三歩は「襲尸」（かばね）である。つまり、死体を入浴させた後、死者に衣服と夜具を着かせることである。第四歩は「小斂」である。つまり、三日後に行う、親族が喪服を着始めることである。第五歩は「大斂」である。第六歩は「大斂」後、柩を安置し埋葬するのを待つのである。この間、毎日一日中死者を哀悼するべきである。第七歩は占いで埋葬場所を選ぶこと。第八歩は埋葬前の柩を墓場へ送り、祖廟で祭祀するなどの準備作業をすること。第九歩で正式に埋葬する。ここまでの過程において、ほとんど、どの儀式にも孝道の精神が浸透している。例えば、『礼記・問喪』には死後の三日後に柩に入れる礼義を行うことを説明する時に、「或問曰：'死三日而後斂者，何也？'曰：'孝子親死，悲哀志懣，故匍匐而哭之，若將複生然，安可得奪而斂之也？故曰三日而後斂者，以俟其生也。三日不生，亦不生矣。孝子之心，亦益衰矣，家室之計，衣服之具，亦可以成矣，親戚之遠者，亦可以至矣。最故聖人為之，斷決以三日，為之禮制也。」と述べている。また「復」（つまり招魂式）につき、『礼記・檀弓の下』では「複，盡愛之道休。有禱祠之心焉，望反諸幽，求諸鬼神之道也。北面，求諸幽之義也。"」とその意味を釈明した。同じ『礼

記・檀弓の下』で死者の官位姓名を記した柩前の旗を作る意義を「銘，明旌也。以死者為不可別已：故以其旗識之。愛之斯錄之矣，敬之斯盡其道焉耳。」と次のように闡明した。要するに、葬儀をしている過程におけるすべての儀礼の司会者は喪主の孝行心を理解できるように努める。実は、多くの儀礼は伝統の風習の延続なので、すべてを孝道の方面から考慮するとは限らないが、しかし、礼学者の説明は、当事者がこれを利用し孝道を推進する意図を反映していると言う。これらの儀礼の開催によって孝道を鍛え、磨き、その効果を低く評価することはできないだろう。

続いて、葬儀の儀礼を述べてみよう。当小節の冒頭にすでに言っているが、葬儀の習わしは文化と社会の遺伝子の中の一つである。人類の初期は死者を埋葬していない。ただ生産力が一定のレベルまでに発展し初めてそれに相応する観念の意識が芽生えたとき、墓が現れる可能性がある。孟子が「蓋上世嘗有不葬其親者，其親死，則舉而委之於壑。他日過之，狐狸食之，蠅蚋姑嘬之。其顙有泚，睨而不視。夫泚也，非為人泚，中心達於面目。蓋歸反虆梩而掩之。掩之誠是也，則孝子仁人之掩其親，亦必有道矣。」と言った。この言い方に基づけば、埋葬とは元々人類が肉親に対する情けから始まり、人間性の発展の上で必然的な結果であったと言えよう。特に注意してみたいのは、孝行の観念が生じた後、親子の間における権利と義務が既に明確にされたのである。したがって、子女が親の葬儀を行うのも当たり前のことと定められるようになる。しかし、この習わしは礼の範疇に組み入れられると、特定の格式とものさしがあり、決して埋めたら終わるものではなかった。古い文献に記載された周代の葬礼によると、次のようなふたつの問題を重視せねばならない。ひとつは死者に祖先との別れを告げさせるため、埋葬する前に祖廟へ向かうことである。『礼記・檀弓下』では「喪之朝也，順死者之孝心也。其哀離其室也，故至於祖考之廟而後行。」と述べてあるだけでなく、『礼記集説』でも「子之事親出必告，反必面，今將葬而奉柩以朝祖，因為順死者之孝心。然求之死者之心，亦必自哀其遠離寢處之居，而永棄泉壤之下，亦欲至祖考之廟而訣別也。」と付け加えてある。つまり埋葬する前に祖廟へ赴き別れを告げることは純粋に孝道の方面からの考慮である。士以上の階層の人は、死んだ時から埋葬するまでに大

量の織物（屍を覆う、帷堂、死者の衣服、棺入れ、喪服製作、棺に蓋をするなど）、食品（毎日も祭る）、材木（棺、椁、木製の構えなど）、器物（埴輪、宴会儀礼用の食器、楽器など）を使った。更に、埋葬する時に死体とともにまた銅鼎、銅簋などの副葬品を埋葬せねばならない。国家と古人からもらった「香典の礼」も墓に入れる必要がある。等級を普通は僭越することができないが、しかし、ただ礼に従い葬礼を行うだけでも、その費用はかなりのものである。『礼記・檀弓上』には齊国の大夫である国子高（つまり成子高）が「葬也者, 藏也, 藏者也, 欲人之弗得見也。是故衣足以飾身, 棺周於衣, 椁周於棺, 土周於椁, 反壤樹之哉？」と記載している。子高の意図は葬礼にかかる費用を削減することにあるので、もちろん非難はされない。しかし、決して周礼には合っていなかった。また同じ『礼記・檀弓上』には子路が「傷哉, 貧也, 生無以為養, 死無以為禮也。」とも記載している。これはその時（春秋晩期）の貴族はすでに没落し、そんな葬礼を行う能力がなかったと表明された。西周の葬儀の派手さを反証した。ところで、どうして葬礼は驚異的な浪費を特徴とし、甚だしきに至っては家を壊してまでしなければならなかったのか。究明してみれば、貴族が自分の地位と栄誉を吹聴するためというよりは、やはり孝道の観念の効果が根本的な最も重要な原因であったようだ。『論語・為政』では孔子が孝行を「無違」であると説明した。「無違」とは何か。つまり「生, 事之以禮；死, 葬之以禮, 祭之以禮」である。子女としての親孝行はただ両親が生きている時の扶養だけではなく、死んだ後の葬礼もまた同様に重要である。いわゆる「事死如事生, 事亡如事存, 孝之至也」[21]がその意味である。『荀子・礼論篇』でも「事生, 飾始也；送死, 飾終也。終始具而孝子之事畢, 聖人之道備矣。」と言っている。ここから見ると、肉親を礼儀的に埋葬することが、孝道を実行する上で必需なことであった。両親に対し、ただ生きているときの扶養だけで死んだ後、儀礼の要求に従い埋葬することができなかったら、それは最後まで貫徹出来なかったということで、孝子らしい孝子ではない。

最後に喪に服する礼について述べる。葬儀は決して死者の埋葬に伴い終わりを告げるものではなく、埋葬した後でも「服喪」制度という幾つかの儀礼がある。

「喪服」制度に関し、その主要な機能は血縁関係の遠近により喪服の粗悪さと精細さ及び服喪の時間の長さなどにより、喪に服する等級が確定される。喪服に関する文献は主に『儀礼・喪服』及び『礼記』の中の『喪服小記』、『大伝』、『服問』、『喪服四制』などにある。紙面を節約するために、ここでは、『儀礼・喪服』の叙述に基づき、主要な親族間の喪服の制度を次のように並べ、さらに分析してみようと思う。

| 喪服種類 | 喪服制度 | 服喪期間 | 死者との関係 |
|---|---|---|---|
| 斬衰 | 最も太い麻布で作られた喪服、飾りと丈夫なのため、衣服の縁に縫わなく、そのまま粗末に現れ | 三年間 | ①息子、嫁になっていない娘が父親に対し<br>②承重孫(死んだ長子に代わり、喪に服する孫に対する呼び方――訳者注)が祖父に対し、<br>③妻(妾)が夫に対し、<br>④父親が長子に対する<br>⑤その他 |
| 斉衰 | 最も太い麻布で作られた喪服、飾りと丈夫なのため、衣服の縁に縫い、粗末な縁が現れない | 三年間 | ①息子が母親(父親が死亡した場合)に対し<br>②嫁になっていない娘が母親(父親が死んだ場合)に対し<br>③息子が継母に対し<br>④母親が長子に対し<br>⑤その他 |
| | | 一年間 | ①息子が母親(父親が健在)に対し<br>②孫が祖父祖母に対し<br>③嫁になっている娘が父親に対し<br>④息子が同居している継父・玄孫兄弟に対し<br>⑤その他 |
| | | 三ヶ月 | ①成年男女が宗子に対し<br>②曾孫が曾祖父、曾祖母に対し<br>③息子が同居していない継父に対し<br>④その他。 |

第四章　孝道と周代の礼楽文化に関して　103

| | | | |
|---|---|---|---|
| 大功 | 加工された麻布で作られた喪服 | 七ヶ月 | ①父親が長殤と中殤の息子に対し<br>②甥（父親の兄弟が生んだ息子）が長殤と中殤の叔父に対し<br>③長殤と中殤の従兄弟（父親の兄弟が生んだ息子）に対し<br>④祖父、祖母が長殤と中殤の嫡孫に対し<br>⑤その他 |
| | | 九ヶ月 | ①従兄弟、従姉妹（父親の兄弟が生んだ息子、娘、父親の姉妹が生んだ嫁になっている娘）に対し<br>②祖父祖母が庶孫に対し<br>③おじ、おばが嫡婦に対し<br>④妻が夫の祖父祖母祖父母、健在している両親、叔父叔母に対し<br>⑤その他 |
| 小功 | 比較的に細い、加工された麻布で作られた喪服 | 五月 | ①本宗が曾祖父、曾祖母、母親の祖父祖母、父親の祖父祖母に対し②嫁になっていない祖父の姉妹、父親の姉妹、嫁になっている父親の姉妹に対し③兄弟の妻に対し④同じ曾祖父であるが、同じ祖父でない兄弟、嫁になっていない、同じ曾祖父であるが、同じ祖父でない姉妹に対し⑤娘の息子が娘の両親に対し⑥姉妹が生んだ息子が母親の兄弟に対し⑦その他 |

| 緦麻 | 細い麻で作られたした喪服 | 三ヶ月 | ①本宗が一族の曾祖父曾祖母、一族の祖父祖母に対し②一族の昆弟に対し③祖父の兄弟が生んだ息子従祖父、同じ曾祖父の兄弟の中の長殤者に対し④娘が生んだ息子に対し⑤父親の姉妹が生んだ息子に対し⑥妻の両親に対し⑦其の他 |

　上記の喪服制度は「五服」とも称され、一般に五服に外れない人はみんな血族あるいは姻戚関係のある親戚であり、礼義に基づき、喪服を着用せねばならない。五服を外れたらもう親戚とは言えなくなり、喪服を着用する必要もない。喪服制度の決まりは細かく、確かに「定親疏、決嫌疑、別同異、明是非」の程度に達した。それでは、喪服の区分が依拠する原則あるいは標準は何か？『礼記・大伝』で述べられた「服術有六：一曰親親，二曰尊尊，三曰名（如おじ、おば及び息子夫婦、弟夫婦、兄夫婦など），四曰出入（嫁になった或いは嫁になっていない女の子），五曰長幼（成人、長殤中殤者等），（殤＝夭折者）六曰従服（例えば子供が母親に従え、妻が夫に従え，夫が妻に従え）。」というこの六つの術の中には、前の二項は最も重要であり、経と称され、後の四項は緯と称される。これらから分かるように、「親親」、「尊尊」が喪服中乃至周礼そのものの精髄といっても過言ではない。尊尊とは何かというと、一つは喪服中で政治の等級を体現せねばならないということである。例えば諸侯も天子のために三年を「斬衰」する必要がある。公、卿、大夫はみんな君であり、一旦亡くなったら、その臣はその後三年間を「斬衰」せねばならない。この方面においては、上記の表には並べていないのでここでは省略する。もう一つは血縁上の距離が同じ場合は、尊者を尊重することになっている。例えば曾祖父の場合なら、三月を斉衰し、曾孫ならファインリネンで服喪すれば十分である。同様に父に対するのは三年間を「斬衰」し、母親に対しては三年間を「斉衰」する。もし父が斉衰期にあり、祖父に対しても「斉期」であるが、外祖父

に対しては「小功」に服喪する。「尊尊」の原則から政治関係が血縁関係より重視され、母系よりは父系のほうが重視されるのは、父権制の下では等級社会の重要な特徴である。親親とは何か。これは血縁関係を重視し、特に血縁関係の親疎を重んじ、これにより、等級を区別することである。『礼記・喪服小記』では「親親以三為五, 以五為九。上殺, 下殺, 旁殺而親畢矣。」と言われている。この説法は自身を起点とし、上から数えても下から数えてもあるいは横向きの同世代の間でも、血縁関係が近いほど親しく、遠くなるほど次第に疎遠になる。この話の意味を喪服制度と結び付けてみるなら次の通りになった。

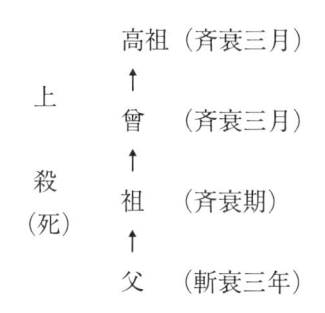

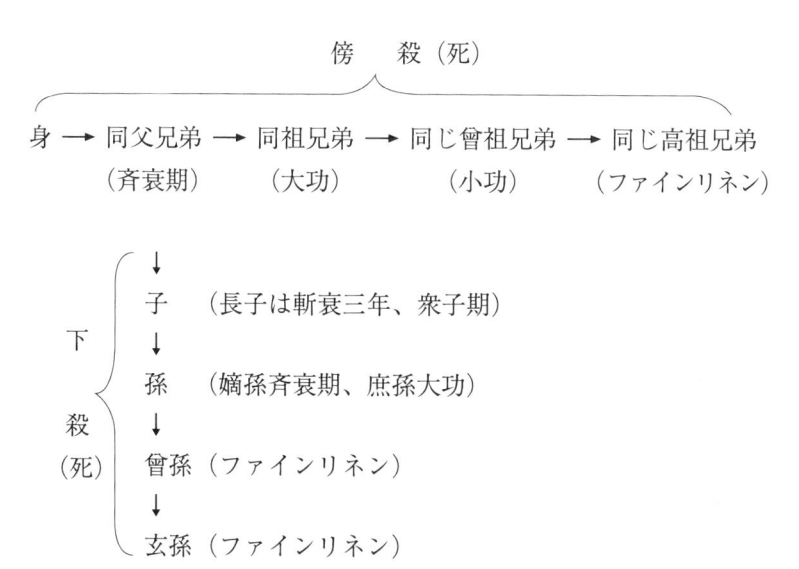

```
              高祖（斉衰三月）
               ↑
    上        曾 （斉衰三月）
               ↑
    殺        祖 （斉衰期）
    （死）     ↑
              父 （斬衰三年）
```

```
                    傍　殺（死）
        ┌─────────────────────────────────┐
身 → 同父兄弟 → 同祖兄弟 → 同じ曾祖兄弟 → 同じ高祖兄弟
     （斉衰期）  （大功）    （小功）      （ファインリネン）
```

```
          ┌  ↓
          │  子 （長子は斬衰三年、衆子期）
          │  ↓
    下    │  孫 （嫡孫斉衰期、庶孫大功）
    殺    │  ↓
   （死）  │  曾孫（ファインリネン）
          │  ↓
          └  玄孫（ファインリネン）
```

一目で分かることであるが、喪服制度は完全に血縁関係の等級を表現することのためのものであり、実は親親観念の産物である。前の章節ではすでに論述したように、等級の奴隷制度のイデオロギーとしての「親親」、「尊尊」の観念は、周礼の核心で、孝道が西周で大いに盛んに行われた文化の基礎でもある。周代の喪服の制度に表現された等級原則は、等級を重要な特徴とする周代の孝道観という点に完全に相容れるのである。ここから見たところ、喪服の制度は強烈な孝行の観念を反映するだけではなく、その上周代の孝道の根本的な特徴をも反映した。

　喪中で喪に服する制度に関し、古代の漢民族には早々にこの風習があったようである[23]。周代の人々がそれを礼制に組み入れた後、また「五服」という制度に依拠し詳しく定めた。これらの決まりは、周代から明、清に至るまで、一貫してあまり大きな変化はなく、伝統文化の中で最も安定的な遺伝子のひとつになった。ここでも詳しくその具体的な内容を研究する気持ちはないが、依然としてふたつの重要な問題を提出し、論述するつもりである。

　(1) 三年喪に服する。礼制の規定に依れば両親の葬儀が最も重要なので、三年間喪に服すると規定している。所謂三年喪に服するとは、鄭玄が二十七ヶ月と、王粛は二十五ヶ月と思われ、要するに、こんなに長い間完全に世と断絶し、悲しさを表さねばならない。何故三年の喪に服するのか。常金倉博士は「三年喪に服するのが天文暦法の知識と関係し、人々がこれを最も盛大で厳かな葬礼の期限を三年にするのは三年ごとに一つの閏年があり、天道小成できるからである。『堯典』では「以閏月定四時成歳」と述べられ、この時または天体の現象を観測し、標準時間を測定時期にあわせ、三年ごとに一閏年という大体の規則はすでに知られている」とした[24]。常博士は三年喪に服する起源から論じ、古い習わしの古義を述べ、この説法が正確である可能性が高い。しかし、周代の礼義制度の内容としての三年の喪に服することは、その礼制の根拠は、依然として古義を周到させることはできない。伝統的な形式に新しい内容を入れるのは周代の人々が俗っぽく礼を変貌させる慣用手段であるので、私達は従来の古い解釈で周代の新しい解釈を取って代えたり否定したりすることはできない。それで

は、周礼にも何故亡くなった両親に対し三年間喪に服せねばならぬと規定したのか。取りあえず先儒の観点を研究してみよう。

　……然則何以至期也？曰，至親以期斷。是何也？曰，天地則已易矣，四時則已變矣，其在天地之中者，莫不更始焉，以是象之也。然則何以三年也？曰，加隆焉爾也，焉使倍之，故再期也。由九月以下，何也？曰，焉使弗及也，故三年以為隆，緦小功以為殺，期九月以為間。上取象於天，下取法於地，中取則於人。人之所以群居和壹之理盡矣。
　故三年之喪，人道之至文者也。夫是之謂至隆，是百王之所同，古今之所壹也，未有知其所由來者也。孔子曰："子生三年，然後免於父母之懷，夫三年之喪，天下之達喪也。"（『礼記・三年間』）
　宰我問三年之喪："期已久矣，君子三年不為禮，禮必壞，三年不為樂，樂必崩。舊穀既沒，新穀既升，鑽燧改火，期可已矣。"子曰："食夫穀，衣夫錦，於女安乎？"曰："安。""女安則為之。夫君子之於喪，食旨不甘，聞樂不樂，居處不安，故不為也。今女安則為之。"宰我出，子曰："予之不仁也！子生三年，然後免於父母之懷，夫三年之喪，天下之通喪也。予也，有三年之愛於其父母乎！"（『論語・陽貨』）

これ以外に、『孟子・尽心上』にも、『荀子・礼論篇』にもこれと似ている論述がある。これは儒家が喪服三年の意味に対する権威的釈明である。幼児が乳離れするまでは三年間を要するので、今は亡くなった両親のために三年間喪に服することは三年間哺乳してくれたことの恩を返すことになる。これから見て、礼義制度の喪服三年は孝道の方面からの考慮にほかならない。

（2）喪に服す時の要求と禁忌：喪に服すことは屍を棺入した時から正式に始まり、決して葬礼の後からではない。葬儀は今日のように、腕に黒い腕章をつけ、喪服を着ると万事めでたしではなくて、服喪期間の過程において、必ず一連の要求と禁忌を守らねばならない、喪に服するのが終わり喪服を脱いで初めて、正常な生活に戻ることができる。『礼記・喪大記』では「父母之喪，居倚廬不塗（粗末な藁ぶき小屋の中に住んでいる），寝

苫（草に横になる），枕凷（土の塊を枕とする），非喪事不言」と述べられている。『儀礼・喪服伝』でも「居倚廬，寢苫，枕塊。哭晝夜無時。歠（啜）粥，朝一溢米（100 mL ぐらい、粟の少ない粥），夕一溢米。寢不説（脱）経帯。既虞（埋葬後），翦屏柱楣（居住条件が少し改善する）有席，食疏食（簡単な料理）水飲。朝一哭，夕一哭而已。既練（一年半後），舍外寢（もう喪に服する小屋に住まない），始食菜果，飯素食，哭無時。」と記載されている。これと似た記録はまた『礼記・間伝』にも読める。喪に服する期間には、また「言而不語」、「對而不答」、「不與人座」などのことをせねばならぬ。三年の期限が終わって初めて、ようやく使者の霊位を下げ、喪服を脱ぎ、服喪が終わると宣告できる。二週間ほど儀礼を尽くし両親の喪に服する孝子の事績も数多くある。例えば『礼記・檀弓』には子皐が服喪中で悲しすぎて、もう涙がすっかり流れ切った目から血が流れ出た。しかもその三年間には歯を見せ（笑う）ていなかった。という話がある。『左伝』には晏嬰が父親の喪に服している間には藁ぶきの家に住み、苫を布団に、草を枕として眠り、粥を食べても音を出さない。飲食を減らしたり、粗末な喪服を着たりし、日常生活では自我虐待に近いほかに、音楽や結婚及び夫妻同居するなどを禁止するというたくさんの禁忌がある。『礼記・内則』では「女子"……十有五年而笄，二十而嫁。有故，二十三年而嫁。"」と述べられている。鄭注は「'故'謂父母之喪。」と言われている。また『礼記』の『檀弓上』と『喪大記』によれば、両親に喪を服している間は、夫妻が別居せねばならない。三年の喪に服する期限が終わる翌月から夫妻が同居することができるのは、古代からの義礼制度である。春秋時代の魯庄公と魯宜公は喪に服している間に結婚したため、軽蔑された。そのほか、宋国の楽子明は「衰経而生子（喪に服する期間に子供をもうける）」[25]のため、同姓に攻撃される口実となってしまう。何故喪に服す間に多くの要求と禁忌があるのか。『礼記・問喪』では「斬衰，苴杖，居倚廬，食粥，寢苫，枕塊，所以為至痛飾也。」と言われている。『礼記・三年問』では「居於倚廬，哀親之在外也。寢苫枕塊，哀親之在土也。故哭泣無時，服勤三年。思慕之心，孝子之志也，人情之實也。」と書かれている。これらは喪に服する制度は元来孝子の悲しむ気持ちからの表現で、人間性の自然的且つ合理的な

現れでもある。死んでしまった両親を思い慕うために、痛惜の気持ちを込め、飲食する気もなかったり、音楽を聞きたくなかったりし、すべての楽しいお祝いの事に対しても元気が出なく、ただ悲しみの中に溺れている。

　上述したように、西周の時から確立した中国の古代的な葬儀礼儀は、独特且つ豊富なものである。厳格に言えば、葬儀の習わしはもともと魂の観念の産物であり、人が死んだ後その魂は永久に消えないで、ただもう一つの世界に移動しただけであると思われる。そのため、死者の魂がその世界で必要とする衣食住と交通手段をめぐり、多種多様な葬儀の習わしが現れた。周礼の範疇に組み入れられて以来、その主要な文化内包は子孫が祖先と両親に対する孝行を反映している。両親を扶養し、埋葬することに対する態度は親孝行であるかどうかを判定する基本且つ普遍的な標準とみなされた。それに応じ、手厚く葬ること、盛大に追悼すること、喪に服すことなどがその主要な特色になった。葬儀に関わる全ての儀礼なら、何でも孝道で釈明することができ、いずれもこの上なく深い情、生まれつきの誠実な性質のある孝行思想に決定されたものである。古人の話を引用すれば「此孝子之志也，人情之實也，禮義之經也。非從天降也，非從地出也，人情而已矣。」[26]である。

## （四）祭礼：天性回復、最初の善良な品質を維持

　祭祀は１種の宗教活動として、古代社会の中で極めて重要な地位を占ている。『礼記・祭義』で言われている「禮有五經，莫重於祭」でも、『左伝（成公13年）』で述べられた「國之大事，在祀與戎」でも、周代では人々が祭祀重視の程度を証明された。しかし古人の祭祀の対象は広範囲に渡り、多くの種類の式典が併存している。『週礼・春官・大宗伯』では、「大宗伯之職，掌建邦之天神、人鬼、地示之禮，以佐王建保邦國」と述べられているように、周代では、祭祀を天神、地示（地神）、人鬼（死者の霊魂）に分類している。ここで討論する祭祀は祖先崇拝、祖先孝行と宗親敬重の思想を内容とする宗廟の祭りで、「死者の霊魂」という系統に属するもので、天神、地神などとは関係がない。

　祖先崇拝は父権制の時代の産物のはずである。旧ソ連学のＭ・Ｏ・Ke

gentle が「発展しつつあった母権家族制度の下で、宗教は自然崇拝の軌跡に沿い発展してきたものである。同時に個別の自然力と自然的要素が女性のイメージに与えられた。（略）女性が夫の家の中に移転して最初はしばらく自分の崇拝と祝祭日を保存していたが、次第にその夫の崇拝と宗教を自分の信仰に変えた。」と言われている。祖先崇拝は父権性と自然崇拝に伴い、発展してきたのである。」というように述べていた。中国の祖先崇拝が形成するのは比較的に早く、大体父系公社の前の段階である。『国語・楚語』で「観射父」の伝説を記載された時述べられた「高祖之主、宗廟之事」から推測できたように、顓頊の前にも、専門的に宗教事務祝典を司会する者がいる。『モーガン＜古代社会＞要旨』では「世系が男係に基づき計算してから、もしかするともっと早い時から、動物の名称はもうすでに、氏族の標識ではなくて、個人の名前として用いる可能性が高い。」、「この時から、氏族に名称を与える祖先は、時とともに変わっている」と言われている。ここから見たところ、祖先崇拝は父権制の氏族社会にある宗教形式の一つであり、実は一族の血縁関係が宗教の観念における反映である。階級社会に入った後、人間自身の生産の社会構造が社会形態の中で依然としてとても重要な地位（第一章第二節を参照）にあったため、祖先崇拝は弱まるどころか、かえって引き続き発展を得た。夏以前の祖先崇拝に対する具体的な情況については詳しくは分からないが、しかし商代の祖先崇拝につき、甲骨学者の絶え間ない努力のおかげで、祭祀制度の方面の大体の情況はすでに分かっている。殷代では祭祀制度の主要な特徴といえば、いわゆる「殷人尊神，率民以事神，先鬼而後禮」である。その具体的な表現としては、一つは祭祀用の家畜の数は驚異的に多いことと、もう一つは人間を祭祀に濫用することであった。さらに鬼より神霊を尊崇することは恐ろしいことになった。殷代の人々祭祀の特徴から分かったように、彼らの祖先崇拝の意味は福招きと災い免れにほかならない。これらは明らかに魂は消えないという思想を基礎にするものである。西周に入った後、支配者は古い祖先祭祀の習わしを礼の範疇に組み入れ、そして次第にそれを制度化、等級化し、周代礼楽文化の重要な内容の中の一つにさせた。周代の祭礼を記載している文献は、主に『儀礼』の中の『特牲饋食礼』、『少牢饋食礼』

（その下編に『有司徹』を含める）がある。『礼記』の中で専門的に祭祀を記載する『祭義』、『祭統』、『祭法』、『郊特牲』という四篇のほかに、祭祀に言及したものも多く、全書では「祭」という字が二百五十回以上も使われた。祖先に対する祭りをきわめて丁重に重視する周代では、貴族が部屋や宮殿を建築するときは、まず祖廟から着手し、家具を作る時も先に祭具を考慮する。祖廟を祭る穀類は、身分の高い天子、諸侯でも自分で耕作しなければならない。祭服に使われる布は王妃、夫人たちが自ら蚕を飼い紡織するのである。一年中出回る特色のある食べものなら、祖先が試食できるように、まず先に祖廟まで送らなければならない。家族で重要な事件があったなら、必ず先に祖廟で祖先に報告する。そうしてからでないと、何も実行することはできない。先秦時代の文献には、祖廟は常に国家のシンボルなので、祖廟祭祀は国家の最も重要祭典であった。規定に基づき、天子が建築した七廟の中では、太祖の廟で、左と右にはそれぞれ三昭と三穆が並んでいる。諸侯の五廟には、太祖の廟と二昭、二穆がある。大夫のみしか建築できない三廟には、太祖の廟と一昭、一穆を含めている。庶民は廟へは許されていなく、家の中での祭祀しかできなかった。

　周代の七廟の制度：
　　太祖の廟（后稷）

|   | 武世室 | 文世室 |   |
|---|---|---|---|
| 昭 | 高祖廟 | 曾祖廟 | 穆 |
|   | 祖　廟 | 祢　廟 |   |

祖廟祭祀は周礼の中で最も盛大且つ厳かな礼であった。ひとまとまりの典儀をすでに十分に備えていた。しかしここではその詳しい格式を考証せず、祖廟祭祀の特徴を重点的に分析し、その中に含まれている孝道の観念を探求してみようと思う。

　周代の祖廟祭祀の主要な特徴は何か。『礼記・表記』の文を引用すれば即ち、「周人尊禮尚施，事鬼敬神而遠之」である。孔子が三世代の思想の損得を評論するときに言ったこの言葉は、もし『礼記・檀弓』篇の中の「夏

後氏用明器,示民無知也;殷人用祭器,示民有知也,周人兼用之,示民疑也」という言い方を参考にしてみれば、信用できる。「尊禮尚施,事鬼敬神而遠之」は決して簡単な事ではない。それは周代の人々が殷代の人々のように本当に鬼神の存在を信奉するのではなく、ただ宗教の儀式の表だけを保留し、祭祀を利用し、政治支配に力を尽くしたに過ぎないと表明されている。『礼記・中庸』篇で「郊社之禮,所以事上帝也,宗廟之禮,所以祀乎其先也。明乎郊社之禮,禘嘗之義,治國其如示諸掌乎!」と言われたように、祭祀と政治との関係は極めて明確であり、周代の祖廟祭祀の実質に的中している。というのは、周代の祖廟祭祀から反映された内包はすでに遥かに原始宗教の範囲を超え、それを尊崇した祖先崇拝意識はすでに殷代の人々の福を招き、災いを免れる観念とは本質的な区別があり、さらに新しい観念の意識を加え与えたからである。

祖廟の祭りを政治に奉仕するために、周代の人々は孝道という旗幟を利用し、祭祀の中に孝行の思想意識を貫いた。いわゆる「報本反始」というのは祭礼の中から反映される主要な感情の意図である。『礼記・礼器』篇では「反本修古,不忘其初」に言われている。「本」とは何か。『荀子・礼論』では「禮有三本:天地者,生之本也;先祖者,類之本也;君師者,治之本也。無天地惡生?無先祖惡出?無君師惡治?三者偏亡,焉無安人,故禮上事天,下事地,尊先祖而隆君師,是禮之三本也。」と釋明している。「三本」の中では、祖先祭祀から反映されたのが一族血縁関係なので、周代の祖廟祭祀は祖先に対する恩返しである。これは非常に明確なことである。一方では、天、地、君、親、師を同じく重視されたのは祖先尊敬と主君尊崇が同じ原理であるという関係だと表明されている。祖先祭祀から形成したものであることを表している。所謂「凡治人之道……莫重於祭」、でも、「修宗廟,敬祀事,孝民追孝也」[41]でも、「慎終追遠,民德歸厚矣」[42]でも、いずれもこの道理を論述している。『礼記・礼器』篇では「天地之祭,宗廟之事,父子之道,君臣之義,倫也」と言われ、祖廟の祭りによって人倫の高度を上昇させ、評価の対象とした。ここから分かったように、周代の祖廟祭祀が反映した観念意識は殷人のとは全く違っている。それは古い祖先祭祀の風習を改造し利用することを通じ、孝道を発揚し、そして君主尊崇まで広

め、支配秩序を安定させる役目を果たした。

　先秦時代の儒家は祭祀の儀礼を議論する時にも、主に孝道の角度から説明し観察する。『礼記・礼運』篇では「禮行於祖廟，而孝慈服焉。」と書かれている。『礼記・王制』篇に書かれている「宗廟有不順者為不孝」は『礼記集解』で「宗廟不順，如紊昭穆之次，失祭祀之時，皆不孝也」と注釈されている。『祭統』篇では「祭者，所以追養繼孝也。孝者，畜也，順於道，不逆於倫，是之謂畜。是故孝子之事親也，有三道焉。生則養，沒則喪，喪畢則祭。養則觀其順也，喪則觀其哀也，祭則觀其敬而時也。盡此三道者，孝子之行也。」と解釈されている。これは孔子が言った「生，事之以禮；死，葬之以禮，祭之以禮」この孝行の標準とは一致している。このように見たところ、祖先と両親のための祭祀を行うのは、実は孝子としては欠かせないことである。『礼記・祭義』篇では孝子が祭事の式典において、あるべき敬虔な心と言行標準につき、下記のように詳しくを釈明されている。

　　孝子將祭，慮事不可以不豫，比時具物，不可以不備，虛中以治之。
　　孝子之祭也，盡其愨而愨焉，盡其信而信焉，盡其敬而敬焉，盡其禮而不過失焉。進退必敬，如親聽命，則或使之也。
　　孝子之祭可知也：其立之也，敬以詘，其進之也，敬以愉，其薦之也，敬以欲。退而立，如將受命，已徹而退，敬齊載之色，不絕於面。
　　孝子之有深愛者，必有和氣。有和氣者，必有愉色。有愉色者，必有婉容。孝子將祭祀，必有齊莊之心以慮事，以具服物，以修宮室，以治百事。及祭之日，顏色必溫，行必恐，如懼不及愛然。其奠之也，容貌必溫，身必詘，如語焉而未之然。宿者皆出，其立卑靜以正，如將弗見然。及祭之後，陶陶遂遂，如將複入然。是故愨善不違身，耳目不違心，思慮不違親，結諸心形諸色，而術省之，孝子之志也。

　ここでは上述の内容について詳しく分析するつもりはないが、一目で分かったのは、これらの話により、孝道と祭祀とはしっかりと結びついていることから、祭礼が孝道という観念形態を表す一種の形式であることが分

かる。

　最も直接に周代の祖廟祭祀と孝道との密接な関係を反映しているのは、祭祀と宗法とが互いに結合している現象である。周代の人々により創造された宗法制度の実施により、君主統治と宗法統治という二つの系統が形成された。宗統とは、実際には一種の父の血縁組織であり、その最大の特徴は同じ始祖と祖廟で特定の祭祀を行うことである。宗法制度の実施により、祖先に対する祭祀も祖先と同一の血縁関係に属する一族の成員の中に厳格に制限されている。その時の人々の認識能力の及ぶ範囲では「神不歆非類，民不祀非族」、「鬼神非其族類，不歆其祀」しかできなかった。そのためか「凡諸侯之喪，異姓臨於外，同姓於宗廟，同宗于祖廟，同族於禰廟」と決められていた。ここから見たところ、祖先を祭るのは厳格な排他性があったのである。宗族の内にも、またそれぞれの族長即ち嫡長子がいる。祖廟の祭祀を主宰する権力は慣例のように嫡長子が制御したのである。いわゆる「庶子不祭祖者，明其宗也」、「庶子不祭禰者，明其宗也」、「支子不祭，祭必告于宗子」などが明らかな証明であり、証拠である。その規定に基づき、嫡長子は宗族の嫡系の長男が世襲せねばならない。この正統な長男は父を受け継ぎ、祖先祭祀を司会することになる、これは父にとっては「伝重」と、息子にとっては「継重」と言われる。(『儀礼・喪服伝』により)。清朝人の程瑶田は次のように「伝重」という二文字を釈明した。

　　主禰廟之祭，斯謂之"重"，言其為受重之人也。其長子嫡嫡相承，是
　　己所受之重，將于長子傳之，是為又乃將所傳重也。

　日本学者の桑原隲蔵博士が『令義解・継嗣令』の中で「承重」という二文字につき次のように解説した。

　　謂繼父承祭，祭事尤重，故雲承重。

　上述の解説は皆中国の伝統的な注釈を元にしたので、簡単で明瞭なものであると言える。嫡長子は全体の宗法一族の核心として、祖先の継承者で、

宗族を統轄し団結させる責任を負うと思われるので、『礼記・大伝』では「自仁率親，等而上之，至於祖；自義率祖，順而下之，至於禰，是故人道親親也。親親故尊祖，尊祖故敬宗，敬宗故收族，收族故宗廟嚴。」と述べられている。これが宗法制度の下で、「立嫡以長不以賢，立子以貴不以長[52]」という帝制継承の伝統は変えてはいけないと表明されている。ここから見ると、周代の祖廟祭祀はその宗法制の一種の表現形式とも言え、周代の人々が祭礼を重視する直接な目的も宗法を守るためである。それでは、私達の結論というと、周代の祖廟祭祀の核心内容は祖先に対し、天地や祖先などの恩に報いることなのである。それは血縁関係が宗教儀礼上における表現形式で、祖先や宗親を尊敬する孝道を利用し、一族主義つまり父子の血族統治の合理性を広く宣伝することにより、宗法制度の存在のために弁護し、等級奴隷制度の維持に役目を尽くすことにほかならない。ついでにある種の意味から言えば、周代の祖廟祭祀は周代の孝道の一つの鮮明な特徴を反映している。つまり孝行をするのはただ両親に限らず、特に先祖に対する孝行は最も大切なことである。これは父方血族の統治下での家庭の血縁の道徳観念上の一つの目玉である。宗法がなければ中国の孝道はないという言い方は必ずしも全面的なものとは限らない。しかし正しい言い方に違いない。孝行は家庭主義のもので、父方の血族のものである。これは長期封建社会の中で、西周の後に存在する世の孝道の一つの本質的な特徴なのである。

## （五）養老礼：孝悌の徳で天下を示す

　周礼の中で孝道と最も密接に結び付いたのは、家庭の血縁関係の礼のはずである。しかし、ただこれだけではない。血縁について家庭関係以外の礼儀なら、前に冠礼を述べた際に言及したが、ここでまた、簡単に周代の養老の儀礼を分析してみよう。

　第二章の論述に依れば、敬老養老はもともと原始社会から伝播してきた文化であった。しかし尭舜の時代になると、ただ百姓を強化するために用いる儀礼の形式となった。『礼記・祭義』で「昔者有虞氏貴徳而尚齒，夏后氏貴爵而尚齒，殷人貴富而尚齒，周人貴親而尚齒。虞、夏、殷、周，天

下之盛王也，未有遺年者，年之貴乎天下久矣，次乎事親也。」と述べた通り、虞夏、商周の各代では皆養老の儀礼を実行していたが、西周では古来の養老の儀礼に改造を加え、礼楽文化の範疇に組み入れられている。周代の人々は西伯文王の時からも養老を十分実行することで天下に名高かった。『孟子・尽心上』で言った「伯夷辟紂，居北海之濱，聞文王作，興曰：'盍歸乎來，吾聞西伯善養老者。'太公辟紂，居東海之濱，聞文王作，興曰：'盍歸乎來，吾聞西伯善養老者。'天下有善養老，則仁人以為己歸矣……所謂西伯善養老者，制其田里，教之樹畜，導其妻子，使其養老……文王之民，無凍餒之老者，此之謂也。」は、文王が親に行き届いた扶養をし、人民を教化し、国内を治めることを大いにほめたたえている。

周代の養老礼儀を記載する文献は、主に『礼記』の『王制』、『内則』、『文王世子』、『曲礼』、『祭義』などある。『白虎通義』と蔡邕の『月令章句』など諸書の考査探究を通じて、その儀典が既に比較的明確になった。簡単に言って、養老礼儀が毎年春の二月で、東序（夏代の大学で、養老の場所でもある——訳者注）で式伝をする。まずは三老と五更（三老と同じように老人尊敬、扶養を教化する古代の官職名——訳者注）をそれぞれ選び賢徳の賓客とし先は三老五更それぞれ各一人を賓介とした。ここに集まっている老人達の人数は決して定数ではないが、皆天下の有徳の老人である。天子は自ら大学に来られ、三老五更たちを入口の外まで出迎え、三老を父、五更を兄と見なし、子弟の礼をする。万人に見回されるが、天子は貴重な身分を下し、酒や料理を勧める。『礼記・祭義』に「食三老五更于大學，天子袒而割牲，執醬而饋，執爵而酳，冕而總幹。」と曰いている。同じ『礼記・文王世子』にもまた「天子視學……始之養也，適東序，釋奠於先老，遂設三老五更群老之席位焉。適饌省醴養老之珍具，遂發詠焉。退，修之以孝養也。反，登歌清廟，既歌而語以成之也。言父子君臣長幼之道，合德音之致，禮之大者也。」とある。養老礼は礼数がそれほど高くはないが、天子が自分で実行することなのでその評判はとてもよい。『荀子・大略』では「禮也者，貴者敬焉，老者孝焉，長者弟焉，幼者慈焉，賤者惠焉。」とこう言われている。このように見たところ、老人を愛敬することは周礼の重要な内容の一つである。周代の礼楽文化のひとつの構成部分として、養

老礼は人間関係の調節、社会公徳の守り、政治秩序の安定には一定の効果がある。『礼記・祭義』の中の一節では、養老礼の意義について、次のように解明している。

  先王之所以治天下者五：貴有德，貴貴，貴老，敬長，慈幼。此五者，先王之所以定天下也。貴有德，何為也？為其近於道也；貴貴，為其近於君也；貴老，為其近於親也；敬長，為其近於兄也；慈幼，為其近於子也。是故至孝近乎王，至弟近乎霸。至孝近乎王，雖天子必有父；至弟近乎霸。雖諸侯必有兄。先王之教，因而弗改，所以領天下國家也。

明代の丘濬が『大学衍義補』（巻七十九）で曾て養老の目的を次のように論じた。

  王者之養老，所以教天下之孝也。必於學者，學所以明人倫也，人倫莫先于孝弟……人君致孝弟於其親長，下之人無由以見也，故於學校之中，行養老之禮，使得於聽聞觀感者曰：上之人於夫人之老者，尚致其敬如此，矧其親屬乎！萬乘之尊且如此，吾儕小人，所宜興起感發也。

言うまでもなく明らかに支配者が人々へ孝道を説き、孝道を尽くして天子が自ら老人を供養する礼儀を示している「陳孝弟之德以示天下」（『白虎通義』）のように、支配者が養老敬老を提唱したのである。敬老の実質が天下を示す（《白虎通義》）を示し、敬老の本質は君主を尊崇することとし、その支配を強化したのである。

 上述した論述をまとめてみて分かったように、孝道は実に周代礼楽文化の重要な内容の中の一つであった。礼楽文化の最大の特徴としては、それが社会成員の所属する人倫的団体（家庭、一族、故郷、国家など）に対する責任感を非常に強調しており、個人主義とは決して相容れない。孝道は、まさに血縁の角度から人々の責任感を求めたことにより、礼楽文化との調和がとれ、相補的関係が成立したのである。孝道を抜きにしては、西周の礼楽文化は実際には解体してしまったであろう。

## 注釈

(1)『論語・八佾』。
(2)『周礼・大宗伯』。
(3)『礼記・中庸』。
(4)『孟子・离娄上』。
(5)「早期儒家礼観念的歴史考察」により、『儒学国際学術討論文集』(上冊)に載せられ 斉魯書社 1989年版。また、此の小節における礼の本質に関する論述の主な観点も呂先生の講義によるのである。
(7)『礼記・郊特牲』(鄭注釈)。
(8)(9)『左伝』隠公八年。
(10)『儀礼・士昏礼』。
(11)(12) 清朝の陳立の『白虎通疏証』巻十を参考, 嫁娶。
(13)『孟子・離婁』。
(14)『礼記・内則』。
(15)『左伝』昭公元年。
(16)『左伝』僖公二十三年。
(17)(18)『礼記・奔喪』。
(19)『史記・孫武呉起列伝』により。
(20)『孟子・滕文公上』。
(22)『礼記・曲礼上』。
(23)「三年之喪」という風俗の形成年代に関し、筆者が第三章で殷高宗武丁の「乃或亮陰、三年不言」という事例に言及しているから殷代の人々は「三年不言」の制度が行われていたようである。又『尚書・堯典』に記載される「二十有八載, 帝乃殂落, 百姓如喪考妣。三載, 四海遏密八音。」に依れば、「三年之喪」という言い方は堯舜時代にも行われていた。ずっと昔のことに関わるので、考証できなく、とりあえずそのままにする。
(24) 常金倉氏の『周代礼俗研究』という博士論文により。吉林大学図書館所蔵館藏印刷本(発刊待ち)第122頁。
(25)『左伝』定公九年。
(26)『礼記・問喪』。
(27) M・O・Ke gentle の『原始文化史綱』 張錫彤 訳, 人民出版社1955年版, 第181頁。
(28)(29) 人民出版社 1955年 第227頁。
(30)『礼記・表記』。
(31) 卜占の記録から殷人の祭祀用の家畜の数量がわかる。その記録によれば、その祭祀に使われた家畜の最も多い一回は「羊百」(京4066)、「羊三百」(天51)、「五百

第四章　孝道と周代の礼楽文化に関して　119

　　（乙9098）、「百牛（掇2・39）、「牛三百（続1・10・7）、「五百牛（庫181）」、「千牛（乙5157）」、「五十豚（前3・23・6）」、「百豕（豚－訳者注）（掇2・29）」、「犬百（京4066）」、「三百犬（続2・17・5）」に達するようである。
(32)　胡厚宣氏の統計によれば、甲骨文の卜占の記録の中で記録された殉死させて葬るために、祭祀のために殺された人数が総計14,197人に達する。(『文物』1974年8期により)。また中国科学院考古研究所安陽発掘組が侯家荘王陵区250の墓に対する発掘の統計によれば、1976年に至るまで、もはや殉死、祭祀のために殺された人数が1930ほど発見されている。(『考古』1977年1期により)。
(33)　仏蘭西学者のワンディーの統計によるのである。『儒学国際学術討論論文集』上（斉魯書社1989年版、第217頁）を参考。
(34)(35)『礼記・曲礼下』:「君子將營宮室，宗廟為先，廄庫為次，居室為後。""凡家造，祭器為先，犧賦為次，養器為後。」
(36)(37)『谷梁伝』桓公十四年:「天子親耕，以共粢盛。王后親蠶，以共祭服。」
(38)　『礼記・少儀』で「未嘗不食新。」と言われている。『礼記集説』で「嘗者，薦新物於寝廟也。未薦，則孝子不忍先食。」と注釈される。
(39)　もし冠礼、婚礼などを行うなら必ず毎回も廟神様に告げる。
(40)　『礼記・祭統』。
(41)　『礼記・坊記』。
(42)　『礼記・学而』。
(43)　『礼記・為政』。
(44)　『左伝』僖公十年。
(45)　『左伝』僖公三十一年。
(46)　『左伝』襄公十二年、『礼記』を参考。
(47)(48)『礼記・喪服小記』。
(49)　『礼記・曲礼下』。
(50)　『儀礼喪服足征記』を参考。
(51)　［日］桑原　隲蔵著『支那の孝道』を参考。
(52)　『公羊伝』隠公元年。

## 第五章　春秋時代の孝道の動揺を論ずる

　父権の確立に伴い、孝行の観念が現れ、次第に発展し、夏、商の二代を経由した。西周に入った後、ピークに達し、しかも周代の礼楽文化の重要な部分の一つとなる。しかし、東周の礼楽文明の解体につれ、奴隷社会の孝道もそれ自身の限界に辿り着き、動揺し衰微していった。先秦時代の孝道を研究するには、春秋時代の孝道の動揺という現象を十分に重視せねばならない。本章では重点的に春秋時代の孝道の動揺という歴史的事実を論証し、さらにこの現象を引き起こした社会的、文化的原因を分析し、それにより春秋孝道の本質及び歴史的効果を掲示する。

## 一、文献における春秋時代の孝道の動揺の証拠

　西周の統治の最盛期は約百五十年ほどである。夷王と厲王の時、社会は明らかに分化し、最後に社会の変革を招いた(1)。当時、社会の経済基礎は根本的に動揺しなかったが、礼楽文明には既に解体の前兆が現れていた。所謂「厲始革典」(2)の礼楽崩壊は、平王の東遷後のことではなく、西周の末期に始まった現象であると表明された。『詩』の変風変雅（「大雅」、「小雅」の一部分——訳者注）部分には、西周末期で礼楽崩壊の社会現実を掲示している章節が多い。他の文献にもそれに関わる内容が記載されたものも少なくない。二つの文献だけでも挙げてみたらよく分かる。『左伝』では、魯武公が自分の二人の息子の括と戯を連れ、朝廷の天子に朝見上奏した。宣王が末っ子の戯を魯国の王位の継承人と決めた。すると、このような礼制違反の行為は魯国人の不満を招いた。魯人は宣王の命令に反抗し、戯を

殺して括を王位継承者と決めた。この事例から、嫡長子の継承制が上から下へ人為的に破壊され、春秋時代に諸国では嫡長子あるいは長子を廃除、庶子あるいは末っ子を王位継承者と決めるという現象が多発していたということが想定される。この現象は、周宣王が作り出した悪習による。また『礼記・郊特牲』では「天子無客禮，莫敢為主焉。……覲禮，天子不下堂而見諸侯。下堂而見諸侯，天子之失禮也，由夷王以下。」と記載した。夷王が殿堂を下り諸侯に会うことは、天子と諸侯の儀礼に背くことである。このことが等級制を精髄とした周礼に衝撃を与えたと明記されている。礼楽文明はこのような挑戦を受け、孝道も同時に動揺し始めた。社会の分化により旧貴族は没落へと迫られた。そして新興勢力が湧き上がった。それにより、血縁の宗族関係はすでに引き続きすべてはつなぎとめられなくなり、孝道の動揺は避けられなくなってしまう。西周末期には孝道の動揺を直接的に証明した史料はないが、その傾向は明らかにあった。

『詩・王風・葛藟』では次のように記載されている。

綿綿葛藟，在河之滸。終遠兄弟，謂他人父。謂他人父，亦莫我顧。
綿綿葛藟，在河之涘。終遠兄弟，謂他人母。謂他人母，亦莫我有。
綿綿葛藟，在河之漘。終遠兄弟，謂他人昆。謂他人昆，亦莫我聞。

子供も宗族も私を見知らぬ人と見なしたということは、孝行の観念がもう消えていくようであると表現されている。一般的な考えでは、この詩は平王が東遷した後の王畿から編集されたと言われている。即ち春秋の初年に、この詩は完成した。よって、孝道の動揺が反映した状況は、西周末期にあったという事実として捉えるべきである。

春秋時代に入った後、礼楽文明の崩壊も新しい段階を迎えていた。規模も速度も西周末期をはるかに上回る勢いであった。他方面については今ここでは詳しく述べない。孝道の動揺についての事例は春秋時代の文献に多数記載され、その数は少なくなかった。例えば、下記の二つの例を見てみよう。

衛石共子卒，悼子不哀。孔成子曰："是謂蹶其本，必有其宗。"（『左傳』襄公十九年）

五月，齊歸薨，大蒐於比蒲，非禮也。……九月，葬齊歸，公不戚。……叔向曰："魯公室其卑乎！君有大喪，國不廢蒐，有三年之喪，而無一日之戚。國不恤喪，不忌君也；君無戚容，不顧親也！……"（『左傳』昭公十一年）

ここで述べた内容は、衛国の石悪は父に死なれたが、少しも悲しまなかった。魯昭公も母に亡くなられたが、同じく少しも悲しい表情を見せない。それどころか、平日通りに猟をしたり、猟場で馬に乗り矢を射ったりしていた。そのため二人とも当時の君子に詰問された。また、史籍にも次のような史実が記載されている。東周の襄王は母を別居させ、礼儀に背いていたので、『公羊伝』（僖公二十四年）では天子に相応しくない典型として筆誅された。また『孟子・告子下』によれば、斉恒公は覇主となり、葵丘で諸侯と会盟し、諸侯と盟約を5条締結した。その盟約の第一条が「誅不孝，無易樹子，無以妾為妻」であった。この「易樹子」、「以妾為妻」は、いずれも礼制に背き、綱常を乱す行為であり、嫡長子相続制に違反するという孝道に背くものである。「誅不孝」を盟約の第一条とした事例から、当時は礼儀に背いた不孝者は、諸国の諸侯の中に多く存在していたと想定される。以上の事例を見ると、当時の上層社会では、孝行の観念は既に薄らぎ、孝道の動揺も当然であると思われた。

それだけではなく、政治闘争の為、貴族たちは天下の大悪事をあえて犯し、「臣弒其君者 有之，子弒其父者有之」[3]の父親君主を殺す仕業まで行ってしまった。『左伝』襄公30年、昭公11年及び『史記・管蔡列伝』によれば、蔡国の太子である般は、かつての父の景侯を殺し、諸侯になった。また『左伝』では、文公元年楚国の太子であった商臣は、父の楚成王を自殺させたと、次のように記載されている。

初，楚子將以商臣為太子……既又欲立王子職，而黜太子商臣。商臣聞之而未察，告其師潘崇，……（潘崇）曰："能行大事（指弒父）乎？"

曰："能！"冬十月，以宮甲圍成王，……王縊。

　蔡国の太子般も楚国の太子商臣も、息子、臣子としての身分であったのにもかかわらず、親父君主を殺したことは、極めて不忠不孝であると言える。つまり、血縁関係は結局、政治の利益に屈服してしまったのである。
　特に説得力のある事例は次の二つである。その一つは、晋国の欒武子、中行献子が叛乱で晋厲公を殺したことである。君臣関係と宗族関係からみると、これはもちろん不忠不孝の行為であるが、魯国の里革は意外なことに、次のようにその行為を厲公のせいにしている。

　　晉人殺厲公，邊人以告。（魯）成公在朝，公曰："臣殺其君，誰之過也？"
　　大夫莫對。里革曰："君之過也！……若君縱私回而棄民事，民旁有匿，
　　無由省之，益邪多矣。若以邪臨民，陷而不振，用善不肯專，則不能使，
　　至於殄滅而莫之恤也。……"（『国語・魯語』）

　里革の考えでは、殺されたことは自業自得であったということである。もう一つ、魯昭公は魯大夫の季孫氏に追い出され、国を失い、亡くなった。これも君臣宗族の関係から見れば、不忠不孝の行為である。しかし晋国の史墨は、季孫氏に過ちはなかったという考えであった。

　　趙簡子問于史墨曰："季氏出其君而民服焉，諸侯與之，君死於外，而
　　莫之或罪也！"對曰："……魯君世從其失，季氏世修其勤，民忘君矣。
　　雖死於外，其誰矜之！社稷無常奉，君臣無常位，自古以然。故《詩》
　　曰：高岸為谷，深谷為陵。三後之姓，於今為庶，主所知也……"（『左
　　傳』昭公三十二年。）

　史墨は、旧い忠孝観念に基づき、是非を批判することはできないと考えていた。人心を得た者は栄え、人心を失った者が滅びることは、全て当たり前のことである。
　このようなことから鑑み、当時の社会意識は変わり、忠孝の意識は薄ら

ぎ始めたということは明白である。周礼の観念によれば、父親、君主を殺したり、一族と祖先の規定に背いたりすることは許されない罪であった。しかし、この時代になると人間は、是非を識別し、殺された者は自業自得かどうかを考え、判断するようになる。もし本当に殺された者に罪があれば、簒奪者は罪があるどころか、かえって功労があるということになった。

　以上の事例だけからみても、春秋時代の孝道の動揺は疑いのないことだと十分に表明される。勿論、この孝道の破壊は主に社会の上層部に発生しただけであり、庶民の中ではそれほど深刻に普及してはいない。ただし、上層が行えば下層の者が見倣うという一連の流れは、礼楽の発展手段でもあり、礼楽崩壊の最も重要な原因ともなりえたのである。古代でも現在でも、例外は一つとして有りえない。道徳に乏しい支配者が自分本位で百姓に良いとされる手本を示せば、下層の人民も同じようにするだろう。人心は、もう古人のように純朴ではなくなり、全社会の風俗は腐敗していく。自己の私欲と血縁団体の利益が対立する時、支配階級は孝行の仮面を取り外し、赤裸裸な凶悪な真相顔を見せる。その状況を察知した下層の庶民の間では、孝道も震撼され、動揺が起こる。『荀子・宥坐篇』には、次のような興味深いことが記載されている。

　　孔子為魯司寇。有父子訟者，孔子拘之，三月不別。其父請止，孔子舍之。季孫聞之不悦曰："是老也欺予！語予曰'為國家必以孝'，今殺一人以戮不孝，又舍之。"冉子以告，孔子慨然歎曰："嗚呼！上失之，下殺之，其可乎？不教其民而聽其獄，殺不辜也。三軍大敗，不可斬也，獄犴不治，不可刑也，罪不在民故也。……"

　民間の孝道が喪失し、父は父らしく、子も子らしくないというのは上層のせいであり、庶民には関係がないので、教誨をせずに処罰するのは妥当でないと孔子は思っている。以上の資料から見ると、孔子の時代に忠孝の道徳は諸侯の併合戦争に役立たなくなった故に、支配者から捨てられた。上層が行えば下層の者が見倣うという流れに乗ったあげく、庶民階層の中でも多く孝道に背く行為が流行し、礼楽制度を根本的に動揺させた。

## 二、歴史発展のアンバランスと地域文化の孝道への影響

　上記の章節で論じたのは春秋時代の孝道動揺の一般的な状況である。歴史の状況というのは、複雑さと諸国文化の特殊性によるので、春秋時代の孝道の状況を十分に反映できないため、当時の孝道の地域差を見極めねばならない。

　厳密に言えば、歴史上のどの時代にも、全国に通用している文化は存在せず、反面、文化における地域差はずっと存在している。地域文化から孝道は明らかに影響される。全体からみると、深刻に動揺はしていたが、細部をみると、そう簡単に一律に論じることはできない。つまり、ある点では元の地位を失ったが、他の点では不変的に重視されているかもしれない。伝統文化において差がある中原国家と大いに異なった国家と言えば、まずは、楚国が挙げられる。もともと中原から遠く離れる民族であった楚国の人々は、春秋初期まで華夏国家に「蛮夷之邦（未開の野蛮人の国）」と呼ばれていた。甚だしきに至っては、楚国の人々は自ら「蛮夷」と自称する。楚国は中原の礼楽文明とは違った伝統文化を持っていた。しかも、この文化は悠久な歴史を持っている。私たちが注目すべき点は、周代の嫡長子相続制度が確立した後でも、楚国ではまだ長期間に渡って末っ子相続制度を行っていた。これは非常に特殊な現象である。『左伝』文公元年によれば、楚成王の令尹の子上が「楚國之舉，恒在少者。」と主張したことがある。また『左伝』昭公十三年によれば、晋国の叔向も曾て「芈姓有亂，必季實立，楚之常也」とある。楚国では末っ子を継承者にするというのは偶然な現象ではなく、極普遍的なことであったということである。『史記・楚世家』に記載された楚国の相続世系から見ると、楚人は末っ子を継承者にすることはありふれたことであり、末っ子相続法は確実に制度として存在していたようである。(5)楚国と周代との相続制度における差異は当然、深刻な文化要素の差異を含んでいた。楚国では、宗法制度は中原の国家ほど発達しなかったと表明されている。というのは、宗族制度は嫡長子相続制度の核心となっていた。それに対し、末っ子相続制度は感情を重視した結果であっ

た。楚国では等級奴隷制度、血族制度、そして宗法制度が行われていた。楚国の人々の孝行観念は主に自然な肉親への情であり、相対的に家族の色彩が乏しかった。当時はまだ礼楽文明に繋がっていなかったので、周代の人々ほど孝行観念は濃くなかったと推論できる。しかし楚国での礼制思想の形成と発展を否定するわけではない。楚国では、春秋の中期に礼制は既に現われ、形成されていた。併合戦争の際、中原に進攻するには戦争でも外交でも礼は必要なので、楚国礼制が促進された。そして、楚国は積極的に中原の礼楽文化を吸収するようになった。それに呼応して相続制度が嫡長子相続制度へ変化しただけでなく、孝道思想も倫理観念として現れた。例えば、楚康王は令尹の子南を殺す前に、まず子南の息子の棄疾に知らせた。棄疾は「父戮子居，君焉用之？泄命重刑，臣亦不為」返事した。楚王が子南を殺した後、棄疾は「吾與殺吾父，行將焉入？」、「棄父事仇，吾弗忍也」と言い、残るか辞めるかを決められなかったあげく、自殺してしまった。もう一つの例を挙げると、楚昭王の時、廷理の石奢の父親がある人を殺したが、石奢は父を釈放した。昭王は、このような私情にとらわれた行為を許したが、石奢は「以父成政，不孝；不行君法，不忠。馳罪廢法而優其辜，僕之所守也」と考え、首を切って自殺した。棄疾も石奢も忠孝の典型であるといってもいい。何と言っても、礼楽文化が楚国に現れた時期は遅く、その影響も小さいという事実は周知している。楚国には、中原の諸侯国のような完全な等級制度がなかった。故に孝道は、楚国には根を深くおろしていなかった。これは歴史事実に合っている。

　次に、辺鄙の国である秦国を述べるべきである。秦国人も中原に遅れた民族である。商鞅の変革までは、婚姻の関係は混乱していた。長時期に「父子無別，同室而居」という状態である。秦人の貞操観念も薄かった。春秋時代の資料は少ないので、戦国以来の資料を上げて証明できる。出土された秦簡『法律答問』では「臣強與主奸」、「同母異父相與奸」、「甲乙交與女子丙奸」など多くの姦淫の事例が記録されている。これによると男女の付き合いは相当に自由なことが十分表明される。また史籍によれば、秦昭襄王の母が公然に魏丑夫と姦通しただけでなく、義渠戎王とも不義の肉体関係を保ち、二人の子供を生んだ。甚だしきに至っては、廷で自分の私生活

を平気で吹聴していたことである。始皇帝の実母も呂不韋と密通し、その後、嫪毐と不義同棲し、二人の子供を産んだ。このように、社会の上層にも下層にも、男女の関係は比較的開放されていた。秦国人は父子、兄弟、夫婦を区別しないので宗法血族においては親子、兄弟及び他の親戚関係をはっきり見分けられないため、その関係もあまり重視しなかった。秦国人にとっての血縁関係は、それほど制限が厳しくなかった。『戦国史・魏策』では「秦與戎、翟同俗，有虎、狼之心，貪戻好利而無信，不識禮義德行。苟有利焉，不顧親戚兄弟，若禽獸耳。……故太后母也，而以憂死；穰侯舅也，功莫大焉，而竟逐之；兩弟無罪，而再奪之國。此於其親戚兄弟若此。」と記載されていて、これはすべて戦国の状況である。さらに推理してみれば、春秋時代の状況は、もっと深刻なはずである。以上の事例からみると、秦国人の孝行観念が終始薄かったのは、歴史発展のアンバランスさと地域文化の差異によるものであったようだ。秦国は周代の地方から発源し、周代の文化を吸収し、孝行の観念は既にあったはずではあるが、中原の諸国に比べると、やはり秦国人の孝行の観念は薄かったようで、少しも義が感じられないのである。したがって、『荀子・性悪篇』で秦国人の文化伝統に言及した時、「天非私齊魯之民而外秦人也，然而於父子之義夫婦之別，不如齊魯之孝具敬父者，何也？以秦人之從性情，安恣睢，慢於禮義故也。豈其性異矣哉！」と述べられている。

晋国人は北方の狄人（中国の黄河中流域に住む漢民族が、外辺の異民族に対してつけた蔑称。戎狄、蛮夷という呼び方もある。——訳者注）の隣で、辺境の国家にも属していた。戎狄と西周、春秋時期の長期間に共存していたので、文化の融合が比較的速く、伝統文化も中原の諸国と違っていた。春秋時代では、晋国には中原諸国と異なるいくつかの特徴が現れた。第一に、晋国の宗法制度が大きく崩れていった。驪姫の乱後、嫡長子相続制は破られ、君主統治の下では宗法制はもはや貫いていけなくなった。例えば、晋恵公も文公も、庶子として王位に即位した。晋襄公も嫡子ではなかった。後の趙盾は、襄公の庶弟の公子黒臀を、襄公の息子霊公の代わりとして王位に迎え、即位させた。欒書が立てた悼公は、襄公の庶子の次子であった。それに呼応して、晋国の貴族の中でもあまり嫡長子継承制を実

行しなかったようである。例えば、狄人の女叔隗が生んだ趙盾は、もともとは庶子なのに継承者になった。趙鞅の息子である趙無恤は、下女から生まれたにも関わらず、長男の伯魯の代わりに後継ぎとなった。韓厥の次子である韓起は、長男の無忌の代わりに大宗(先秦時代の分封制に規定され、それぞれの階層を直接管轄する責任者——訳者注)になった。もっとも説得力があるのは、宗法制度はもともと小宗(先秦時代の分封制に規定され、それぞれの責任者に直接管轄される階層——訳者注)が五世代になったときに、遷移許可を規定していたが、晋国の貴族は、五世になっていないけれども宗族を分けていた。例えば、荀騅の曾孫である程鄭は、程氏になり、知瑤の族人が子の族を離れ、輔佐氏になるというような状況である。特に、功績により褒賞の田を与える政策を実行していた晋国は、小宗でも、もし功績が際立ち、優れていたならば、多くの土地を与えられた。これは、財産の分配と宗法制度が無関係になったということを証明している。第二に、礼制が最も早く、猛烈に破壊されたのは晋国であった。古い社会等級は保護されず、法制もますます熟成していった。文献によると、成文法典の発生は、晋国が比較的早かったようである。(15) 成文法典は礼制に代わって次第に社会成員を制約していった。それにより晋国の有能人は、一律一定の宗法束縛から脱出した。親戚関係など関係なく、賢能を標準として官吏を選び、任命していった。春秋の中期には県の制度が生み出され、その後、郡を設置した。晋国での郡県制の発展、成熟は最も速かった。以上の二点は、晋が春秋時代に強盛になった重要な要素であろう。第三に、婚姻制度を見てみると、晋国人にも独自の特徴があることが分かった。「同姓不婚」の原則を破り、姫という姓の女を妻か妾に娶った人が多くなった。本来、晋国王室は、一般的に姜という姓の女性を妻にしていたが、晋献公の時に入ると、「同姓不婚」の規則を守らなくなった。晋国人の同姓成婚は、制度とまでは言わなくても、少なくとも一種の習慣になっていたと言ってもいい。例を挙げると、多くの妻がいた晋献公は、最初、賈君という賈国人の女を娶った。それは『左伝』庄公二十八年に記載されている。「晉獻公娶于賈」、「又娶二女於戎，大戎狐姫生重耳，小戎子生夷吾」、「晋伐驪戎，驪戎男女以驪姫，……其娣卓子」は、それぞれ杜に「賈，姫姓國也」、「小戎，

允姓之戎（大戎狐姫は何の疑いもなく姫という姓である）」、「驪戎，在京兆新豊縣，其君姫姓。」と注釈されている。それから献公は、全部で四人の姫という姓の女を娶った。献公の息子である恵公は即位し、「烝于賈君」と言われたように、同姓成婚に属していた。晋文公の多くの妻と妾の中には、姫という姓の女は少なくない。例えば、文公の末っ子の黒臀が「其母周女也」なので、文公は姫という姓の周王室の女を娶ったことが分かる。晋平公が四人の姫という姓の女を娶ったことも、史実に明らかに記載されている。さらに「非我族類，其心必異」という昔から伝わってきた教訓の束縛から解放され、多く戎狄の女と結婚した。例えば、晋献公が娶った大戎狐姫や驪姫、卓子姉妹は、姫姓でもあり、戎女でもあった。小戎子も戎女であった。文公、趙衰が娶った季隗、叔隗という姉妹は、隗という姓の廧咎如族の女であった。趙鞅が娶った狄女は、趙無恤を生んだ。無恤は、空同という姓の女を娶り、五人の子供を生んだ。同様に、晋人も戎人に娘を嫁がせた。例えば、成公の長女である伯姫は、赤狄潞氏の君主と結婚したことや、趙鞅の娘が代王に嫁いだことなどがその例である。以上の三つの特徴は、晋国の伝統文化は中原と違い、地域が戎狄に近い為、それだけ受けた影響も大きかったということを十分に証明しているであろう。春秋時代において、晋国で新しい物事が多発し、礼楽文化の解体速度は非常に速かった。したがって、孝道の動揺も、中原諸国より深刻であったということは疑いのないことである。

　次は燕国について述べてみよう。邵公が燕を封じてから、春秋時代まで、辺鄙の辺境にある燕国は、中原の諸国とは頻繁に付き合ってはいなかった。戦国初期に入り、蘇秦が燕に合従するという方法で燕文公を説得し、初めて燕は、斉、楚、韓、趙、魏、秦と覇権を争い始め、戦国七雄の一つになった。地理環境などの要素により、ずっと鎖国をしていた燕国は、北方狄という少数民族と文化上の融合を行い合い、風俗も比較的に素朴で、邵公からの礼制の基礎はあったが、礼楽文明として認知されたわけではない。燕国に基づいた伝統文化は、中原諸国のように孝道に熱情を注いでいなかった。しかし鎖国をしていたために、春秋時代に起こった急速な礼楽文化解体の影響は受けなかった。よって燕国には保存された古いものが割合に多

く残っており、孝道も決してすぐに衰微になったわけでないと言ってもよい。史料が僅かである為、燕国についてはこれだけしか述べられない。

　斉国は、封じられていた初期には東方沿海の未開の地で夷人と雑居し、辺境の国に属していた。『史記・魯周公世家』では「……太公封于齊，五月而報政周公。周公曰：'何疾也？' 曰：'吾簡其君臣禮，從其俗爲也。'」と述べられている。この記録により、当時の政策は、土着の民の風俗に比較的寛容な態度を取り、周代の法令制度で本来の習俗を改造しようと焦ってはいない。おそらく斉国が建国された当初は、「親親」、「尊尊」、「孝悌」などの観念に対する態度は、魯人ほど厳密ではなく、文化の水準もまだ低かったようである。しかし、斉国はとても速く台頭し、『史記・斉太公世家』では「及周成王少時，管蔡作亂淮夷，畔周，乃使召康公命太公曰：'東至海，西至河，南至穆陵，北至無棣，五侯九伯，實得征之。' 齊由此得征伐，爲大國，都營丘。」と記載されているように、斉国は多くの国を滅亡させ、急速に東方の大国になった。しかもその滅亡した国々との文化の融合も速かった。春秋時代になり、斉桓公は、「五霸」の首領となり、「尊王攘夷」を名目に、諸侯を連合して天下を正す。このことは中国歴史に深遠な影響を及ぼした。紀元前651年の葵丘大会は、斉桓公の覇業が頂点になっていたということを象徴している。『孟子・告子下』によれば、その大会で諸侯と約束した「五命」（つまり五禁令）は、最初は「誅不孝，無易樹子，無以妾爲妻」と命名された。その意図は、旧制度の危機を救いたいということを明らかにしている。斉国では、当時、孝道を強く提唱すると表明していた。桓公の次の孝公が「孝」を諡号とするのも、孝を重視していた斉国人の観念を反映したからである。しかし、春秋中期以降、礼楽崩壊の激動の時代に、斉国では新しい観念の影響が強くなるにつれ、急激に礼楽文明は解体され、孝道も挽回できないほど一方的に崩壊していったのである。

　礼楽文明が最も発達したのは魯国であった。魯国は紀元前十一世紀に今の山東省の曲阜一帯に建国された。建国する前も、この一帯の経済、文化は既に発達していた。伝統文化を見ると、魯国は建国当初、既に周代の礼楽制度を貫くためにかなりの努力を払っていた。『史記・魯周公世家』に記載された「魯公伯禽之初受封之魯，三年而後報政周公。周公曰：'何遲

也？'伯禽曰：'變其俗，革其禮，喪三年，然後除之，故遲。」が呂尚（太公）が斉国を管理したとき、「因其俗，簡其禮」をし、五月後周公に報告するという策を鮮明且つ簡単に対比させている。土着の民の習わしに対する改造を通し、宗法制度と礼制は魯国にしっかり根を下ろした。魯国思想文化の最も重要な特徴は、「親親」、「尊尊」を重んじ、孝悌を重視したことである。魯国では、魯孝公のように君主が自身を「孝」と諡号しただけでなく、施孝叔、孟孝伯のように貴族の中でも「孝」を名乗った者も多かった。文献の中でも「孝」という文字を名前に利用し記載しているのは魯国だけである。魯国で孝道を尊崇し宣揚していたことは、『左伝』と『国語』にも多く記録されているので、例を挙げる必要もないだろう。魯国人が重視した「親親」、「尊尊」の原則と孝悌観念は、周礼の最も本質的なものであり、魯国は「礼楽之邦」と呼ばれた。魯国の礼制は、根が深いため、たとえ礼楽崩壊の春秋時代でも、中国の他の地方より多くの礼楽伝統を保有していた。したがって、晋国の韓宣子は魯国に行ったとき、「周禮盡在魯矣」と感嘆した。文献に記載したのもまた、呉公子の季札がわざわざ魯国に周楽を見学しに行った事例があるので、韓宣子が言ったのは史実であることを証明した。いわば、春秋時代及び戦国時代に、魯国の孝道も同じ動揺と衰退の傾向を呈していたが、他の国に比べるとまだ重視されていたと言ってもよい。

　魯、斉のほかに、春秋時代には今日の河南・山東の二つの省に相当する黄河中下流地域に、周、鄭、衛、宋、杞、陳、蔡、曹、滕、鄒国などの国がある。これらの国は大体虞夏、商、周の子孫で、当時の文化の中心である。歴史でいわゆる諸華、諸夏または中国、中原は主に、この地区を指している。これらの諸侯国は周礼を維持し、文化的伝統では魯国に近い。『左伝』襄公十年で「諸侯，宋、魯於是觀禮。」と述べられていたように、その中で周、宋この両国に保存された古い文化、旧制度が特に豊富である。『左伝』襄公十年に「諸侯，宋、魯於是觀禮。」と言った。文献にも、孔子が周室に礼制を習いに行ったということも記載されている。衛国の伝統は魯国のと極めて似ている。孔子が言った「魯衛之政兄弟也」がその事実を反映させた。全体から見れば、上述の華夏諸国は、西周礼樂文化が最も発

達した国家であり、孝道も既に人の心に深く残っており、礼楽文明はそれほど破壊されていなかった。

　上記で述べたように、孝道は既に周代に到り支配された主要地区に及んでいた。全体からみれば、揚子江、漢江区域にある楚及び隋、申、息、鄧、徐、郧、絞、州、蓼、巴などの国と、黄河の上流にある秦、晋及び虞、虢、梁、芮などの国、そして辺鄙な北方の燕は、文化の発展段階から言えば華夏諸国より低く、西周の礼楽文明から受けた影響は少なかった。黄河下流地域の国は、相対的に文化が高く、古い文化、旧制度による束縛も比較的強かった。現存している資料が限られているため、さらに具体的に詳細を述べることはできないが、以上の論述は少なくとも、春秋時代における孝道の動揺には地域差があったと説明できるだろう。

## 三、中国の奴隷制社会の衰退時期である春秋社会の特徴と孝行動揺の歴史的必然性

　春秋時代に、孝道が根本的に動揺した状況は、偶然ではなく、当時の社会の歴史、文化に関わっていたのである。これらに対する検討が本章の重点である。

　金先生の観点によれば、春秋期（平王の東遷から晋は趙、魏、韓の三国より分割された）は中国の奴隷制社会の衰退期である。当時、奴隷主階級で向上し発展していた井田、分封、宗法と礼制などの主要な制度は、激しい階級闘争の影響の下で破壊され、以前とは違った新しい特徴が現れた。このため、礼楽文化が中国の初期文明に望んだ独特の条件は変化した。孝道の動揺が、歴史の必然性を表現した。

　まずは、奴隷制生産関係としての農村公社制は解体の傾向を呈している。中国では、奴隷公社の具体的な表現形式は井田制である。春秋以来、各諸侯国の井田法は全て崩壊した。井田に「維莠驕驕」、「維莠桀桀」（『詩経「国風・斉風・甫田」』により）、雑草が茂り、「公田不治」の程度までになった。金先生は『中国奴隷社会史』という著作で、四つの材料を列挙し、この問

題を説明した。つまり、第一は、「隷農」の出現(『国語・晋語』記郭偃説)である。第二は、晋国の「作爰田」(『左伝』僖公十五年、『国語・晋語』)である。第三は、魯国で実行した「初税畝」(『左伝』宣公十五年)である。第四は鄭国の子駟、子産「の為田洫」(「為田洫」、すなわち「正經界」である。『左伝』襄公十年、三十年から)である。ここでは系統的に井田法を論述はしないが、井田法は春秋時代に西周時代のように、広く発展したのではなく、戦国時代のようでもないと説明した。「賣宅圃」(『韓非子・外儲説左上』)から徐々に「視便利田宅可買者買之」(『史記・廉頗藺相如列伝』)までに発展していった。井田法は一度に壊滅したわけではなく、維持できずに崩れていったのである。(25)

　井田制の崩壊は、農村公社の解体を促進させた。農村公社制が解体しつつある傾向は、当時の経済基礎と上部構造との関係が適応しなくなったことを意味する。つまり、新しい地主階級が現れ、日々成長するにつれ、古い生産関係を根本的に変えようと強烈に要求し始めたのだ。生産力と生産関係との対立が深まることと、経済基楚の破壊は、必然的に古い観念とイデオロギーの変化を招くのである。したがって、孝道は一種の観念形態として、社会変革を前に相対性を見せつけ、動揺するのも当たり前の事であろう。経済基礎と上部構造との矛盾した関係に基づき、全ての歴史現象を解釈するのは、中国史学界で長期間用いられた最も熟練した思考方法である。それは、ある民族文化運動の特徴を説明することには役立たないが、その代わりに、すべての歴史文化の発展の共通点、即ち普遍的な法則を得ることができ、理論解説の意味を持っているからである。我々は、歴史発展の理論から、一つの文化現象として、新しい歴史的条件の下で孝道が必ず苦境に直面するということを解釈し、その独特な発展の軌跡を分析し、孝道を客観的に認識することができるのだ。したがって、上述のように春秋時代の経済基礎の状況についての簡単な分析は、的外れなものではなく、その必要があったのである。

　春秋社会には等級奴隷制の政治制度としての分封制も破壊される。私は本書の第三章に既に論述したように、分封制というのは孝道が盛行した政治要因である。分封制は血縁関係を重視し、氏族の血縁関係の改造と利用

を通し各層でそれぞれの分封の方法で天子が諸侯への統治を強化し、奴隷制の父系血縁統治に役割を果たす。そのため、分封制は孝行の盛行の重要な条件の一つであった。しかし、春秋時代に入った後、分封制が次々に破壊された。郡県制の誕生と発展が、この問題を十分に説明している。文献によれば、春秋時代では、列国の中で秦、楚、晋などの国には既に郡県制が現れた。『史記・秦本紀』では、周庄王九年（紀元前 688）[26]、秦武公「伐邽冀戎，初縣之」、翌年に「又縣杜、鄭」と記載されている。また『左伝』哀公十七年では、楚文王は彭仲爽を「實縣申、息」と任命した記載がある。洪亮吉は、楚文王が申で県を設置したのは魯庄公六年（つまり周庄王九年、紀元前 688）のはずであると言っている。そうすると、我が国の文献に記載された最古の県は秦、楚二つの国であることが分かる。春秋の中葉以降、晋国でも相次いで県が成立した。『左伝』で魯僖公二十五年（紀元前 635 年）に晋文公が「趙衰為原大夫，狐溱為溫大夫」を任命したと記載されている。また僖公三十三年（西暦紀元前 627）に晋襄公が「以再命命先茅之縣賞胥臣」と記載されている。春秋の末期、晋国に現れた郡という行政機関の多くは、辺鄙な辺境にあった。土地は広いが人口が少ない地域で、面積も県より広いが、等級は県より低いので、「克敵者，上大夫受縣，下大夫受郡」[27]という記載がある。郡は県より広く、しかも県を統治したのは戦国以後のことである。郡県制が現れ、発展できたのは、春秋時代に官職と俸禄の世襲制度の弊害が浮かび上がり、その弊害を取り除いたからである。分封采邑は、国君が統一に必要な人力と物資を調整したり、併合戦争をするのに不便であった。諸侯は中央集権と辺境の守備を強化するために、併合した土地を県と郡に変え、郡県の行政長官は世襲しにくく、独立王国にもなりにくいので、君主の直接的統治に便利であった。郡県制の誕生は、非常に重要な歴史的意味をもっている。それは、時代の発展につれ、血縁の継承がまた一歩、退去していったことを証明している。

　また、等級奴隷制度の血縁制度としての宗法制は、大きな衝撃を受けた。宗法は元来周代の人々により創造され、身分制度の原則に照らし創設された一種の血縁組織である。宗法制の実行により、宗法統治と君主統治という二つの系統を形成し、前者は後者に従った。つまり、血縁関係が政治関

係に従うということである。周代の宗法は孝道に密接に結び付くので、孝道が宗法制度の倫理観における表現と言ってもいい。そのため、宗法制の実行により、全体の社会に認可される血縁親族間の相互的権利及び義務は、人々の孝道観念を強化し、「私法」の立場で孝道の推進を保障している。にもかかわらず、その後、宗族勢力が絶えず発展していった為、一族の権利の所有者は、一族の権利だけで君権を守りきれなくなるどころか、却って宗族の勢力が君権に反抗し、甚だしきに至っては君主の権力までを奪い取ることとなった。こうして、宗法を創立する本来の意味を失い、宗法制も酷い衝撃と破壊を受けた。例えば『左伝』に記載されているように、曲沃桓叔は、自ら宗法統治を創立し、ついに王位を奪った。[28] 晋献公は、宗族勢力を強化する手段で政権を奪取し、執政も後公子を殺した為、晋国には王侯の一族がいなくなるという結果になった。[29] これは宗法制が破壊されつつあったという最も顕著な事例である。また魯国の三桓、鄭国の七穆、宋国の華、向、斉国の崔、慶なども、一族の勢力を利用し、国家政権を侵害し、甚だしきに至っては君主の権力を奪い取るまでになった。春秋の時代、宗法制は酷く衝撃を受け、君主にとっては、宗法制は益々害が多いばかりか、利が少ないものとなった。

　分封制と宗法制の二つは、井田法の経済基礎に適応した上部構造を支える主な礎であった。もし宗法制が一族を団結し、争奪を避ける方法で奴隷階級も含めた父系の血縁関係の支配を固めるものだといえば、分封制は政治分権の方法で、彼らの支配の地位と力を強化したと言える。この相互に用いる二つの手段は、一つでも欠けていてはならない。井田制の経済基礎が変化すれば、これを決める上部構造も必ず変化する。分封制と宗法制度が破壊を受けたのも、実際は社会発展による必然的な結果である。上部構造の重要な部分として、分封制と宗法制度が受けた破壊は、社会イデオロギーの転換に直接影響を与えないわけがない。したがって、春秋時代に、孝道が動揺して衰えていくのは、理論上では筋道が完全に通るのである。

　等級奴隷制のイデオロギーが集中的に表れ活用されていた周礼も、崩壊しつつあった。分封という政治制度と宗法の血族制度がイデオロギーにおいて反映するものであった周礼の崩壊は、西周以来の礼楽文明が解体して

いったことを意味する。周礼が崩れつつあった原因を問題にし、検討することにより、中華民族文化の発展、運動の特殊性を認識し、把握できる。そして孝行の動揺の直接的原因と歴史の必然性を理解することに役立った。そこで、その崩壊の原因について重点的に論述する。

私は本書の第三章、第四章で周礼の主な内容は「親親」と「尊尊」で、即ち、父子の情と君臣の義を強調し、等級制が周礼の最も本質的なものであるというような認識を表明した。周礼の崩壊と言えば、最も明らかで重要なのは等級制度の破壊である。春秋以来、東周の天子は諸侯の国をも制御することができなくなり、「以蕃屏周」の多くの制度が既に頽れた。春秋五覇が次第に活躍し、政権が周王室から下へ移り、諸侯の等級爵位がもはや周王から与えられなくなり、強大な諸侯は自身さえ封じられる。周王が天下の君主であることを象徴する「朝雇制度（二つの意味があり、一つは古代では諸侯が自らあるいは使節を派遣し期日どおりに天子を謁見すること、もう一つは朝廷から任用されること。ここでは後者の可能性が大きいと思う——訳者注）がとっくに実行できなくなった。天子による礼楽征伐は諸侯と大夫により実行されるようになった。「尊王」は天子を制御し、諸侯を命令する代名詞となった。春秋末期に至ると、大夫階層も合併により弱まった。陪臣の勢力は日に日に強盛になり、「陪臣執國命」の局面をもたらしてきた。上層と下層との闘争の中で、古い等級制度も破壊されてしまった。そこで、各級の統治者はハエが臭いものを追うように先を争って僭越し、爵号から、宮室、車の旗、葬儀、祭りなどまでの各方面で礼制を破壊した。「而弑其君者有之，子弑其父者有之」という情況から、「親親」「尊尊」の等級制度を憚るところなく破壊するという典型である。等級制度がなかったら、周礼もなかったわけで、等級制度の破壊は、間違いなく礼楽文化の解体を象徴した。書史では魯国を「猶秉周礼」[30]、「諸侯、宋、魯於是観礼」[31]「周禮盡在魯矣」[32]と呼んだが、実はこれは本当の礼ではなく、ただの「儀」に過ぎない。春秋末期になると「儀」さえも維持できなくなった。魯国でも相次いで「季氏八佾舞於庭」[33]、「三家者雍徹」[34][35]のような状況が発生していた。とにかく、当時の社会では礼楽文明は、もはや社会生活を支える主な力ではなくなっていた。司馬遷のいわゆる「孔子之時，周室微

而禮樂廢」の言い方は、当時の礼楽文化が徹底的に解体した真実を証明している。

それでは、礼楽文化が解体した原因は何か。文化の変異は、多種の力による互いの作用の結果であるから、私達は経済基礎の破壊、周王室の衰退、新しい政治力の発生などのためであったと断言できる。しかし、この伝統的な歴史分析方法で得た結論は、非常に曖昧であるが、多数の状況下でも適応できる。よって、ここでは誰もが知っている原因などは繰り返さずに、重点的に、中国文化の個性的特徴を着眼点として、礼楽文化の解体へ向かった道程と原因を探ってみる。

文化人類学の立場から見れば、原始社会には血縁関係、風俗道徳、原始宗教や慣習法という四つの凝集力（もしくは組織力）があった。その中の血縁関係の役割は第一位で、家族、氏族、部族、部族連盟など一連の社会集団の真実な基礎である。国家は、その氏族の血縁団体を元にし発展してきたものである。国家機関の運行は、風俗道徳、原始宗教や慣習法などに依存するに他ならない。常金倉博士は、「第一種に、原始宗教が非常に発達した地区では、後世のような政教一致の神権国家が現れる。紀元前三千百年ごろ、アフリカ北部に創立したエジプト王国が、このような典型と見なすことができる。このような国家では、祭司集団は国家権力を支配している。第二種、原始習慣法が優先して発展した地域では、早期の法治国家が現れる可能性が高い。紀元前十八世紀にチグリス・ユーフラテス川流域に現れた古いバビロン及び紀元前六世紀のローマが、この文明の典型である。第三種に、原始的礼儀風俗が盛行した地方ならば、礼儀を重視する国家が現れるかもしれない。ヴェーダ時代のインド、先秦時代の中国が、このタイプである。」とこのように世界の初期の文明の中に、三種類の国が存在しているのを述べている。当時の文化は、まだ十分に分化していなかったが、純粋な理論上の説明には独特な見識があり、それは必要であり、しかも非常に重要である。中国の礼楽文化は、確かに世界の初期文明の中の一つの大きなタイプであり、他の文明と比べて多くの違った特徴を含んでいる。さらに考えてみると、我々、中国はなぜ、神権国家あるいは法治国家にならずに、礼治の道に踏み歩んだのかという質問を自然に受けるこ

とになる。その原因は、簡単な言葉だけでは十分に説明できないので、さらに述べる。

　中国では、初期文明の中で原始宗教は重要な位置を占め、凝集と組織の役割を果たしていた。『礼記・祭義』で言われた「禮有五經, 莫重於祭」でも、『左伝』成公十三年に言われた「國之大事, 在祀與戎」でも、祭祀は一種の宗教形式として重要な役割を果たしたと表明されている。しかし中国では、結局、政教一致の神権国家までには発展できなかった。恐らく中国宗教の特殊性に関わることだと思われる。『礼記』には専ら、祭祀を述べているところは四篇もあるが、神のつく言葉は一つもない。伝統文化の中では、神学の内容がないようである。殷代では、祖先崇拝は宗教の中心であったが、祭祀を執行する人は家族の子孫であり、宣教師のような専門神職人員では無かった故に神学は産生しにくかった。特に周代に入った後、礼楽文化は次第に成熟し、宗教行事は儀礼として保存されたが、当時の礼学家は、祭祀を行うのは鬼と神を尊敬するのではなく、参加者に教育させるという価値と目的を持っていたと思われている。したがって、『礼記・表記』では「周人尊禮尚施, 事鬼敬神而遠之」(38)と述べられている。『論語・先進』にも「季路問事鬼神, 子曰：'未能事人, 焉能事鬼？'」と記載されている。人間が重視したのは祭りの礼儀であり、社会学の立場からの祭りを重視しており、神学の立場から考えるわけではなかったようである。中国のこの特殊な文化の雰囲気の下で、祭りという宗教活動は、神学に発展するどころか、かえって礼楽文明の発展を促進した。第一に礼学者たちは、祭り自体の典儀ばかりを重視し、鬼と神の内容は除き、祭りを重要な礼儀形式の一つとした。第二に、祭祀儀式自体が礼楽文明の内容を反映した。本文の第四章で論じたように、祖廟の祭りが主に反映したのは、報本反始の情感意向である。また昭穆の祭祀儀式を挙げると、『礼記・祭統』では、「夫祭有昭穆。昭穆者, 所以別父子、遠近、長幼、親疏之序而無亂。是故有事於大廟, 則群昭群穆咸在, 而不失其倫。」と記載されている。昭穆の祭祀制度は、最も典型的な人倫関係と礼学倫理学を反映した。要するに、中国の原始宗教は礼儀を改造することができないので、礼儀に従い、それを利用せざるを得ない。

西洋の伝統からも、礼制度で天下統治の芽生えが生じたように、中国の文化の伝統の中でも、ずっと昔から古代ローマに似ている法治の芽生えが誕生したことがある。周知の通り、原始時代の中国では、現存している典籍に記載されている原始の血族復讐法(39)、原始追放法(40)などの多くの慣習法が、かつて存在していた。階級社会に入って以来、「夏有亂政而作《禹刑》，商有亂政而作《湯刑》，周有亂政而作《九刑(41)》」と記載されたように、法治の伝統は、ずっと中断していなかったと言える。しかし、何故、中国は法治文化に発展せずに、礼楽文化の道を踏んだのか。フランス学者のLion Vandermeersch氏が「法律」と「法権」の二者は、本質的な違いがある(42)とする。法権は、礼治制度に対応する法治の制度であるのに対し、法律は、法権の執行を保障するために国家から与えられた強制力を持つ法典であると思われている。中国の法家が提唱した法は、法権の「法」とは全く違った、独断主義の国家管理の粗暴な刑法にほかならない。歴史的に見れば、法治制度の基礎を固めたローマ文化の中で、法権（JUS）と法律（LEX）は確かに区分されている。しかし、中国古代の慣習法は、現代法学理論上の標準で評価すれば、確かに健全ではなく、主なものは、いくつかの刑法に類似している。『尚書・呂刑』、『周礼・司刑』などの文献を調べると、これらのいわゆる「法」は、主に「墨、劓、刵（刖）、宮、大辟，」など体刑だけであった。よって、規定された戒律に違反した場合、どんな処罰が与えられるのかだけを人々に提示はしたが、その施行については、社会的にどのように裁かれるのかを規定していなかった。つまり、公民には、明確な権利と義務がなかった。特に「刑不上大夫(43)」という原則の下での「法」は、ただ人民を弾圧する手段に過ぎなかった。古代中国では「法」だけで庶民を管理するのは不可能だったと思う。その結果は、社会へ大きな混乱をもたらした。孔子は「導之以政，齊之以刑，民免而無恥；導之以德，齊之以禮，有恥且格(44)。」と言った。孟子も「苟無恒心，放僻邪侈，無不為已。及陷於罪，然後從而刑之，是罔民也。焉有仁人在位罔民而可為也(45)。」と言った。これは深く中国の伝統を理解する言論である。中国の伝統的な文化は、その発展が、必ず礼を主導とし、法を補充としたと決めていた。

中国の礼楽文化は、一種の特別な文明タイプで、重要な個別の特徴を

持っている。つまり、倫理道徳を殊に偏重するのである。道徳を規範とするのは、人々の行為だけでなく、意識と行動と、その全体の間の意識の部分を制約する（法権は行為だけを制約するが内心の世界に及ばない）。そのため、礼治が主に頼む天下管理の手段は「法」ではなく、道徳風俗しかない。そうすると、社会を管理する主な手段は、行政者の才能と品行であり、教化と誘導により庶民を善良にさせようとする。一方で、被支配者も、いつも聖君賢臣が開明政治を実施することを希望する。その礼楽文化が存在する重要な前提条件は、支配者が率先して模範を示すのである。古人は、この点について、とっくに明確に認識していたわけである。『詩・曹風・鳲鳩』では「淑人君子，其儀不忒，其儀不忒，正是四國。」と言われている。孔子は「政者正也。子帥以正，孰敢不正(46)？」、「君子之德風，小人之德草，草上之風必偃(47)。」と言い、又「其身正，不令而行；其身不正，雖令不從。……苟正其身矣，於從政乎何有？不能正其身，如正人何？」言った。『礼記・大学』では「古之欲明明德於天下者,先治其國。欲治其國者,先齊其家。欲齊其家者先修其身。……身修而後家齊,家齊而後國治。國治而後天下平。自天子以至於庶人，壹是，皆以修身為本(48)。」と記載されている。『呂氏春秋・先己』でも「五帝先道而後德，故德莫盛焉。三王先教而後殺，故事莫功焉。」と書かれている。この礼治制度の最大の弊害もここにある。それは支配階層の示範を要求するが、彼らを監督する制度は何もない。もし統治者が道徳の制約を無視し、無限の権力の下で限りなく堕落し、ひたすら自分の私欲を満足させるとすれば、必ず社会風格の破壊をもたらす。春秋時代、各級の指導者は日々、驕逸で、各階層で争闘し合い、礼儀と道徳をすっかり無視した。よって、礼楽文明が存在する重要な前提条件は失われた。こうして、下の者が上の者のすることを見習ったため、社会全体の道徳は喪失し、気風は日々に悪くなり、礼楽文化が解体するのは当然であった。礼楽文化の内容の一つとしての孝道は、礼楽の崩壊と衰運をたどる際、動揺と衰微を迎えたことも、世の全体の流れに従っただけと言ってもよい。

　上述の論述をまとめると、春秋時代では、中国の奴隷制社会が衰退に向かうにつれ、井田、分封、宗法と礼の４つの精神支柱も変わっていった。それにより、孝道が盛行する適当な環境と条件も変わっていった。したがっ

て、孝道の動揺と衰退は歴史の必然であったと言える。

## 四、春秋時代の孝道の本質及び歴史発展に対する阻害

　この第五章の第一部分で論証したのは、春秋時代の孝道の動揺は、一般的な状況であり、全体的傾向と言えば、事物の主流を反映させた。一方で、当時では、礼楽文明に取って代わることができる新しい文化体系は、まだ形成されていなかったので、全春秋時代の孝道が崩れ落ちるような状態であった。しかし、孝道は重要な伝統道徳規範として、依然として、社会生活で重要な役割を果たしており、すぐにすっかり清算され、消去されるということはなかった。孝道が社会生活に影響を与え続ける原因は、次のような二つである。まずは、伝統文化の安定性と継承性である。もう一つは、長期的に蓄積した結果である社会文化は、社会の発展につれ変化するが、歴史の怠慢性を持ち合わせながら緩く発展する。マルクス主義の唯物史観では、イデオロギーは、いつも社会存在に遅れ、古い観念意識は、経済基礎の崩壊とともには、すぐに消えないものであるという。特に周代の宗法制度の下で、伝統を極度に尊重するのは、普遍的な社会の心理で、氏族社会の遺風でもあった。春秋時代において、孝道は大いに衝撃を受けたが、少なくとも民間では、人の心にはそのまま深く残されていた。この点につき、勝手に例を挙げる。『左伝』宣公二年の記載では、晋国の趙宣子は、首山で狩りをしているとき、霊輒という人に出会った。その人は、三日間何も食べておらず、とてもお腹が空いていた。宣子はその人に食べ物を与えた。その人は、宣子が与えた食べ物を半分だけ食べた。どうして半分だけしか食べないのかと問う宣子に、その霊輒は「宦三年矣，未知母之存否，今近焉，請以遺之」と返事した。彼の孝行に心が打たれた宣子は、また彼に肉料理を用意してあげた。その後で、晋霊公の護衛になったその霊輒は、恩返しに、趙宣子を救った。このように、下層部社会の中では、孝道は確かに広範に存在し、その伝統は戦国時代でも絶えてはいなかった。それは、統治者の提唱によるものであった。日々、崩壊していった統治秩序を救い、

第五章　春秋時代の孝道の動揺を論ずる　143

等級を維持する為に、列国の支配者は孝道を踏みつけると同時に、また、わざと孝道を宣揚している。沒落奴隷主階層を代表する君主と卿大夫は、統治をずっと維持することのできる孝道の役割を忘れてはいなかった。『左伝』隠公元年に記載された、人に広く知られた「鄭伯克於于鄢」というエピソードでは、鄭伯は、権力を奪う時はすっかり孝道を捨て、弟を追い出し、母を牢に入れるという手段を取ったが、統治地位が落ち着き、安定した時には、また世論に気兼ねし始めた。そして「隧而相見」という自らを欺き、他人をも騙す方法を通じ、自分の母の武姜と「遂为母子如初」になった。このようなことは、実は孝道の外観であり、庶民を愚弄するに過ぎない。この極めて代表性と説得力のある事実は、統治者が孝道に虚偽性を与え、それを利用し、自分の統治を維持したということを意味する。上記の二つの理由により、孝道は当時の社会生活の中ではまだ一定の地位を占めていた。衆知したように、孔子は非常に孝行を重視するので、西周孝道観を基礎として系統的に総括し理論化した。孔子が孝道を尊崇し、重視したのはちょうど孝道が奴隷主階級の支配に役割を果たす頃からである。そこで、孔子はつらく厳しい列国を周遊したとき、堯、舜、周文王、周武王の時代からの礼制を 売り込み、「為國家必以孝」[49]を主張していた。春秋時代中では、孝道尊敬と孝道反対との闘争が激しかった。それは、当時の社会変革の激しさと社会の政治闘争の鋭さを反映した。古い秩序、社会の安定を維持し、奴隷制度を強固にするには、崩壊した孝道を立て直し、孝道の合理性と神聖を宣揚せねばならない。革命をするにも、古い秩序を破壊するにも、新たな生産関係を発展させるにも、古代の制度と綱常を変更、礼楽文明を廃止、孝道を捨てなければならない。これにより犯上作乱（上に逆らい反乱を 起こす）ができるように道徳の桎梏を解除する。上記の認識に基づき、春秋時代の孝道の本質は、沒落奴隷主階級を守るためであったと言ってもよい。

　春秋孝行をどう評価すればよいのか。勿論、今日ではこの問題を道徳的或いは功利的な視点からは述べずに、歴史的に考えるべきである。本書の第三章で西周孝道の歴史進歩の意義について評価した時、同時に春秋孝道に対する評価にも及んだ。簡単に言うと孝道は、奴隷社会から西周までは、

全盛期に達していた。しかし春秋時代になると、それは反動と没落に向かった。道徳観念としての孝道は奴隷制の上昇時期に、その奴隷制度の発展と完備を確保するために積極的な役割を果たした。この奴隷制度が衰えた時、孝道は依然として没落の奴隷主階級の利益を維持しようとした。しかし、それは新たな生産関係の発展の障害と見なされ、自然な歴史の進行を阻害するものとなった。中国の奴隷制社会と封建社会の長い歴史の変遷は、いずれも社会が衰亡に向かう時、革命が起こる時、孝道は排斥されるしかないと証明している。というのは、それが社会の安定のためであり、革命に相容れなかったからである。

## 注釈

(1)『左伝』昭公二十六年：「至於厲王，王心戾虐，萬民弗忍，居王於彘。」
(2)『国語・周語』載大子晋語。
(3)『孟子・滕文公下』。
(4)『国語・晋語』：「欒武子、中行獻子圍公於匠麗氏。」
(5) 参考鄭慧生著『上古華夏婦女與婚姻』 河南人民出版社 1988年8月版 第232－236頁。
(6) 楚国の嫡子継承制は約楚平王の時確立する。楚平王の後，昭王の熊珍似だけは少子になって，兄である子西、子期、子閭等はすべては知らなかった。ただし，平王の後，兄弟の間の戦争混乱が現れなかった。。
(7)『左伝』襄公二十二年。
(8)『史記・商君列伝』引"商君曰"。
(9)(10)(11)『睡虎地秦墓竹簡』 157、209、222頁。
(12)『戦国策・秦策』。
(13)『漢書・匈奴伝』。
(14)『戦国策・韓策』：「宣太后曰：'妾事先王也，先王以其髀加妾之身，妾睏不支也；盡置其身妾之上，而妾弗重也。何也？以其少有利焉。'」
(15)『左伝』昭公二十九年：「冬，晉趙鞅、荀寅師師城汝濱，遂賦晉國一鼓鐵，以鑄刑鼎，著范宣子所爲刑書焉。仲尼曰：'晉其亡乎？失其度矣！夫晉國將守唐叔之所受法度，以經緯其民。卿大夫以序守之，民是以能尊其貴，貴是以能守其業，貴賤不愆，所謂度也。'」ここには、晋は唐叔虞を君に封する時子孫に渡られる法度がある。これは晋国の最初の法典である。
(16)『左伝』僖公十五年。

⒄『史記・晋世家』。

⒅『左伝』昭公元年：子産が「：……男婦辨姓，禮之大司也。今君內實有四姬焉，……」と言われている。

⒆『史記・斉太公世家』。

⒇『左伝』成公十一年により。

㉑『左伝』襄公二十四年により。

㉒『左伝』昭公二年。

㉓『論語・子路』。

㉔ 金景芳著『中国奴隷社会』　上海人民出版社　1983 年 7 月出版。

㉕ 金先生著『中国奴隷社会』第 256 頁を参考。

㉖ 洪亮吉著『更生斎文甲集・春秋時以大邑為県始于楚論』。

㉗『左伝』哀公二年。

㉘『左伝』庄公十六年「王使虢公命曲沃伯以一軍為晉侯」，すなわち公室を奪う事。同書庄公二十八年では又は「曲沃君之宗也」と言った。桓叔は自ら宗統を成立する証明である。

㉙『左伝』宣公二年：「初，驪姫之亂，詛無畜群公子，自是晉無公族。」

㉚『左伝』閔公元年。

㉛『左伝』襄公十年。

㉜『左伝』昭公二年。

㉝『左伝』昭公五年：「晉侯謂女叔齊曰：‘魯侯不亦善於禮乎？’對曰：‘魯侯焉知禮！’公曰：‘何為？自郊勞至於贈賄，禮無違者，何故不知？’對曰：‘是儀也，不可謂禮。禮所以守其國，行其政令，無失其民者也。今政令在家，不能取也。有子家羈，弗能用也。奸大國之盟，陵虐小國。利人之難，不知其私。公室四分，民食於他。思莫在公，不圖其終。為國君，難將及身，不恤其所。禮之本末，將於此乎在，而屑屑焉習儀以亟。言善於禮，不亦遠乎？’君子謂叔侯於是乎知禮。」昭公二十五年鄭游吉は晋趙簡子に対して，大体これと同じだ。金先生は「これは礼と儀の差別でる。」と言った。（『中国奴隷社会史』第 260 頁から）。

㉞ ㉟『論語・八佾』。

㊱『史記・孔子世家』。

㊲ 常金倉博士の学位論文の『周代礼俗研究』，吉林大学図書館所蔵印刷版，第 263 ページ。（文津出版社博士論文叢刊中出版に編入されている。）

㊳『礼記・表記』。

㊴『春秋』庄公四年，斉襄公が紀国を滅ぼす。九世代の敵を討った。『公羊伝』に「九世猶可以復仇乎？雖百世可也。」が述べられている。『礼記・曲礼上』に「父之仇，弗與共戴天，兄弟之仇不反兵，交遊之仇不同國。」とあった『周礼・朝士』に「凡

報仇者，書於士，殺之無罪。」とあった。以上反映した復讐思想は，原始血族の復讐法の子である。

(40) 『礼記・王制』：「司徒修六禮以節民性，……上賢以崇德，簡不肖以絀惡。命鄉簡不帥教者以告，耆老皆朝於庠，……不變，命國之右鄉簡不帥教者移之左，命國之左鄉簡不帥教者移之右，如初禮。不變，移之郊，如初禮。不變，移之遂，如初禮。不變，屛之遠方，終身不齒。」これは原始の追放法である。

(41) 『左伝・昭公六年』。

(42) 参考［フランス］Leon Vandermeersch『礼治與法治』，『儒学国際学術討論会論文集』上冊（斉魯書社）に載せ 1989年4月版 第208 - 209頁。

(43) 『礼記・曲礼上』。

(44) 『論語・為政』。

(45) 『孟子・梁恵王上』。

(46)(47) 『論語・顔淵』。

(48) 『論語・子路』。

(49) 『荀子・宥坐篇』。

# 第六章　戦国時代の伝統孝道の廃退及び封建倫理への変換

　礼楽文明の解体に伴い、春秋時代では孝道が激しく揺さぶられた。戦国時代に入ると、孝道はさらに衰運をたどり、甚だしきに至ってはついに、社会から重視されなくなってしまった。本章では戦国の孝道を研究対象にし、戦国時代における孝道の衰微の状況及び社会的、歴史的原因に重点を置き考察する。そして、伝統孝道が封建的な倫理に転化していく総体過程を探求してみる。

## 一、礼楽文化の解体と孝道の廃退の一般状況

　前の三章の論述から分かるように、孝道は奴隷制社会の一種の意識形式として、その変化と発展は、礼楽文明の盛衰と相対している。西周の礼制が健全な時期には、孝道が盛んに行われるが、春秋礼楽崩壊の際には、それに呼応して動揺する状況を呈する。奴隷制度から封建制へ転換し、戦国時代へ向おうとする足取りに伴い、礼制も徹底的に解体され、奴隷制社会の孝道も終わりを告げる時を迎える。孝道と礼制の切っても切れない内外の関係を鑑み、礼楽文明の解体状況と戦国の孝道の廃退の史実に結び付けて考察する。

　礼楽文明の解体は、漸進する過程にある。春秋時代は礼楽崩壊の時期であった。しかし当時の文化は、社会からすっかり姿を消してしまったわけではなかった。戦国時代、列国では古い礼楽の形式だけが残り、存在していた。しかし、礼楽制度にあった等級の原則を完全に喪失していた。よっ

て、社会生活の運営を維持する任務は担えなかった。実際には、単に一種の社会風習となっていた。そのような状況を明確に理解するため、孝道に密接に関連した儀礼を数種類略挙し、簡単に考察する。

初めに冠礼について述べよう。戦国時代では、冠礼は依然として保留されていた。しかし、冠礼の中にあった固有の「隆殺（尊卑）等級」という精髄は失われていた。『尚書』、『左伝』、『儀礼』など著書の記載によると、古代の礼儀に決められた、天子諸侯が12歳、官吏が20歳時に、必ず冠礼が行われる(1)のに、戦国時代になるとこのようにしなくなった(2)。『史記』の中の『秦本記』、『秦始皇（始皇帝）本記』には、秦惠文王、昭襄王、秦王政の冠礼は全て即位の後で行われた。惠文王も秦王政も、少なくとも21歳以上であったが、昭襄王だけは冠礼の年齢が考証できていない。このような加冠年齢上の混同があったことにより、等級制の破壊が見受けられる。実際に冠礼は大人の資格を当事者に与え認めることを意味し、人々は重視していた。しかし、西周冠礼に表現される「立孝悌之行以為人(3)」の意向は、戦国時代では薄らぎ、甚だしきに至っては消えてしまっていた。秦王政が加冠された後、初めて親政をした際に「事無大小皆決於毐」の局面は変わった。戦国の冠礼は、実は一種のレトロ傾向にあり、伝統的な習慣と風俗の延長上にあった。よって、西周人が冠礼に与えた礼制の内容とは変わっていたのである。

次に婚礼を見てみよう。本書の第四章の考察から、西周の婚姻は代々血統を継ぎ、上の世代の者を孝行するために、厳格な等級の標準があった。しかし春秋時代では、婚礼の等級が打ち破られる。更に戦国時代になると、礼の制約を失い、すべてを権勢者の勝手な意志に任せることとなる。例えば、春秋前の配偶者の人数は、諸侯は「一娶九女」と規定されていた。しかし、戦国時代に入った後、諸侯の後宮の女性は「大國拘女累千，小國累百(4)」となった。更に秦六国併合の後では、大規模に建てた宮殿に全国から選んだ美女を入れ、「後宮列女萬餘人(5)」となった。これらの記載から分かるように、後宮の美女の人数は、爵位等級とは関係がなくなった。統治者は、自由に権勢を振るい、贅沢や欲望の限りを尽くした。これは西周の婚礼に表現された「上以事宗廟而下以繼後世(6)」とは全く異なるタイプである。

つまり、婚姻と孝道は既に分離していたということである。

続いて、孝道との分離が最も明らかに表れた葬式について述べてみよう。『孟子・滕文公上』には、滕文公が喪に服するエピソードが記載されている。このエピソードには孝道との分離を証明するに十分な説得力があると思う。

　　滕定公薨。世子謂然友曰："昔者，孟子嘗與我言于宋，於心終不忘。今也不幸至於大故，吾欲使子問於孟子，然後行事。"然友之鄒，問於孟子。孟子曰："不亦善乎！親喪固所自盡也。曾子曰：'生事之以禮，死葬之以禮，祭之以禮，可謂孝矣。'諸侯之禮，吾未之學也。雖然，吾嘗聞之矣：三年之喪，齊疏之服，飦粥之食，自天子達於庶人，三代共之。"然友反命，定為三年之喪。父兄百官皆不欲，曰："吾宗國魯先君莫之行，吾先君亦莫之行也，至於子之身而反之，不可。且『志』曰'喪祭從先祖'。"……

滕文公は、周礼忠実に従い実行して、三年の喪に服する制度を行おうとしたところ、同族と百官の反対に遭った。これは、孟子の時代では、葬式の礼制がとっくに崩壊して、魯、滕のような礼楽の国でも、数代前から三年の喪に服する制度が実行されなくなっていた。その後、滕文公は、やはり儀礼に従って喪に服することを堅持した。しかしそれは、当時の時代ではごく一部の個人的な偶然の復古に過ぎず、普遍的な意味は少しも持たなかった。それほど当時の礼制の崩壊は酷く、その勢いは強かった。周礼に従い死者を手厚く埋葬することは、孝行を庶民に宣伝するためであった。しかし意外にも、戦国時代の人々が手厚く葬式を行うのは、生きている自分の富貴と栄華を他人に自慢するためであった。『呂氏春秋・節喪』に当時の葬式の贅沢な浪費状況を描き、「國彌大，家彌富，葬彌厚。含珠鱗施，夫玩好貨寶，鐘鼎壺濫，車馬衣被戈劍，不可勝其數。諸養生之具無不從者。題湊之室，棺槨數襲，積石積炭，以環其外。」と書かれている。また「今世俗大亂，之主愈侈其葬，則心非為乎死者慮也，生者以相矜尚也。侈靡者以為榮，儉節者以為陋，不以便死為故，而徒以生者之誹譽為務，此非慈親

孝子之心也。」と、喪主が手厚く葬式する目的を掲示している。世間の風俗がこのように先を争い、贅沢で派手な振りをするので、更には墓を盗掘する風潮が盛んに行われる事態をもたらした。同書の『安死』篇に「君之不令民，父之不孝子，兄之不悌弟……聚群多之徒……視名丘大墓葬之厚者，求舍便居，以微担（掘）之，日夜不休，必得所利，相與分之。」と記載されている。富貴を吹聴するために厚く埋葬したのに、意外にもその行為が墓を盗掘する風習の盛行を招き、死者を安寧にさせられないということは、周礼が提唱する葬式で孝行の気持ちを表す原理とは、なんと相容れないものであろうか。

　最後に祖先を祭祀する儀礼を述べてみよう。私が本書第四章で論述した通り、周礼によって祖先を祭ることから反映される感情意向と言えば、「報本反始，不忘其初(7)」である。その目的も庶民に孝行を宣伝することを中心とした。しかし、春秋時代という激しい変化を経て、戦国時代に至った時、宗法関係はほとんどすっかり破壊されてしまった。人々は、宗法等級の束縛から解脱して、両親、年長者、祖先を孝行する思想をそれほど敬虔しなくなった。したがって、戦国時代では、祖先を祭ることを提唱する人はいたが、等級の精髄は失っており、祖先祭祀と孝道とは分離されていた。戦国時期では終始、祖先祭祀方面の情況が葬儀とやや同じで、生きている人の金銭地位をひけらかすため、或いは純粋に功利的動機のために行われ、周礼の真意とは大いに矛盾していた。例えば、古来の「報本反始（天地や祖先などの恩に報いること。訳者注）」は、使われる物は素朴なものであることを重視し、牲牢、醴酒、器物は質朴であればあるほど、儀礼は盛大であると思われた。しかし戦国時代では、列国の諸侯と大夫、士が欲しいままに贅沢に、綱常を守らず、使う物は多く、美しいものを高貴だとした。これは祭られる者のためでなく、致祭者自身の見栄えのためであった。『儀礼』によって、祭祀の場合は、大夫が「少牢（羊、豚）」を、士は「特牲」豚を使うが、『礼記・曲礼』では、「大夫用索牛，士以羊豕」と言われている。『儀礼』より遅い『礼記』の記載は、明らかに春秋期が等級を僭越する状況を指す。その他に、周礼によって祖廟の有る場合は祖廟で祖先を祭るべきで、祖廟のない場合は、「寝（訳者注：寝とは帝王の宗廟後殿にある先

祖の衣冠を貯蔵するところを指す。また、帝王の墓をも指す)」で祭るべきであった。しかし、戦国時代では、墳墓で祭る風潮が大いに盛行した。『孟子・離婁下』の「齊人有一妻一妾」から反映されたのが当時のこの民俗である。つまり、祭礼が儀礼の意義を失って、すっかり風俗化されてしまった。

　上述の分析から見ると、戦国の時には道徳が完全に解脱して、儀礼が風俗化されてしまった。つまり、周礼が本来含する文化の内容が形式とは完全に外れた。どんな内容でも一定の形式を借りなければ表現できない。同様に、儀礼が道徳的な内包を失って独立してしまうと成り立たなくなり、道徳も儀礼の形式を失うと存在しにくくなるのである。それで、周礼の重要な内容の一つとしての孝道の衰微も自然の推移である。『孟子・告子下』に次のように書かれている。

　　五霸桓公為盛。葵丘之會諸侯，束牲載書，而不歃血。初命曰：誅不孝，無易樹子，無以妾為妻。再命曰：尊賢育才，以彰有德。三命曰：敬老慈幼，無忘賓旅。四命曰：士無世官，官事無攝，取士必得，無專殺大夫。五命曰：無曲防，無遏糴，無有封而不告。曰：凡我同盟之人，既盟之後，言歸於好。今之諸侯，皆犯此五禁。故曰，今之諸侯，五霸之罪人也。

　この「五命」の中では、まずは「誅不孝」と挙げられ、第三命も孝道と緊密に関係して、「今之諸侯，皆犯此五禁」から、十分に戦国時代では人の心が純朴さをなくして、孝道が確かに衰退していた。

　注意しておきたいのは、当時の思想界では、連年の絶え間ない大規模な併合戦争の需に応じて、伝統の孝道と相容れない新しい観念が現れた。例えば、当時の法家の代表人物である韓非子が、非道徳主義の倫理思想を主張している。韓非子子が「孝子愛親，百數之一也(8)」と指摘している。本当に父母を愛する人と言えば、百の中から一人を選べないと言われるのは、勿論その時の実際の状況を指して言ったのである。「人之情性莫愛于父母」，「"今先王之愛民，不過父母之愛子，子未必不亂也，則民奚遽治哉"！(9)」という言葉は、最も親しい者は両親と子女に勝るものはないが、本当に愛し合う者はまだ少なく、まして君民の間では尚更ではないか。そのため韓非

子子は孔子の孝道学説に反対して、直躬が羊を盗んだ父親を告発すると言う事については、「以是觀之，夫君之直臣，父之暴子也」と言って、孔子の考えと明らかに異なっている。魯国人の敵前逃亡に対する孔子の「以為孝，舉而上之」という考えに、韓非子子は「以此觀之，夫父之孝子，君之背臣也」と反論している。忠と孝の一定の状況における調和性を指摘し、直躬の公正無私なことに賛成した。人情は法を乱すと、孝道の名を借りて君主国家が責任を負わないことに反対する。韓非子子は、礼義による統治は法治に及ばないとし、「嚴家無悍虜，而慈母有敗子，吾以此知威勢之可以禁暴，而德厚不足以止亂也」と考え、彼の結論は、「天下皆以孝悌忠順之道為是也，而莫知察孝悌忠順之道而審行之，是以天下亂」であった。孝道で人民を教化し国を治める伝統を放棄することを公然と韓非子子は主張した。彼の主張から、当時の孝道の衰微と同時に、新興地主階級の利益が頭角を現し始めたことが分かる。社会が大きく変革する時、古い観念は、非常に激しく衝撃を受け、半強制的に変化を求められる状況を表明している。各国の変法運動が深く入り込むことによって、新しい観念の体系は次第に形成され、古い礼楽文明に取って代わる。このことから、戦国時代では、孝道はその実践において社会に重視されなくなっただけではなく、理論上でも批判を受け、その衰微はついに取り返しのつかない程であり、廃退していったことが分かった。

## 二、中国が奴隷制社会から封建社会に転換する時期における戦国社会の特徴と孝道衰微の歴史的必然性

　前では戦国時代の孝道衰微の一般的な状況を論述したが、このような情況の出現は複雑な社会歴史の原因にあった。孝道衰微の歴史的必然性を戦国時代の社会背景に結び付けて探求してみよう。

　歴史期間を分ける上では趙、魏、韓の三国より晋を分割する「三家分晋（趙、魏、韓の三国より晋を分割する）」から秦の六国併合までの二百数年間が、「戦国」時期と称される。戦国時期の最も重要な特徴は、この「戦」

の字にある。『孟子』には「争地以戰，殺人盈野；爭城以戰，殺人盈城」と、当時のひどく痛ましい状況が描写されている。戦争は、政治運営、活動の延長線にあった。戦国時期の戦争は、実際には新興地主階級と没落した奴隷階級との政治闘争であった。併合戦争の目的は統一に向かうことにあり、その発展の傾向と言えば、封建制度の国家のためであった。金先生が明確に「戦国時期の戦争が、実際には統一実現の政治的要求の１種の手段であったならば、その戦争は客観的に一種の巨大な力を必ず秘めており、その力は、戦国の社会の階級関係と政治、経済、思想、科学技術など全ての方面を牽引して、急速に変化させる。」と指摘したことがある。事実上、戦国時期の戦争は、確かに歴史発展の過程を客観的に推進し、最後に奴隷主階級独裁を破滅させ、新興地主階級の独裁に取り替えるという役割を果たしている。

戦争がもっと頻繁で激しい状況であった春秋社会と照らしてみると、三つの重要な新しい特徴がある。

ひとつは、周礼が完全に尊重されなくなったことである。儀礼の形式と内容の分離の状況は上文で既に言及した。ここで再び補って説明してみたい。春秋時代では、既に礼楽は崩壊したが、やはり多くの貴族が礼楽を守っていた。例え戦争中でも、敵対国の君臣の間でも礼儀を行わなければならなかった。例を挙げてみれば、『左伝』成公二年の記載によると、鞌の戦いで齊国の軍隊は惨敗した。晋国の司馬の韓厥は、齊侯を激しく追いつめていた。逃亡中、車右（職務名—訳者注）の逢丑父は移動し、齊侯と位置を変えた。齊国の軍隊に追いついた韓厥は、丑父を齊侯だと見誤る。尊卑の等級が異なるため、「再拜稽首，奉觴加璧以進」をして、「寡君使群臣為魯、衛請，曰無令輿師陷入君地，下臣不幸屬當戎行，無所逃隱，且懼奔辟，而忝兩君，臣辱戎士，敢告不敏，攝官承之。」と、挨拶をした。韓厥は、下僕の地位を自ら示し、外交辞令も非常に合理的で礼儀正しく「齊侯」に捕虜になるように請求したという。また同じ『左伝』成公十六年の記載によると、鄢陵の戦いで、晋の将軍の郤至が「見楚子必下，免冑而趨風」をするのは、確かに儀礼の方面では申し分がない。このような事例は、『左伝』の中でも多く見られる。仁義を標榜する宋襄公については、戦場で仁義を

行い、更には地位も名誉も失う。それは陳腐で滑稽にも見える事例である。戦国時代の『呂氏春秋・先己』に、「當今之世，巧謀並行，詐術遞用，攻戰不休，亡國辱主愈衆。」と書かれている。「興滅國，繼絕世」のような状況はなくなり、国が滅び、君主が侮辱されても当然なことなので、誰がその君主に礼儀を表すものか。『韓非子・五蠹』は、ズバリと「當今爭於氣力」と指摘している。激しい併合戦争の中で、全てが赤裸々になり、儀礼というものはあまりにも感情が籠り過ぎていて、当時の風潮にそぐわなかった。そこで商鞅のように、知恵を駆使して魏公子の印を欺いて安邑県を攻略したり、張儀が商於の策略で楚懐王を騙すというようなことが数えきれないほど次々と現れ、珍しくはなかった。よって、戦国時期には、周礼が失われ、捨てられていたことは明らかである。

　二つめの特徴として、「士」の階層と百家争鳴の新しい文化が、世卿専制が壊されるにつれて、現れたことである。春秋時代では、宗法制度は未だ完全に破滅していなく、権力者は貴族の血統のある人でしかなかったため、庶民が卿相を担任する事はなかった。しかし戦国時代では、すっかり変わり、各国の政治舞台で活躍していた風雲児の多くは、低い家柄の出身、或いは異国の権勢を失った者で、自国の貴族出身の者が極めて少ないのである。例えば、秦の宰相の商鞅、燕の将軍の楽毅は異国からやって来た。楚の令尹の呉起も、魏国の亡臣であった。秦の将軍の白起も、庶民の出身であった。蘇秦は、貧賤者の出身だったが、六国の宰相を兼ねるまでに至った。これらの局面から出現した彼らによって、第一に、既存の宗法関係が大いに衝撃を受けた。そして世卿世禄制が、遂に徹底的に打ち破られてしまい、結局「刑不上大夫，禮不下庶人」という等級制は廃止される。春秋末期で孔子は、「學在官府」の伝統的な束縛を突破し、個人によって学校を創立する風潮を最初に作りだした。「有教無類」を呼び掛け、庶民のために知識を身につける方法を提供した。戦国時期に入ると、個人が教室を開くことがブームとなり、広く流行した。それにより、教育を受け、知識人になった人達が前例なく増え、「士」という新たなインテリ層が現れたのである。春秋時期のいわゆる「士」は、多くは貴族階級では最も下層部の「命士」、「不命の士」（庶民階層の官吏担任者）或いは武士であり、

いずれも職務の名称であった。それ以外には士はなく、戦国時期のこのような意味上の「士」はなかった。「士」の階層の出現は、奴隷主階級が精神と生産材料を独占する状況が既に過去のものになったことを表明している。インテリ層が拡大すれば、必然的に政治に干渉し始め、その要求は強まる。金先生は『中国奴隷社会史』で、これらの異なる階級と階層の出身で、種類の複雑な「士」を大体名相、名将、遊説者、学士、学者、高士、義侠という六種類に分けている。彼らは歴史の舞台上で、異なる階級と階層を代表して活発に活動した。新制度の誕生を促すために、できる限り大衆にアピールしたり、逆に、旧制度を消滅から救い出そうと呼びかけ奔走した。特にその中の墨子、荘子、孟子、恵施、公孫竜子、荀子、韓非子と斉稷下学士騶衍、騶奭、淳于髡、田駢、慎到、接輿、環淵などの者は官職に興味がなく、評論をし、広く弟子を集めていた。書物を書き、自らの説を立て、自分の学派の観点を宣伝し、競っていた。それにより、イデオロギー領域の中で「百家争鳴」の局面が開かれた。戦国時代の百家争鳴は、夏商周という三代の奴隷制社会の伝統文化を変革させた。本当の意味上の文化革命は一回で、その前代では、「百家争鳴」のような学説を備えにくかった。後世でも反封建の「五四運動」が、「百家争鳴」と同じくらい優れていたようである。全体の傾向から見て、「百家争鳴」は新興地主階級の思想であった。没落していく奴隷主階級の思想を変革して国の統一を導き、封建独断主義中央集権国家創立への基礎を定めた。その意義は、決して軽んじたり、低く評価したりはできないはずだ。

　三つ目の特徴としては、列国が次から次へと再度に渡り変法革新をしたことにより、一つの運動を形成したことである。戦国時期の奴隷制社会から封建社会に向って転換する過程は、集中的に各国の変法に表現されている。法というのは、時代の潮流を形成し、歴史発展の趨勢を示している。したがって、各国の変法の内容を正しく分析し、その性質を明確にすれば、当期の歴史的特徴を見出す鍵となる。戦国時期の魏、楚、韓、趙、秦、斉、燕この七つの大国に発生した変法運動について簡略な帰納をし、その性質を確定してみよう。主客転倒にならないように、ここで分析と論述をさらに詳しく展開したいが、本書では、金先生が『中国奴隷社会史』で述べら

れた資料と観点に基づいて、簡単ながら論述してみる。

　七国の中で最初に変法を始めるのが魏国である。魏文侯が相前後して魏成子、翟璜、李悝と呉起、楽羊、西門豹など有名な政治家と軍事家を重用して、いくつか社会改革を行ったが、現世までに伝わっているのは、ただ李悝の業だけである。『漢書・食貨志』、桓譚著『新書』などの資料に基づいた李悝著の「作盡地力之教」、「平糴」と『法経』から、魏国で実施された新政の有名な事績が三つあったと推定される。「盡地力」とは、すべての耕作に適する土地を開発し利用することと、単位面積当たりの穀物の収穫量を高めることを指す。これは、生産力の向上と人口増加とともに、魏国は既に、ほとんどの余剰地がなくなっていたことを意味している。定期的な土地の再分配を特徴にした井田法は、余剰地の再分配が前提条件なので、土地が余らないと井田法を維持することができなくなり、廃止せざるを得ない。いわゆる「平糴」とは、国家によって確定食糧の税を徴収するほかに、豊作の年にある程度余計に多く食料を買い付け、不作になる年に政府の倉庫の食糧から一定数量を売り出し、減収を補い、食糧価格を相対的に安定させ維持することである。これは明らかに国家の安定、農業の発展、人民が安心して楽しく働けることなどを保証した一つの進歩的な措置である。李悝の著述した『法経』の内容は、大部分の伝承が途絶え、篇章の名前と不完全な文しか残っていない。しかし現存の資料を分析してみれば、李悝の著述した『法経』は、戦国初年各国の法律を集大成した一部の法典にみられる。秦、漢、魏、晋のそれぞれの法律も、皆、李悝の法律に生まれ変わり、封建的な法律の基礎を打ち立てていた。以上の内容から見て、李悝の変法は間違いなく、先進的な社会力の要求を代表して、封建的性質からの社会変革を興したのである。

　楚国の封建変法は呉起に始まる。呉起は元来、衛国人であった。魏国の西河守（官職名）に就いており、戦術にもたけていた。しかし、当時の秦国人は、東へ攻め込む勇気はなかった。魏文侯が死んだ後、呉起は中傷され、楚へ逃げた。そして楚悼王から宛守に任命され、三晋を防備した。後に令尹に任命されて、そこで変法を実行する。今日に伝わっている呉起変法の資料は多くなく、ただ『韓非子子・和氏』、『呂氏春秋・貴卒』と『史記・孫

子呉起列伝』の中に簡単な記載が残っているだけである。しかもその変法は、僅か一年しか実行されておらず、しかも反乱の発生を招き、引き継がれることはなかった。現存資料から見て、呉起変法の矛先は、奴隷主階級を示していた。それは、二つの階級、二つの社会制度間の闘争を助長させた。例えば、呉起は楚国の肝心な問題点は「大臣太重，封君太衆」とし、王権不振を引き起こした。そこで、彼は「卑減大臣之威重」を主張し、甚だしきに至っては「封君之子孫，三世而收其祿」、「廢公族疏遠者」、「令貴人實廣虛之地」を規定した。これは、君主の権力を強化させることを主張し、更に独断主義を実行するという標榜であった。

韓国では、韓昭侯のときに、申不害を宰相が任命して、封建の独断主義を強化した。申不害は、行政執行の方面で「術」を重んじ、臣下を制御するために君主が権力をしっかりと自分の手で掌握するように求める。同時に、彼はまた、適任の官吏を任用し、よく監督して審査評価することを主張する。これら主張の基本精神を見ると、確かにその基本精神は、封建変法の性質に属するものであることが分かる。

趙国の社会改革は、趙簡子の行政時に、すでに糸口をつかんでいた[17]。軍備を重視する趙烈侯が、「選練舉賢，任官使能」[18]という形で、吏治を整頓し、費用を節減し、民生に注意していた。趙武霊王に至ると、また「胡服騎射以教百姓」[19]を実施した。これらの変法は、根本的な政治改革のようには見えないが、少なくとも「社会改革する」という役割は果していた。趙国はこれにより、更に勢力が強盛になっていく。

列国の変法の中で、最も徹底的に行われ、成功したのは秦国の商鞅変法である。衛国人の公孫鞅（後に於、商に封じられたため、史書では商鞅と呼ばれる）を重用し、新法を推進した秦孝公は、紀元前359年と紀元前350年に相前後して二回も変法令を公布した。『史記・商君列伝』および『秦本紀』により、二回施行された商鞅の変法の基本的な内容は、次のようである：第一に、父子兄弟は別居し、個体の家庭を保護する。これにより、生産を奨励して、農業を発展する；第二に、井田制を廃止し、土地制度の改革を実行する；第三に、農業を重視し、商業を抑圧し、耕織を奨励し、農業に就かず遊び暮らすことを禁止する；第四に、戸籍を整頓し、連座の

法を行うにより、社会の秩序を安定させる；第五に、戦功者を奨励し、皇室の特権を制限する；第六に、分封制を否定し、県の行政部門を創立する；第七に、度量衡を統一する。これらの内容は、奴隷制度から封建制へ変わる多くの根本的な問題に関係している。よって、商鞅の変法が、実際には重大な社会的な政治改革であったことを意味する。新法の効果は、秦国で二十年あまり発揮され、商鞅の死がマイナスに影響されないほど浸透していた。これにより、堅固な基礎を築くことができ、後に秦始皇は、六国統一を果たすのである。

齊国の変法も比較的に早かった。田氏が姜氏に取って代わり、齊侯に至った後、間もなく強力な賢人を積極的に招き寄せ、稷下学官を設立し、そこで多方面の人材を育成し、社会改革のために準備した。齊威王の時になると、変法革新の条件と時機は既に万全に整っていた。齊威王は、齊国の貧弱な現実に直面し、向上しようと堅く決心をして頑張り、改革の行動を思い切った。鄒忌を宰相に任用し、吏治を整頓し、弊害不正を直し、中央集権を強化した。改革の結果、やがて齊国は強くなり、七カ国の中で最初に魏国に対抗できる実力のある国となった。齊国の改革は主に、賢者を選出し、能者を任用し、汚職官吏を処罰し、盗賊に打撃を与え、同時に流民の招撫を重視し、生産を発展させることであった。歴史発展の要求に応じたこれらの措置は言うまでもなく戦国時期の変法革新運動の範疇に属するのである。

戦国時期の燕国となると、歴史発展の要求に応じて執った措置によって、新旧勢力の矛盾が起こり、闘争に至った。主に燕王噲の譲国で、闘争は起こり、混沌とした社会になる。燕王噲は、迫まり来る各国の変法革新の情勢を感じ取り、燕国の積弱不振を心配した。燕国を強くさせようと焦る燕王噲は、子之を宰相に重用しいくつかの改革を行った。しかし後に、燕王噲は蘇代、鹿毛寿らのペテンに引っ掛かり、勝手に政権を子之に譲ってしまう。[20]そのあげく、「子之三年，燕國大亂，百姓恫怨」[21]の国内大混乱を招いてしまう。それはまた、各諸侯の政治への介入を引き起こし、燕王噲の譲国は、齊国人に侵入される。そして、燕王噲と子之が前後して死亡したことで、その結末は、変法改革大失敗の宣言となった。戦国変法の範疇に

も属するはずのこの一幕の滑稽な芝居は、変法改革の流れから見れば、ただ一筋の逆流にすぎない。なぜなら、後に王位を継承した燕昭王も同様に賢人を招き、楽毅を重用し、法律を訂正するなど変法改革を実行し、その結果、斉国を打ち負かし、燕国を危機から救い出し挽回に成功しているからである。

　以上、簡単ではあるが七国の変法の過程を述べた。その過程から察するに、既に当時の奴隷制度は、終点に近づいていた。奴隷制度が再び社会運用維持の任務を担うことはできず、更に迫り来る社会革命を避けることもできなかった。したがって、当時の列国の変法は、歴史の客観的な需要であり、人々の主観的な意志によるものではなかったことが分かる。各国の変法の事実から、戦国時代の変法革新は、旧社会にあった制度を新制度と交替させ、新社会へ反映させる一つの運動を形成した。その運動の中には、曲折と逆流もあった。しかし、全般的な傾向では、新しい封建的な制度は、古い奴隷制度に打ち勝ち進み、交替したと言えるだろう。変法は改革であり、進歩である。古いしきたりに固執するのは、保守的であり、逆行でもある。したがって列国の中でも、いち早く変法を施行した魏国が、戦国の初期では勢力が最も盛んであった。変法を徹底的にやり遂げた秦は、勢力が非常に強大で、最終的には六国を滅亡させた。戦国七雄の中で、最も曲がりくねった変法経過を辿った燕国は、戦国七雄の中では最も弱小であった。このような変法運動は、集中的に封建地主階級により指導され、影響を及ぼした社会革命と表現してもいい。変法運動がもたらした結果といえば、封建的な経済基礎に適応する政治思想、法律制度とイデオロギーなどが新しく生まれ、それらは全て、封建の上部構造から派生している。秦の統一と専制主義の中央集権の国家の創立は、戦国変法による必然的な結果なのである。

　以上のように論述した戦国時期の幾つかの主な特徴を論述したが、共に同じ問題を説明した。つまり大股に封建社会へと邁進し、新旧交替の歴史時期に向かった当時の社会性質によっては孝道が必ず衰微に向かうことを決定する。社会が激しく変革する時、破旧立新は時代の要請であるので、逆に古いものに囚われ固執するのは歴史の潮流に逆らうことであり、潮流

に逆った挙動である。奴隷制度の下で、礼楽文化の重要な内容の一つとしての孝道はその実質が古い等級の秩序を維持するツールで、地主階級が指導する社会革命とはことごとく相容れず、歴史発展の効果は無く、むしろ障害となるばかりであった。従って戦国時期には、沒落寸前の奴隷主階級の利益を重要視し、社会が封建制に移行していく現状に反対していた孟子のような人以外は、孝道を重視する者はいなかった。

　それでは、戦国時期における孝道の衰微について、どのように評価するべきであろうか。奴隷制度の下、君臣父子の等級関係を維持させていた孝道が、いかなる意味上の変革をし、革命に抵触していたのかという議論はここではしない。戦国の世が奴隷制から封建制へ転化することは、歴史上必然的な趨勢であった。孝道は、その歴史過程では障害となり、進行を防げた為に、その反動で打ち砕かれるべき列に属することになった。

　次に、正反の二つの例を挙げて説明してみる。近代中国の「五四運動」は、新民主主義革命の性質の文化革命であった。民主化と科学技術の開発を呼びかけ、人々の目を世界に向けさせようとした。そのためには、数千年来の封建的な論理観を清算し、すべての古い道徳を打ち砕き、古い秩序を破壊しなければならなかった。したがって、当時提出した、孔子廟破壊、愚直的忠誠心と盲目的孝行に反対するというスローガンは、疑いなく、無論正しい。何故かと原因を究明すれば、古い秩序を覆しなければ、新秩序は作り上げられないからである。しかし「文化大革命」は、長期間に渡り、階級闘争の拡大化を実行した。家庭の中にも革命を起こすことを奨励した為、父子は仲たがいをし、同士討ちをするようになった。そんな社会風潮に極大な破壊をもたらしてしまったのは、大きな誤りであった。その後の平和建設の時期は、革命の年代とは異なり、新旧の秩序には固執せず、まず社会秩序を安定させることを優先させた。そこで思い出されたことがある。それは、学術界の一部の人達のことである。彼らの中には、一貫して孔子反対を唱える人や、逆にずっと孔子尊敬を吹聴するばかりかただ自分の主張だけが正しいと思い込んでいる人がいる。実は彼らのような二つのタイプは、手段が異なっても、結果は同じように間違い、いずれも弁証法を理解しない表現のままで膠着状態にある。革命戦争の年代なら、孔子反

対は必要であっただろうが、平和建設の時期で相も変わらずに、ひたすら孔子批判を声高に言うのは正しいとは限らない。再び、戦国の孝道に対する評価を振り返ってみたところ、次のような考えが浮かんだ。―機械的、道徳的な評価を捨て、歴史の発展という視点で評価すべきである。つまり、孝道の喪失を悲しむ必要などなく、ただ歴史の前進を喜ぶべきなのである。

## 三、伝統孝道が封建倫理への転化したことに関して

　東周宗法の奴隷制度が、日に日に崩壊していくのと同時に、三世帯以来の伝統孝道も日に日に衰微へ向かっていた。しかし、孝道の衰微は、決してそれ自身の滅亡ではなく、奴隷制の観念から封建倫理への転化であった。理論から見れば、現実的な基礎観念の確立は、社会の経済基礎でもある。したがって、社会の経済条件の変化は、次のような二種類の状況を招く。その一として、ある観念が別の観念と交代したとき、既存の観念は決して滅亡したり、姿を消すことはなく、歴史観念（伝統）の形で、社会の文化心理構造と個人の行動規範として存続する。長期に存在した歴史観念が、社会経済基礎の変更により完全に消滅することは不可能である。これは一種の純粋な理論上の仮定である。その二として、社会経済基礎の変更により、更に新しい観念で、既存の観念を充実させ、修正させ、「転化」させることは、よくある状況である。私見ではあるが、孝道の運命が後者に属すると考える。歴史の観念の転化と再構築理論により、我々は伝統孝道の転化過程について、一つの陳述を行うことができる。

　伝統的な観念形態でもあった孝道が封建倫理観へと転化していく過程は、中国が歴史的に封建化していく過程と同時進行であったことは、孝宗法奴隷制下の礼楽文化の文献の一つからも分かる。したがって、転化は春秋に始まり、戦国の時に変化し、西漢のときに完成したはずである。伝統孝道の新観念は、主に春秋戦国の思想界と漢代の地主階級の政治家によって、絶えず修正され、充実していったのである。

　伝統孝道に対する春秋戦国の思想界での認識と発展については、後に専

門の章節で論述するので、ここでは詳しく分析しない。簡単に言うと、奴隷社会の衰退と封建社会の転化とともに、伝統孝道は春秋から既に揺れ始めていた。戦国になると、ますます悪くなり、最終的には衰微になり、挽回できない方向に向かっていた。しかしこの動揺と衰微は、孝道が礼楽文化の内容として社会に重視されなくなっただけで、決して消滅してしまったわけではない。社会が激しく変革する際、常に伝統文化は最初に衝撃を受ける。したがって、孝道も、当時の思想文化界に大きな動揺を引き起こした。各派の思想家は、さまざまな政治主張と構想から、孝道に対し異なった認識と評論を持ち始める。さらに孝道は、当時の政界でも冷遇されたが、しかし理論的には人気があった。そして百家争鳴の影響から、おのおのが自分達の意見を述べた結果、孝道は純粋な観念形式の倫理の哲学に生まれ変わり、礼楽の形式を離れ、孤立した道徳的な教条となった。地主階級出の政治家に改造され、最後には封建的な倫理に転化した。伝統孝道が封建倫理へ転化する過程の中で、儒家は決定的な貢献を捧げた。孔子、曾子から、孟子、荀子に至り、次いで孝の倫理は、一セットの完全なシステムとなった。『孝経』の誕生は、孝道の転化が理論上、基本的に完成したことを示す。封建社会での孝道の基本的な内容は、ほとんど儒家からきている。強権専制の政治主張に協力するため、法家がした孝道の最大修正は、忠孝混同、忠を孝にし、儒家の仁愛の思想を出発点とする孝道観を権威利害を中心とすることであった。法家により創られた孝道は、専制政治のための伝統となり、同様に漢代並びに歴代の支配者に継承された。墨家と道家となると、孝道に対する貢献は、儒教には及ばなかったが、しかし、その個別の認識は、依然として影響があり、後にも封建孝道の構成部分になっていた。

　上記のように諸子百家は、転化を果たした孝行の役割が非常に大きかったことを表している。次の章では、儒墨道法の諸家をそれぞれに詳しく述べる。しかし、ここでは、次のような二つの問題をはっきり述べておかなければならない。第一に、諸子の孝道観は、政治と倫理（この二者は分けられない）の主張に所属している。大抵は、理論上の探究にすぎなく、その実施までは至らなかった。つまり、その成果も、観念性の道徳教義にし

かなれない。したがって、孝道を尊び崇めるか、反対するかに関わらず、当時の孝道の衰微に対して大きな効果を発揮することはできなかった。実際の政治生活の中で孝道が衰微したのは、韓非子及び道家の孝道に反対する言論によるわけではなかった。先に、孝道の動揺、そして衰微の歴史事実があってから、彼らの言論が出たのである。要するに、春秋戦国時代では、孝道の衰微の根源は、新生した封建制度が古い奴隷制度に打撃を与えたことである。その責任を誤り、一部の学派あるいは思想家の人へ押し付けてしまうのは妥当ではない。第二に、孝道の転化全体の傾向からいうと、ほぼ次のような両方面を含む。その1として、孝道は更に社会化され、個人の行為規範から社会の政治の倫理道徳規範に上昇する。それは、儒家が孝行言論の中において特に明らかに表現していることである。その二として、孝道が具体的な行為から抽象的な観念に上昇した為、自発的な感情は、人文の彫刻装飾の中に埋没された。孝道の転化により、その内包を不透明にさせ、多義を培い、更に普遍性と抽象性を備えさせた。しかも「道」の要求にまで照合させるようになった。このように見たところ、春秋戦国の思想界では、伝統孝道を前例のないほど理論化し、漢代には急速に孝道を制度化し、それを治国の本とし、そして執行運営をこれに頼ったと言ってもよい。

　秦国は、耕戦提唱をしたために富強になり、武力で天下統一を成し遂げた。統一した封建王朝は、西周の奴隷制度下の礼楽文明とは逆に、法精神で新たな社会秩序を作り上げることを企む。その結果、前例のない社会矛盾の激化を招き、急速に滅亡へ向かった。短命であった秦王朝では、礼儀と孝悌を無視し、伝統孝道を封建的な倫理に転化する過程を完遂することはできなかった。

　前漢の統治者が自分の統治思想を創立できたのは、秦の滅亡の教訓を総括したからである。秦王朝は何故短命であったのか。その一つの重要な原因は、伝統に反対し過ぎた為である。ある意味から見ると、地主階級により実施された革命は、ただ一つの新しい搾取階級が古い搾取階級に取って代わっただけなので、それほど徹底的ではない。両者の搾取の方法には相違があるが、統治の性質というと、二つとも同じく父系血族集団の統治で

あった。そのため封建制の国家は、奴隷制度下の結婚、宗法及び他の世襲制度を全面に受け入れた。始皇帝が、その統治を二世甚だしき万万世へと伝えられただろうか。秦人は、この宗法世襲の格差社会が一セットの血族家族の道徳観念や等級制度や仁義を重視しなかった。単純に法制だけに頼るのは愚かだということを知らなかった。そして歴史の悪循環が始まってしまう。地主階級の革命は、数回実施した後も、終いには、やはり本来の出発点に戻るしかないのかもしれない。全て自分で努力して打倒したものを再び育て上げ、自分の新しい統治に利用するしかない。秦朝の人々は、耕作と「法」・「術」・「勢」しか知らなかった。礼楽文明を全て捨てたことによって、歴史の懲罰を受けたわけである。私が本文の第１章で議論した通り、中国の封建社会は、奴隷制社会と比較してみると、人間自身の生産の社会構造は、何の実質的な変化がなく、相変わらず物質資糧生産の社会構造と相互依存と転化という関係を維持している。宗法と政権との合一により血族集団の統治を守るのは、中国の奴隷制社会と封建社会の共通の政治的な特徴である。中国の奴隷制社会は、零細農を社会の主要な経済力にする封建国家の中で、必然的に血族一族の道徳標準を以て、社会全体の道徳標準にすることを要求した。したがって、仁、義、孝、悌、忠、信などの奴隷社会から残った古い道徳は、いずれも封建社会に必要なものであり、決して一気に取り除くことは不可能であり、批判しながらも吸収していかなければならなかった。漢代の政治家と思想家は、強大な秦朝が滅亡した１つの重要な原因は「棄仁義」、「尚苛政」のせいと公認し、「徳治」と教化で統治を維持する極端な重要性を強調している。陸賈と賈誼の二人は、漢代初期に儒家の「仁政徳治」の思想を復興することに極力努めた代表者である。「棄仁義必敗」、「尚酷刑必亡」、「薄徳者位危」、「去道者身亡」[22]と言う陸賈は、秦が滅亡した教訓を「用刑太極」と「不並仁義」に帰結する。賈誼も、秦が滅亡した教訓を「違禮義」、「棄倫理」、「滅四維」のためと思っていた。そして明白に、強大な秦朝の滅亡原因を「仁義不施，而攻守之勢異也」[23]とまとめた。いわゆる「攻守之勢異也」とは、歴史の条件は、既に変化したので、革命時期に極力反対したものでも、政権を取得した後には、追い打ちをかけて批判をするべきでなく、改造利用するべきである

第六章　戦国時代の伝統孝道の廃退及び封建倫理への変換　165

ということである。「仁義」に基づき、漢朝の制度を制定し、忠誠心と孝行心の倫理で封建的な尊卑の等級秩序を守り、強化すると主張した賈誼は、次のように言った。

　　夫立君臣，等上下，使父子有禮，六親有紀，此非天之所為也，人之所設也。……今四維猶未備也，故奸人冀幸，而眾下疑惑矣。豈如今定經制，令主主臣臣，上下有差，父子六親各得其宜，奸人無所冀幸，群眾信上而不疑惑哉。此業一定，世世常安，而後有所持循矣。若夫經制不定，是猶渡江河無維楫，中流而遇風波也，船必覆矣。<sup>(24)</sup>

　ここで「父子六親各得其宜」と強調するのは、地主階級が、秦朝滅亡の教訓を意識し、再び家庭血族の関係と孝悌などの家庭倫理を重視し始めたことを表明している点である。前漢の時代に伝統孝道が封建的な倫理へ転化し、完成したと私達が結論を下すのは、少なくとも次のような両方面の証拠によるのである。
　まず、前漢では、孝道観念の発展変化が見られ、伝統孝道が封建的な倫理への転化が理論上の完成を表明している。
　前漢統治者は、一定の時間の探索と下準備を経て、儒家思想を中心とし、各家から適当な思想を部分採取し、統治思想にすることを選択した。その思想の中では、一族の血縁関係を維持する孝行倫理思想が重要な構成部分であった。「孝経」の経学の地位の確立こそ、孝行を以て天下を統治するという思想の形成標識が出来上がる。『孝経』の完成年代については、さまざまな説がある。私は戦国時代の晩期にできたと考える。この問題は、次の章で述べる。漢武帝の時にも、五経博士があり、その後、また『論語』を入れ、六経になり、また、『孝経』に加えて、七経となる。このようにして、孝の思想は『孝経』を通じ、経典となり、支配者の指導思想の一つになる。つまり、漢代の統治思想は、思想史上においては重要な意義がある。漢代人が尊崇していた『孝経』は、先秦時代に完成していたことは疑う余地がなく、漢代初期の孝道の観念を反映していた。『孝経』と他の先秦時代の典籍を比較してみると、漢代の孝道観念には、理論上において主

に二つの変化があることが分かる。その一として、孝行は、家庭道徳観念から社会道徳観念へ理論上の転換を実現した。『孝経』の第1章の『開宗明義章』にも、孝道は先王であり、「至德要道，以順天下，民用和睦，上下無怨」と、孝道を宣伝し推進する目的が見られる。孝を新型社会秩序の指導思想に立て、孝道で天下を管理することを明確に提示している。全書を貫く基本的な思想は「孝順天下」、「孝治天下」にほかならない。孝道は既に、ただの家庭道徳観念とは見なされず、その他の道徳規範の上におかれ、孝行の意味は前例にないほど拡大された。その二として、忠孝一体化、父親孝行と主君忠誠に一理がある。『孝経』には、家族関係と社会関係を一つにし、家族は縮小された国で、逆に国が拡大された家族であり、家族は国家を治め、そして天下を平和にする出発点である。したがって、君主と社会のメンバーの関係を親子関係に倣い、「君子之事親孝，故忠可移於君；事兄悌，故順可移於長；居家理，故治可移於官（『広揚名章』）」と強調している。このような観念は、孝の意味を新たに引き伸ばした。先にできた『孝経』に書いてあるだけでなく、初漢の人々も同じ観念を持っていた。例えば、陸賈が言った「在朝者忠於君，在家者孝於親」でも、『漢書・厳助伝』に書いてある「臣事君，猶子事父母也」でも、漢代人の独創的な見解と理論発展に属することができない。それは漢代初期の持っていた戦国以前のとは異なる新しい観念を反映していた。漢代人こそ、特にこの二点を重視していたことを表明している。このことについては、漢代の文献の中に、かなり多くの証拠がある。漢代の人々の観念は、理論深化を与えた孝道の代表的な観点を反映している。まず董仲舒が提出した三綱学説である。本来、法家の韓非子は、既に政治統治の角度から、「臣事君，子事父，妻事夫」を「天下之常道」とするが、董仲舒は陰陽五行学説の中の「陽尊陰卑」の理論に基づき、「君為臣綱、父為子綱、夫為妻綱」という三綱学説を明確に提出した。彼は次のように言い出した。

　　君臣父子夫婦之義，皆取諸陰陽之道。君為陽，臣為陰；父為陽，子為陰；夫為陽，妻為陰。陰道無所獨行，其始也，不得專起；其終也，不得分功。是故仁義制度之數，盡取之天。天為君而覆露之，地為臣而持載之；陽

為夫而生之，陰為婦而助之；春為父而生之，夏為子而養之，秋為死而棺之，冬為痛而喪之。王道之三綱，可求於天。(27)

ここでは君臣、父子、夫妻の間の尊卑の従属関係を肯定して、しかもこのような関係は天からのもので、変更できないと見なす。董仲舒は、さらに次のように言った。

丈夫雖賤皆為陽，婦人雖貴皆為陰。陰之中亦相為陰，陽之中亦相為陽。諸在上者，皆為其下陽；諸在下者，各為其上陰。(28)

注意しておきたいのは、ここで「在上者，皆為下陽」、「在下者，各為其上陰」を強調し、尊卑の等級名分の決まりを厳しくしている。親の権力を強化するために、一方的に子供が親に対する義務だけ強調する。要するに、封建社会の倫理準則だと言える三綱は、先人の孝行観念を深化し、新型社会の倫理標準の権威を強調している。これまでの論述から、孝道が封建専制主義の手段であったことは明らかである。したがって、三綱説の提出は、儒家の人倫思想及び伝統孝道観念の大きな変化である。私見ではあるが、三綱説は伝統孝道が封建倫理への転化する理論上で、最後に完成するのだと思う。三綱説は、後世に深い影響を与えた。例えば、宋代の理学が非常に綱常を重視する。三綱説に対する批判と清算と言えば、近代の五・四運動の時期のことである。

さて、漢代で天下を統治する史実から、伝統孝道が封建倫理へ転化したことが孝行の実践で完成になった。漢代では、孝道を重んじていた。史家は「漢以孝治天下」と漢を称した。孝行で天下を統治する歴史事実は、疑いの余地がない。ここで簡単にいくつかの事例を挙げ、それを概括してみよう。

歴代の帝王に比べ漢代の帝王は、はるかに孝道を重視している。前漢の全十三人の皇帝の中で、高祖及び僅か四年間在位した第三代の少帝恭と第四代少帝弘以外の者は、帝号に総て「孝」という字がある。後漢もほとんど同じであり、光武帝及び僅か一年間在位した第七代少帝懿以外の十一名

全員の皇帝の称号も総て「孝」という字が冠している。顔師古も「孝子善述父之志，故漢家之諡，自惠帝以下皆稱孝也」と言っている。これは決して偶然ではないのである。漢代の統治者が劉という自分の王朝が永遠に続けられるように孝を宝とするのは、絶えず祖先尊敬を通じて、血縁関係統治権をいつまでも続けるためである。

　孝行を重視した天下統治のもう一つの明確な標識は、全社会に孝道を提唱し、孝悌を表彰し奨励し、孝行で人材を選考したことである。『漢書・文帝紀』で載文帝は、詔勅で次のように言った。

　　孝悌，天下之大順也；力田，為生之本也；三老，眾民之師也；廉吏，民之表也。朕甚嘉此二三大夫之行。

　これは漢代初期に既に孝道を提唱していたことを表明する。統治術の成熟につれて、国家の政策に徐々に孝の精神が浸透した。孝悌を表彰し奨励することも、国家政府と地方政府にはよくある儀式となっていた。両漢の時期に、全国的な孝悌表彰の活動は数十回もあり、地方を含む褒奨では詳しく統計できないほど更に多い。このように孝道に対する提唱の目的は、もちろん孝道で百姓を感化し、未だかつてない新しい社会倫理の秩序（つまり封建社会倫理の秩序）を創立するためである。のみならず、漢代では孝行を標準として人材を選抜することを重視している。『漢書・高後紀』によれば、高後元年、初めて俸禄二千石の孝悌・力田をそれぞれ一名ずつ設置した。この「孝悌」が新たに設置された官名である。この「孝悌」はおそらく孝行の有名者が担任したのだろうと思う。漢代には「挙孝廉」という制度もあった。『漢書・武帝紀』に「元光元年冬十一月，初令郡國舉孝廉」と記載してある。これは、郡守は所轄地域から孝悌清廉の士を選び、中央政府に推薦し、中央政府から任用され、官職を授けられる制度である。そこで推薦される者が「孝廉」と呼ばれた。その後、このような「挙孝廉」の方法が固定の制度に決められ、漢代の重要な官吏になる道になったのである。『漢書』本伝によれば、孟喜、京房、王吉、師丹などの有名な人物は、官途に入ったのは「挙孝廉」とされ、郎署で郎官をしたからである。この

第六章　戦国時代の伝統孝道の廃退及び封建倫理への変換　169

制度は、後漢に受け継がれ、後世にも多くそのまま用いられた。隋唐の時に一度廃止されたが、宋、明ではまた復旧され、清朝では「孝廉方正」と改称されることから、その影響がどんなに深かったかは簡単に想像できる。孝行で人材を選抜するのは一時の気まぐれではなく、孝行で天下を統治する基本的な国策に適応していたわけである。推薦された者は、官途に入る前にも名高い孝行者であったので、政府の官吏になった後には自然に極力孝治を推進する。宋代人の徐天麟は「得人之盛，則莫如孝廉，斯為後世所不能及(31)」と言っている。孝行で官途を開けるというこの事実は、民衆に対して強烈な誘導作用となり、それはただの普通の宣伝では果たせないほどの伝播力であった。

　更に孝行で天下を統治する基本的な国策から際立って、社会全体に孝行の教育を実行した。特に武帝以後、『孝経』がこの上もなく高い地位に掲げられ、重視されている。それは政治思想とイデオロギーの精神の支柱の中の一つでもあり、全社会範囲内に適応する教科書でもあった。漢代の皇帝は、孝行の思想実質を深く体得し、更に効果的に孝行を以て天下を治めるという『孝経』を読んだ(32)。しかも『孝経』を太子の必読の本にして教育した(33)。それにより、深く孝行の思想の本質を体得した。更に良く天下孝治、家伝の統治方法を受け継ぎ運用するために、自分が『孝経』を読むだけでなく、『孝経』を太子を教えるのに必ず読む書籍とした。それだけでなく、『孝経』は官営学校の必修科目とした。平帝の時は「立官稷及學官。郡國曰學，縣、道、邑、侯國曰校。校、學置經師一人。郷曰庠，聚曰序。序、庠置『孝經』師一人，(34)」と、孝行の教育が既に田舎にも普及していた。まして首都学校では当たり前のように全てに普及した。平帝元始五年の「征天下通知逸經、古記、天文、曆算、鐘律、小學、史篇、方術、『本草』以及『五經』、『論語』、『孝經』、『爾雅』教授者，在所為駕一封軺傳，遣詣京師(35)」から、『孝経』は朝廷の官吏を育成し、訓練する基本的な教材であったことが分かる。漢代の統治者は、養老活動及び法律規定等の措置を通して、全社会に孝行の意識を推進し強化した。その内容は、ここで詳しくは述べないでおく。

　以上の論述をまとめると、前漢王朝は、伝統孝道を封建の経済基礎と上部構造に適応させるため、理論上、伝統孝道に修正と改造を行った。更に

孝道を社会政治に密接に結合させ、孝行を核とする新型の封建倫理秩序を創立した。そして、伝統孝道の封建的倫理への転化は、前漢で完成を告げる。漢代以後の長期の封建社会で歴代王朝に尊崇されてきた孝道は、中国の国粋になった。近代の「五・四運動」に至っては、西欧の政治、経済、文化、技術などの影響が東方諸国に滲透するにつれて、古い農業社会が西方の商工業文明に強烈に揺り動かされた。同時に社会思想の根本であった孝道も衝撃を受けた。そして中国封建社会に存在していた多くの孝道による問題が浮上し攻撃される。それについては、本書の研究対象ではないので省略する。

**注釈**

(1) 『尚書・金縢』に「王與大夫盡弁。」と書かれている。「王」とは周成王を指すはずであるが、当時は二十歳未満。『大戴礼記』に「文王十三生伯邑考」と書かれている。加冠した後結婚するのは社会風習なので、文王の加冠は十二歳の前のはずである。また、『左伝』襄公九年に"十二年矣……君可以冠矣。と書かれている。魯襄公が衛国で冠礼を行うはずである。
(2) 『儀礼・士冠礼』に対して「二十而冠，急成人也。」と鄭玄が注釈。
(3) 『儀礼・冠義』。
(4) 『墨子・辞過』。
(5) 『史記・秦始皇本記』、張守節が『正義』で『三輔旧事』を引用。
(6) 『礼記・昏義』。
(7) 『礼記・礼器』。
(8) 『韓非子子・難三』。
(9)(10)(11)(12) 『韓非子子・五蠹』。
(13) 『韓非子子・顕学』。
(14)(26) 『韓非子子・忠孝』。
(15) 『孟子・離婁上』。
(16) 金景芳著『中国奴隷社会史』、上海人民出版社　1983年出版、第340頁。
(17) 趙簡子が範氏、中行氏を攻撃する前の誓い宣言を参考、山東臨沂銀雀で出土された『孫子兵法・呉問』をも参考。
(18)(19) 『史記・趙世家』を参考。
(20)(21) 『戦国策・燕策』を参考。
(22) 共に陸賈著『新語』。

⑵⑶ 賈誼著『過秦論』。
⑵⑷ 賈誼著『新書・俗激』。
⑵⑸ 陸賈著『新語・至徳』。
⑵⑺ 『春秋繁露・基義』。
⑵⑻ 『春秋繁露・陽尊陰卑』。
⑵⑼ 『漢書・恵帝紀』注釈。
⑶⑼ ここでは孫筱著『漢代「孝」的観念的変化』という文章における論述、もとは『孔子研究』1988年第三号に掲載。
⑶⑴ 『東漢会要・選挙上』。
⑶⑵ 『漢書・昭帝紀』に掲載する昭帝の詔書に「朕以眇身獲保宗廟, 戰戰慄慄, 夙興夜寐, 修古帝王之事, 通『保傅傳』,『孝經』、『論語』、『尚書』, 未云有明。」と書かれている。
⑶⑶ 『漢書・景十三王伝・広川恵王劉越伝』に「後数月, 下語曰：'广川恵王于朕為兄, 朕不忍絶其宗廟, 其以恵王孫去為广川王。' 去即繆王齊太子也, 師受『易』、『論語』、『孝経』皆通, 好文辞、方技、博弈、倡優。」書かれている。
⑶⑷⑶⑸ 『漢書・平帝紀』。

# 第七章　春秋戦国の思想界における伝統孝道に対する認識と発展

　前章では春秋戦国の思想界が、伝統孝道が封建的な倫理に向い「転変」する過程において非常に重要な役割を果たしていたと言及した。人類の精神進歩の中で、最も発動的な要素は、知識と文化の増加である。生命システムが外界と物質交換し、絶えず新たなエネルギーを吸収しても、必ず無秩序に鎮まり返っていくように、孝道も独立的なシステムと見なされる。もし、この観念系統が新しい知識と情報を増進したり吸収したりできなかったら、次第に枯渇していくことになる。宗法の奴隷制度の支配下での倫理道徳であった孝道は、言うまでもなく非常に合理的であり、永久不変なものではなかった。道徳自身の特質から見れば、孝道は決して閉鎖的自給自足の理論体系ではなかった。孝道の生存と発展を維持するためには、新しい文化に触れ、その思想内容を成長させたり、補充させたりしなければならなかった。社会経済基礎の変革に従い、伝統孝道が構造転化したことは必然的であった。伝統孝道に手を加え、修正を施し、新しい文化の思想観念へと転化していくのは主に春秋戦国の思想界からである。先秦諸子が伝統孝道を認識し、その発展を考察していたことは、全面的な孝道の発展進化の歴史を知り得る際、実に重要な意義を持つ。

　春秋時期において思想家と称されるのは、巫史の中では、史囂、史蘇、史趙、史墨、史亀などがある。士大夫の中では、管仲、展禽、叔向、子産、倚相、老聃、孔丘、孫武などがいる。その中で学術的に有名であり、しかも後世にまで代々伝わる者と言えば、老子、孔子、孫子の三名のみである。現在に伝わる古書は『管子』と『晏子春秋』の二種類があり、それぞれ赤管仲、晏嬰により著述されたと言われている。しかし、実は後代の人が偽

託したものであったようで、確かな根拠がなく信頼できない。『孫子』は軍事理論の著作であり、思想文化に関わる部分が割りに少ない。したがって、春秋時期の思想家と言えば、老子と孔子の二名しか話題にできないのである。戦国時期の思想界における流派は「諸子百家」と称するほど多いが、それは科学的な呼び方ではない。いわゆる「百家」とは、一般に独立の見解を保有する一人或いは数人を全てその一家と称することができ、政治思想の相違から区別されるわけではなかったからである。前漢の司馬談は、諸子の損得を概論する時、「諸子百家」を陰陽、儒、墨、名、法、道徳という六家に区分した。また劉歆は、『七略・諸子略』で儒、道、陰陽、法、名、墨、縦横、雑、農、小説などの十家に分けた。漢代の学者の区分法はやや科学的である。しかしこの十家は、やはり同等に並ぶ思想流派と見なすことはできない。第一に、その中の陰陽家は天文、暦法に長じている。陰陽を星暦にし、五行の運行を主にすることは、自然科学の範囲に属するべきである。第二に、論理を重んじる諸名家の学説は、弁解に長じる以外、独特な学説らしい学説はなく、独立した政治主張もない。第三に、「合従」「連衡」の外交策略の遂行を学説とする縦横家は、実際には何の思想流派に属したのか断言できない。諸家の様々な学説を取り込む雑学家達は、自分個人の独特な学説流派はなかった。第四に「君臣并耕（群臣共に耕す）」と、階級と等級の違いの廃止を主張した「農」家は、陳義特高のように見えるが、何も系統的に伝わったものがない。『漢志』に収められた農業の書籍に至っては、全て農耕と養蚕、樹木の栽培についての農業生産技術に過ぎない。第五に、小説家となると、『七略』自身が「小道」であった。「諸子十家、其可観者、九家而已（諸子十家の中で、観るに値するのは、ただ九家のみ）」。当時の思想界にあった諸子百家の中で、激しい闘争を展開したのは主に儒、墨、道、法という四家しかなかった。ここで、この四家に基づき、それぞれ考察し、弁別する。春秋時代の老子、孔子はそれぞれ道家と儒家の始祖と見なされる。よって、道家と儒家それぞれの本学派に分けて評論する。

## 一、儒家の孝道観

　儒家の倫理道徳思想の中核或いは主要な理論形態とそのイデオロギーは、中国の伝統的な思想文化にある。これは中国の歴史と文化を研究する大多数の学者により認定された一種のコンセンサスである。春秋戦国時代に伝統孝道の観念を補充し、修正し転化させた新しい観念は、主に儒家に頼っていた。儒家は、六芸を法則にし、孔子を師とした。孔子のほかに有名な人物は、曾子、孟子、荀子などがいる。以下それぞれ評論する。

### （一）孔子による西周の伝統孝道に対する継承と発展

　本書の第三章での論述から分かるように殷周の時代には、倫理道徳思想は既に中国の古代文化の宗教思想に取って代わり、中国の伝統文化の基礎を形成していた。このような文化背景の下で、孝道は宗法奴隷制を守る一種の観念として、急速に発展した。儒家学派の創始者孔子は、西周以来中国文化を形成してきた倫理道徳の発展の動向に、極めて大きな役割を果たしていた。

　西周初めから、孔子が暮らしていた前五百年の春秋末期について司馬遷は、「周室既衰，諸侯恣行，礼崩楽壊[1]」と述べたように、西周初めに形成され確立した道徳観念と政治制度は、既に衰微していく予兆が現れていた。周公旦の後代の領地である魯国に、貴族家庭出身の孔子は生活していた。当時はまだ、そこには西周の文化典籍が大量に保存されていた。周文化の薫陶を受けて育った孔子は、西周の伝統思想と制度に強く賛同したり、擁護したりする。「周監于二代、郁郁乎文哉、吾従周[2]」、「如有用我者、其東周乎[3]」と、孔子は明瞭に西周の礼楽文化への憧れを表明している。孔子はなぜ社会が乱れているのかと考え、その主要な原因を周礼の崩壊によると判断した。そうして彼は一生をかけて、西周の伝統思想と制度の崩壊傾向を救うことに力を尽くすようになる。すっかり悪くなった形勢を再び回復させる方法として孔子が提案した方策は、「復礼」である。「復礼」とは、西周の礼楽文化を回復することである。孔子の「復礼」は、まず礼により

規定される等級名分でもって諸侯の越権行為を制約するという「正名」を提唱した。例えば、孔子は「衛君待子而為政、子将奚先（衛君、子を待ちて政を為さば、子は将に奚れをか先にせんとする）」という弟子の質問に「必也正名乎！（必ずや名を正さんか）[4]」と答える。また齊景公が政治の方法を教えてもらった時も「君君、臣臣、父父、子子（君を君とし、臣を臣とし、父を父とし、子を子とす）[5]」と答えた。その次に「克己」を提唱する。つまり礼の要求により自分の欲望に打ち勝つのである。例えば、「克己復礼為仁、……非礼非礼勿視、非礼勿聴、非礼勿言、非礼勿動。[6]」と述べている。孔子が西周の伝統倫理道徳の観念について、完全に受け継いだことを表明している。西周の礼楽文化の中で、孝道は極めて重要な地位を占有し、多くの道徳観念と制度は、全て孝行を中心に展開されていた。いわゆる「孝は、礼の始まりなり[7]」で、「孝は、文の本なり[8]」で、孝行は、礼（全体の政治、人文を含む）の重要な内容を表現すると説明した。このような推論から、孔子が周の初め以来の孝道を強力に提唱し、それは完全で肯定的な態度であったことは言うまでもない。事実、更に重要なのは、孔子が唱える儒学の特徴の一つとして、孝悌倫理を基礎にしていたことである。孔子は、西周の伝統孝道を大きく発展させることに成功した。仁、礼、政などを含む孔子のあらゆる思想は、すべて倫理道徳の基礎の上に築かれたものであった。孝悌倫理そのものが、孔子儒学体系の基礎であり、中国の伝統文化の基礎でもあるのだった。

　孔子が西周の伝統孝道を著しく発展させた貢献は、主に次のいくつかの方面に体現される。

　まず、孔子は、伝統孝道の合理性のために人間性の基礎を探し当て、孝道の存在哲学の問題を解決した。周公は、孝道を礼楽文化の重要な表現内容として礼楽を作った。しかし礼楽が崩壊した後、伝統礼制の内在する精神は失われた。つまり宗法奴隷社会の血縁親情は次第に喪失してしまった。そのため、春秋末期になると孝道は、元の地位を失い、日に日に衰微していった。[9]こうした状況で孔子は、世道人心を正しくするために孝道をもって救うことは難しい、と考えた優れた孔子は、王室と諸侯の狭い枠の中で、宗法の親和力を再建することには力を尽くさなかった。孔子は、広大な人

の群れの心に共有する仁に転向し、孝道の合理的な存在のために、普遍的で堅固な基礎を探し当てた。孔子は「仁遠乎哉、我欲仁、斯仁至矣。」、「人而不仁，如礼何？人而不仁，如樂何？」と言って、仁愛が人類共有のものであり、礼楽の内在する根源は人の心の仁であると考えた。孔子は、血縁関係を行う孝行の道徳を拡大して、宗法制度に適応し、必要とされる貴族の風格を全ての青年達が必ず備えるように、最低限度の行為にまで拡大し提唱した。「弟子入則孝、出則悌。」という『論語・学而』の言葉もこのような認識を表明する。それのみならず、孔子が孝道を家庭間秩序の行為の拘束力の創立から、全て人の内心を天性の愛に転じた。「宰我問"三年之喪、其已久矣、君子三年不為礼、礼必壊、三年不為楽、楽必崩。旧穀既没、新穀既昇、鑽燧改火。期可已矣。"子曰："食夫谷。衣夫錦。於女安乎。"曰："安"。"女安則爲之。夫君子之居喪、食旨不甘。聞樂不樂。居處不安、故不爲也。今女安則爲之。"」という『論語・陽貨』の記載から、子供として両親に対する孝行は、全て内心の「安」であるか否かからであり、外在する制約からではないと孔子は考えた。孔子の「仁」の提出により、人間性の哲学的高視から伝統孝道のための基礎を探し当て、上下等級の礼を誰にでも内在する平等の人間性の仁の顕現に転じた。これにより西周の伝統孝道における貴族の色彩が薄まり、庶民化された。上層の社会で政治的効用があった孝道を庶民全体に、普遍的で自覚できる行為規範に変え、孝道の作用範囲を開拓したのである。

　その次に、上述の観点に結びついて、孔子は孝行が仁愛の源であるという命題を出す。孔子の思想の核心の一つが「仁」であり、儒家思想は仁を中心にして実行する道徳の思想である。『呂氏の春秋・不二』に「孔子貴仁（孔子仁を貴び）」とある。『論語』全書の「仁」を言及する五十八章には、全部で百五回も「仁」が現れた。それでは、「仁」とは何か。孔子は『論語』でその言葉を出す際、いつも"仁愛の心がある"と言っているだろうか。孔子は『論語』の中で、言葉と、時に多くの相手や話題を用いて教えた。直接に適切な説明を行っていなかった為、後世の意見がまとまらず諸説を引き起こした。そして、韓愈の「博愛が仁」説も、朱熹の「心の徳愛の理」説も、いずれも妥当ではない。最も孔子の本義に合う説明は、『礼

記・中庸』にある「仁者人也、親親為大（仁は人なり。親を親しむを大なりと為す」と『孟子・告子』にある「仁は人心なり」である。「仁は人なり」は、荘子の「虎狼仁也」(12)と異なり、仁の発生と適応範囲は人と人の間のみに限られるのを意味する。と言うのは、虎でも狼でも親子の間ではお互いに親しいが、その親しみを同類にどのように広めるのかは分からない。それに比べて孔子が「君子篤於親，則民興於仁」(13)と教えてくれたように「仁」なら人間全体に拡大できる。そのため、『呂氏春秋・愛類』で「仁于他物、不仁于人、不得為仁。不仁于他物、独仁于人、猶若為仁。仁也者、仁乎其類者也。」という言葉から、孔子が言いたい「仁」の範囲は人間のみに限られ、決して天地万物を含めたわけではないことが分かる。「親親為大」は、たとえ仁の適応範囲は人間全体だと言っても、「親親」が最も重要であり、それが仁の根本である。『論語・学而』では、次のように曰く。

　　有子曰：其為人也孝悌，而好犯上者，鮮矣；不好犯上而好作乱者，未之有也。君子務本。本立而道生。孝悌也者。其爲仁之本與

　何故孝行は、仁の源であるかについて、ある人は、孔子が「一般的に大衆を愛する」と提唱するのと同時に、親に愛を集めることを強調するのは、お互いに矛盾している現象だと言った。実は、これは少しも矛盾はしていない。なぜなら孔子の学説の中で「愛人」は、身内から他人への順序の愛であった。つまり、まず自分の肉親を愛する人こそ、他人を愛することができる。父母と血縁の身内者から次第に人間全体に普及していく。逆に、両親を愛せずに他人を愛することは、所謂「其所厚者薄、而其所薄者厚、未之有也（其の厚き所の者薄くして、其の薄き所の者厚きは、未だ之れ有らざるなり）」である。どうやら孝が仁の源であるという命題は、偶然言及した話題ではなく、孔子の全体のイデオロギーに密接に関連していたようである。この学説の精神本質は極めて深刻である。その最も人間性に合う仁が、人間本性に背き、社会の実際的な道徳水準を離れ、「ひたすら他人の利益を図る」という上ずった調子の空論をする宗教熱狂とは一緒に論じられるものではない。同時に、その中に含んだ深く豊かなヒューマニズ

ムの思想と人道主義精神も、西方の近代の思想家の提唱した「博愛」よりもっと自然で、更に心がこもっている。一方、孔子が孝行を仁愛の根本とするのは、社会倫理と個性的な道徳的品性の教養という両方面を緊密に結合したからである。社会倫理の実現と個人の道徳教養の完成を完全に統一し、西周の伝統孝道の実践の意義を深め高めるという、もう一つの重大な意義があった。子女が両親を優しく敬うという孝行の本義は、凡ての人が行うべきで、やり遂げることができる普遍的な行為である。孔子はそれを人生の最高の原理である「仁愛」を共にして、「仁愛」を強調するようになった。孔子からすると、「仁（ここでは個性的な品質の教養を指す）」の実践は、完全に個人の自覚的な行為であり、孝道（即ち社会関係における倫理を実行する）を遂行することが「仁」の原点である。もし誰もが孝悌をやり遂げたら、「犯上作乱（上に逆らい反乱を起こす）」の者は少なくなり、完全に消える。もしそれが実現したら、社会の道徳風紀がよくなり、社会秩序は安定し、西周の盛んな時代に回復することができ、「天下歸仁焉（天下仁に帰せん）」に達することができる。このことから孔子が孝行の地位と効果をどのように昇華したかが分かる。周予同氏は、孔子が論じる仁孝の関係を孝行から仁愛を修行する（或いは仁孝因果論と称する）を概括して、特別に重視した。孝行が仁の源であるという命題から、孔子の学説の中で占めた孝行の地位がどんなに重要だったかを説明する。

　再度、孔子は、孝行実行を政務に携わり関連させ、孝行による政治原則をいち早く提出する。『論語・顔淵』における「齊景公問政於孔子。孔子對曰。君君臣臣。父父子子」にも、『論語・為政』における「或謂孔子曰。子奚不爲政。子曰。書云。孝乎惟孝。友於兄弟。施於有政。是亦爲政。奚其爲爲政。」とある通り、孝道の実行と推進は、政治に携わることでもあるという孔子の主張を反映している。この孝道の統治者の政治に従う思想は、後世に非常に大きな影響をもたらした。『呂氏の春秋・孝行覧』では「凡為天下，治國家，必務本而後末。……務本必貴於孝」と云う。『孝経』という書籍は、更に孝治天下を中心思想にして、繰り返し孝行が天下、国家を治める根本を強調する。これらは、間違いなく孔子の孝行、即ち「政務携わり」という思想の発展である。

また次に、孔子は伝統の孝道の内容を活用し、多くの仕事を成し遂げた。次の五つのポイントにまとめてみた。

第一に、さらによくその政治機能が発揮できるように「孝」と「悌」を一つに結びつけた。西周の孝道では「孝慈合一」と「孝友結合」を重んじるが、孝と悌を一緒に連ねることはなかった。『論語』の中で、何度も孝悌を一緒にしている。例えば：

　　弟子入則孝，出則悌，謹而信，泛愛衆，而親仁。(『学而』)
　　其為人也孝悌，而好犯上者，鮮矣。(同上)
　　孝悌也者，其為仁之本與！(同上)
　　宗族稱孝焉，郷党稱弟焉。(『子路』)

孝悌合一において悌の地位が高まることを表明した。これは簡単そうに見えるが、実は複雑である。悌とは兄を尊敬することである。その本質は、家庭の血族の等級を社会関係にまで広めるように求めることである。いわゆる「出則悌」が、この意味である。したがって、悌という字を含んだ意味は、決してただ実の兄弟の間に限らない。それは主に社会関係を処理する準則になった。孔子の孝悌合一という思想を詳細に明確に理解したのが孟子である。彼は、悌に対して非常に真摯にかつ明瞭に理解を示した。次の文で孟子の孝道観を分析し、更に詳しく述べることにする。

第二に、孝行が「敬」の基礎の上に置かれることを強調している。両親に誠心誠意で親孝行をする。もし単純に物質上だけで両親を満足させようとするならば、それはまだ孝行に足りないことになる。最も重要なのは「敬」の気持ちを抱いて、両親に人格上の尊重と精神上の慰めを捧げなければならない。『論語・為政』に「子遊問孝。子曰：'今之孝者，是謂能養。至於犬馬，皆能有養，不敬，何以別乎？'」と記載されている。親を尊敬するからこそ、児輩に両親が必要なとき、自発的に「服其勞」[16]、「父母在，不遠遊，遊必有方」[17]をやり遂げることを要求する。両親の年齢を常に心に刻みつけて、その長寿に「喜び」を感じるだけでなく、その年を取るために「懼」[18]を抱くべきである。それ以外に「孟懿子問孝，子曰：'無違'[19]」、「事父母幾諫，

見志不従，又敬不違，勞而不怨」、「父為子隱，子為父隱」などにも「敬」この文字を当てている。これによって、孝養を孝敬のレベルにまで引き上げたのは、孝道観念上において重大な進歩である。それは後世の孝道観の中でも、長期に渡って不可欠な一部分となり、封建的な倫理体系の形成にも重要な意義を持たせたのである。

　第三に、父子の間の関係を協調するために、「幾諫」という原則を提出した。孔子は、もし両親に何か過ちがあった場合、不義にならないように、子供としては婉曲に伝え、決して語気を強めたり、諫めたりしてはいけない。それは「事父母幾諫」である。観察時機の注意と方式を重んじ、「敬」の原則に背き、盲目的に服従することは妥当ではない。孔子の主張と『礼記・内則』の中の「父母有過，下氣怡色柔聲以諫，諫若不入，起敬起孝，悅則複諫。不悅，與其得罪於鄉黨州閭，寧孰諫」という言い方は一致している。どちらも方法を重視しながらも、社会の公論に背くという根本的な是非の問題に関係する場合には、たとえ両親がいかに怒っても、できるかぎり制止せねばならない。「幾諫」の原則が、孝行と社会群体利益という両方面に配慮を加え、後世の「天下の父母には過ちがない」という言い方とは全く異質であり、一定の民主的な精神があったと言える。

　第四に、孝行尽くしと礼儀擁護とを互いに結びつけ、葬儀の儀礼を重視する。『論語・為政』に「孟懿子問孝，子曰："無違。"樊遲御，子告之曰："孟孫問孝于我，我對曰無違。"樊遲曰："何謂也？"子曰："生，事之以禮；死，葬之以禮，祭之以禮。"」と記載されている。

　ここで強調したいのは、両親の生前にも死後にも、儀礼に従って孝行を尽くさねばならないので、所謂「無違」は周礼に背かない。孔子の言った「礼」は、勿論西周から伝わってきたのである。孔子は、周礼を謹んで守るため、三年間の喪に服すことを実行すると主張する。三年があまりに長くて、一年だけで十分だという仁義のない宰我の観点に対して孔子は不愉快となり、「子生三年，然後免于父母之懷。夫三年之喪，天下之通喪也。予也，有三年之愛于其父母乎？」と責める。孔子は一貫して周礼を回復することを主張し、儀礼を重んじるのは、言うまでもなく彼自分の道理に基づく三年もの喪期は、長過ぎて正常な社会活動を妨げ、確かに保守的であ

る。孔子は古人の儀礼にこだわっていたので、その時、宰我だけが疑われたのではなかった。孔子は、その後更に墨家からの強烈な非難を招いた。にもかかわらず、後世の長期の封建社会では、孔子の思想は、やはり統治の地位を占め、喪に服する方法は長い間継続されていた。このことから、孔子の主張による深遠な影響が分かる。

第五に、孝を忠と結びつけ、それにより、更に孝行の社会的意義を拡大する。「忠」の文字に含む「忠君」という意味の出現は比較的に遅く、多分周初以後であろう。『尚書・蔡中之命』の記載によると、成王が蔡叔の子蔡仲を蔡侯に分封する時、周公が曾て成王の名義で「爾尚蓋前人之愆,惟忠惟孝。」と蔡仲を訓戒した。ここでは、「忠」を出しただけでなく、「忠」と「孝」とを一緒に用いた。しかし、普通は『蔡仲之命』が偽古文なので、信頼できないとされる。たとえこのようにしても、春秋時代では既に「忠」を以て卿大夫と君主の関係を表現するのに慣れていたので、少しも疑問の余地はない。「失忠與敬,何以事君」、「子之能仕,父教之忠,古之制也」、「吾為先君謀也,則忠」などの言論から、十分にこの点を説明することができる。『論語』は十五編あり、「忠」に言及したのは十七か所、「忠君」に言及したのは二か所ある。しかし、「忠」と「孝」をつなげたのは、次のような一か所のみである。

　　季康子問："使民敬,忠以勸,如之何？"
　　子曰："臨之以莊,則敬;孝慈,則忠;舉善而教不能,則勸。（『論語・為政』）

孔子は、孝行と慈の思想を以て庶民を教化した。それにより、臣民は君主にひたすら従順する。これは父親に孝行を尽くすのは、主君に忠義を尽くす前提で、家にいる場合は父親に孝行を尽くすことから外で忠君を導き出すことができると言える。孔子は、めったに忠君を口にしないが、「忠」と「孝」を一つに結び付けることは、無視できない意義があるとする。後世の儒家に大いに提唱された「忠孝一本」も、法家に「忠」を「孝」と混同されたことも、いずれも孔子の観点における発展と改造と見なすことができる。

上述の論述から見て、孔子が西周の伝統孝道を継続し、孔子は確かに極めて重要な役割を果たした。最も有り難いのは、彼が決して完全に西周の思想を厳しく守るわけではなく、西周の思想を訂正し、補充し、発展させたことである。孔子はただ「述而不作（述べて作らず）」の論述者だけでなく、前の事業に続いて未来を開拓し、創新に勇敢に試みた偉大な思想家である。徐復観教授が孔子の「述」が持つ、三つの特徴について次のように称賛したことがある。第一に、過去の特定の事項の中から、普遍的な共通準則を探し出したこと。第二に、外在する形式を、内在的徳性に転化させて、それを人格の成長の外在的な特徴とし、そして徳性に批判されても形式の融通を聞かせなかったこと。第三に、彼個人の人格上の体験と業績を通じて、系統的な観念を示し、更に高く奥ゆかしい根本的な原理に高めたこと(26)。これを以て、孔子の孝道に対する叙述と照らし合わせて、被くことに対して述べたとき、完全に適切だと言える。元来西周の孝道は、宗法奴隷制同族支配体系の奴隷制の政治需要に適応させるため、統治者は礼楽文化を重要な内容に高めた。孔子は、孝道をすべての社会の成員が必ず守らねばならない行為の規範に引き上げた。伝統の孝道は、本来家庭の秩序を守るために発展してきたものであるが、孔子はこのような外在的な規範を人々の内心の天性の愛に転化させた。孝道は本来血縁の一族における一般的な道徳であったが、孔子は「仁」という、社会と人生への最高の原理に通じさせた。そして孝行を仁愛の根本にした。このことから、孔子が伝統の孝道を述べる過程で、伝統の孝道に新しい精神と活力を付与した。そのいくつかは本質的に変化し、後世の儒家の孝道観の基本的な内容になった。伝統の孝道が封建的な倫理へ転じる過程で、孔子は重要な人物である。孝行を核心とする新型の封建的倫理秩序の重要な内容は、前漢以来ようやく完成した。それは、全て孔子に由来する。伝統孝道の継承と発展の最も重要な意味は、そこにある。

　政治思想と文化伝統の角度から見て、孔子の伝統孝道の継承と発展には、次のような三つの重要な意義がある。その一として、孔子は、広大な人の群れに通じる仁愛の心を重視した。そして仁愛の心を理論の前提とし、孝道の存在の合理性を論証した。これにより哲学の高見から「凡人」にも「聖

人」にも共有する人間性を肯定する。また、孔子は「敬」で「孝」を表現することを強調し、合理的に直諫することを主張した。このような個人の人格を重視した民主的内容の発生は、孔子の孝道観の根本的な傾向と言える。孔子の観点を論理上少し拡充してみると、人と人は本質的には平等だという思想を得ることができる。つまり、孔子の孝道思想は、中国思想史上で平等で民主的な思想の形成に一定の役割を果たしていたのである。その二に、孔子は、孝道の推進と統治者の行政とを関連させ、「孝」をその「仁」の基礎にし、仁徳と礼制で国を治める「人治」を崇め尊び、政治を道徳的な範疇に合わせ、道徳の価値観は政治原則となった。孔子は、人間性を政治原理に取り入れ、人生の価値を肯定するという中国哲学の伝統を開いた。重要なのは、この伝統は継続して後世の長期に渡る封建社会の支配者に受け継がれ、中国の倫理型政治の特徴を完成させた。その三に、孔子は「孝」を「仁」の根本であることを強調し、孝道を実践する意義を拡大させた。当時、日に日に崩れゆく宗法奴隷制度を救うことを目的としていた。孔子が開いた孝道の思想は純粋であり、本質的意義は、人間性の愛、さらに人間性を高めることであった。それは中国の伝統的文化の一つの精神的基礎になったと言える。奴隷所有者階級でもなく、地主階級の属性でもなかった孔子の孝道観は、農村公社による血縁関係の伝統を重視することで、自己から他人にまで拡張し、真心のこもった愛心を反映させた。このような愛心が反映した豊かな精神は、中国文化全体に充満し、私達民族の貴重な精神の遺産となった。

(二) 曾参の孔子の孝道観に対する闡発

　孔子の門弟はどのように孔子の孝道を尊び、手本としたのか、更にその風格を解明にするためには、まず曾子を挙げなければならない。

　曾子は名が参、字は子輿と言い、魯国南武城人であった。孔子より四十六歳も年下の曾子は、孔子のお気に入りの弟子でもあれば、伝説の中で最も有名な親孝行の一人でもある。『論語』、『孟子』、『孔子家語』などの記載によると、孝行して両親を養うために死ぬまで元気な体を保てるよう出仕を拒絶したという。また、妻が両親に梨を蒸して差し上げようとし

第七章　春秋戦国の思想界における伝統孝道に対する認識と発展　185

た時、その梨が熟していなかったので離縁したという記載もあったが、これは信頼度は低いと思う。曾子に関わる著述に関しては、『漢書・芸文志』に『曾子』十八篇があるが、ずっと昔に散逸してしまっている。宋代の朱熹は、『礼記』の『大学』篇は曾子に書かれたもので、「四書」の一つだと言われたが、公認はされていない。その他、古来の『孝経』は、曾子の手によるもので、曾子が孔子の教えを継承し、著述したという説があるが、後代の人々は、これにかなり多くの疑問を抱いている。筆者の私も、この本は曾子とは関わりはない（詳しくは後の文で述べる）と思っている。したがって、現存している孝行に言及する曾子の言論は、ただ『大戴礼記・曾子』十篇の中の『曾子本孝』、『曾子立孝』、『曾子大孝』、『曾子事父母』の四篇だけが比較的信用できるものである。また、『礼記』の中にもある曾子と関わる数篇がある。上述の文献の考察から、曾子は、孔子の孝道を確かに比較的深く解明していた。具体的に分析してみると、主に次の五点である。

　一、更に孝行の範囲を拡大し、孝道を普遍的で、永久不変の道徳準則に高く評価する。曾子は孝行が諸道徳の源と諸行為の手本になるように、非常に孝行という道徳を重視して、その内包と外延を孔子の「仁」を超え、諸道徳の源、あらゆる行動の源に拡大した。『礼記・祭義』には「孝有三：小孝用力，中孝用労，大孝不匱。思慈愛忘勞，可謂用力矣。尊仁安義，可謂用勞矣。博施備物，可謂不匱矣。斷一樹，殺一獸，不以其時，非孝也。（同じ文字は『大戴礼記・総曾子大孝』から参考）」という曾子の言論を記してある。

　「博施備物」でも「斷樹殺獸」でもあり、自然界のその他獣類を含まず人間に限るとする孔子の「仁」の適用範囲を超えていた。曾子が考え収めた「孝」の範囲がどのくらい広いのかを意味している。一般に、公認された人間性の愛と社会道徳に背く行為は、いずれも親不孝とされる。したがって、曾子は「居處不莊，非孝也；事君不忠，非孝也；蒞官不敬，非孝也；朋友不篤，非孝也；戰陣無勇，非孝也。[27]」と言っている。それだけでなく、『祭義』と『曾子大孝』にも「曾子曰：夫孝，置之而塞乎天地，溥之而橫乎四海，施諸後世而無朝夕。推而放諸東海而准，推而放諸西海而准，推而放諸

南海而准，推而放諸北海而准。《詩》云："自西自東，自南自北，無思不服，"此謂之也。」と、曾子の言論が記載されている。

　曾子から見れば、孝行は個人の道徳と社会の倫理だけではなく、世界中どこでも適用できる普遍的な真理であり、宇宙の根本的な法則であった。周予同氏は、初期の正統的な儒家が「仁孝因果論」、即ち「孝」から「仁」に達するのだと主張したのに対して、曾子の学派は「仁孝一致論」、即ち「仁」に合うように「孝」の範囲を拡大した。そのため「仁」と「孝」は、中身が同じだが名前だけが違ったものになったという見解を示している。それは、大体正しいと思う。以後の学説に、孝行は啓発の価値があるとされる。曾子は「仁孝一致論」と延べ、孔子の「仁」に対する曾子の理解は、妥当ではないかと思う。なぜなら、孔子は、人類の愛を博愛或いは普遍的な愛と理解していたからである。実は曾子の言う「孝」は、孔子の言う「仁」より範囲が広く、無限に全ての方面まで広がり、父子関係をはるかに超えるだけではなく、「仁」に体現される人類の愛を超えていた。曾子のこの思想は、それからの『孝経』に受け継がれ、同じように孝行の道徳的価値を高度に高めた。

　二、伝説の中では、孝行で庶民を教化しようとする思想を受け継いでおり、孝道を善に赴く基本的な内容だと主張している。『大戴礼記』にも『呂氏春秋』にも、「民之本教曰孝」という曾子の言論を引用して述べている。その他に、『礼記・祭義』にも「衆之本教曰孝」と書かれている。曾子の観点が後世に与えた影響は極めて大きい。孟子のいわゆる「謹庠序之教，申之以孝悌之義」でも「亦教之孝悌而已」でも、間違いなく曾子の思想の発展型である。中国の長期的な封建社会の中で、孝道はずっと政教の根本であった。

　三、体を損じない「敬身」の原則を出す。『礼記・祭義』で「身也者，父母之遺體也，行父母之遺體，敢不敬乎？」と記している。また「天之所生，地之所養，無（無如）人為大。父母全而生之，子全而歸之，可謂孝矣。不虧其體，不辱其身，可謂全矣。故君子頃步而弗敢忘孝也。」と曰く。ここで体の健康を保全するというのは、自身が健康でさえあれば、逝去した両親を心配させず、また生きている両親の邪魔にもならないからである。し

たがって、「敬身」は、孝行実施の重要な内容の一つだとされる。その他に、もし社会全体で誰もが「全而帰之」できたなら、言うまでもなくその社会では、いかなる衝突も論争もなくなるし、いかなる流血も犠牲もなくなるはずである。理想的な楽園になるため、「敬身」の持つ社会的意義がここにあるのである。曾子は、このような「敬身」を提唱するだけでなく、記載によると、曾子は自身にも同じ要求をした。『論語・泰伯』では、曾子が危篤に陥った時の状況を、次のように記載している。

　　曾子有疾，召門人弟子曰："啓予足，啓予手。『詩』云：'戰戰兢兢，如臨深淵，如履薄冰。' 而今而後，吾知免夫！小子！

死の間際でも、両親の遺体を完璧に保存できたことを喜んでいたことは、後に代々美談として伝えられていく。孟子は「守孰為大？守身為大」[31]といい、『孝経』の中では「身體髮膚，受之父母，不敢毀傷，孝之始也」[32]といい、曾子の学説を継承し、「敬身」の原則は、ずっと儒家に重視されたと言ってよい。そして、それは後世の封建的な孝道の一つの構成部分になった。

　四、孔子の「孝敬」の思想を受け継ぎ、拡大し、「養志」を提唱し、重視する。『礼記』では、曾子の思想を次のように記載している。

　　「亨孰羶薌，嘗而薦之，非孝也，養也。君子之所謂孝也者，國人稱願然曰，幸哉有子如此，所謂孝也已。眾之本教曰孝，其行曰養。養可能也，敬為難；敬可能也，安為難；安可能也，卒為難。(『祭義』)
　　孝子之養老也，樂其心，不違其志，樂其耳目，安其寢處，以其飲食忠養之，孝子之身終。(『内則』)

曾子は、衣食住の方面だけで両親を扶養するのは全く足りず、最も重要なことは、敬意を表すことであると言った。前文の孔子の孝道観と照らし合わせてみれば、曾子の観念は間違いなく孔子からのものであり、更に発展させていたことを容易に見抜くことができる。後世の孟子も、この思想を伝承した。曾子は「敬親」、「養志」の事績で「曾子養曾皙，必有酒肉。

將撤，必請所與，問有餘，必曰有。曾晳死，曾元養曾子，必有酒肉。將撤，不請所與，問有餘，曰：亡矣，將以復進也。此所謂養口體者也，若曾子者，則可謂養志也。」と、説明を加えた。(33)

　孟子は、親孝行を「養志」と、敬老でない扶養を「養口体」と称した。その「養志」の影響がとても大きいため、後世の封建的な孝道の中では不可欠で重要な内容の一つとなった。

　五、孝道の内容を理論的に概括すると、主に三つの段階がある。孔子学派に属し、孝道専門家であった曾子は、孝道を宣伝するために全力を尽くした。彼の孝道に対する論述は、孔子が情勢と情況の変化により実施していたものとは異なり、一定の体系があった。『礼記・祭義』における「曾子曰：孝有三，大孝尊親，其次弗辱，其下能養。」の中の「尊親」、「弗辱」、「能養」は、孔子以来の孝道の内容に対する簡潔な概括と理論的総括である。その具体的な意味は、私が既に本文の第一章で詳しく論述した。この理論概括が重要である意味は、次のような二方面に有ると思う。第一に、天子から庶民まで、いかなる等級に関わらず、誰でも「尊親」の最高段階の孝道に辿りつく可能性がある。「弗辱」と「能養」という二つの階段は、誰でもすべきで、しかもやり遂げることができるのである。それにより、孝道の価値は高まり、人類全体に広がり、事実、統治者から平民を含めた全体社会の成員までに広がった。第二に、曾子の以後、伝統孝道の封建型倫理への転化に従って、孝道の内容は絶えず変化していったのにもかかわらず、全体的には、ずっと曾子のまとめた範囲を超えることはなく、内容は充実し、円順していった。それはこの概括が、ずば抜けて優れていたことを明らかに示している。

　上述したように、曾子は、孔子の孝道観を広く発展させた。彼の最大の貢献は、孔子が継承した西周の孝道の成果を更にシステム化、理論化し、社会に注目され、承認を得たことである。もっと明確に言えば、孔子が伝統孝道を貴族の風格から全体社会成員の道徳標準に転じたのに対して、曾子は、その転化を強化し守った。そのため、伝統孝道が封建的倫理への「転型構築」する過程において言うまでもなく、曾子は重要な人物である。

## （三）孔門学派の孝道観に対する孟子による伝承と発展

　一般的に孔門学派では、曾子が最も孝道を伝承したと思われている。孟子は、曾子の学生であった子思の門弟に習ったため、孟子は自然に他の儒学者より孝道を重視していた。現存している史料と『孟子』という本の内容から考察してみれば、上述の認識には確かな根拠がある。孟子が、孔子と曾子以降の儒家達に直接孝道観を伝承し、更に孝道を発展させたという証明がある。

　「性善説」を提出し、儒家の孝道哲学の基礎を完璧させたことは、孟子が孝道観念の発展に傑出した理論的貢献である。孔子の「性相近也，習相遠也[34]」、「人之生也直。罔之生也，幸而免[35]」で人間性の問題に言及した。また孔子が著述した『易大伝』で「性」に言及した箇所が六ヶ所あった[36]。孔子が言った「性」は、もっぱら人間性を示すために言ったものである。自然的な人間性には、類似した共通点もあれば、かなり違った個性もある。しかし人間の自然性は性善であるか、それとも性悪であるかについて、孔子は直接には何も言っていない。孟子は、孔子の「仁」の思想を受け、更に誰でも「仁」に達する主観的要因があり、つまり誰でも尭と舜のような人になれると強調する。それにより、人間の本質が性善であるという理論を出した。「性善説」に依れば、人間性は生まれつきなので、「無有不善」[37]であり、人間性の性善には「惻隱之心，仁之端也；羞惡之心，義之端也；辭讓之心，禮之端也；是非之心，智之端也。人之有是四端也，猶其有四體也」[38]という「四端」がある。人々の心にあるこの性善の「四端」から、仁、義、礼、智という「四徳」を誘発できるのである。この四徳が生まれつきの「良知良能」なので、孟子は、また「仁、義、禮、智，非由外鑠我也，我固有之也。」[39]と「人之所不學而能者，其良能也；所不慮而知者，其良知也。孩提之童，無不知愛其親也；及其長也，無不知敬其兄也。親親，仁也；敬長，義也。無他，達之天下也。」[40]と言った。人間性が性善であるからこそ、生来にも「親親」の情がある。したがって、孝の道徳も天から賦与されたもので、それは生まれつきの才能であるとした。これも人と禽獣との根本的な違いである。孟子の言い方によれば、人類の孝行は、皆両親を愛し、それは天然的感情であり、人間性の必然的な発展なのである。『孟子・

滕文公上』では、両親埋葬の起源説を言及する時、次のように述べている。上古時代では、世間では儀礼などが未だ備わっていないので、両親が死んだ後、そのまま溝や谷の中に捨てた。死者の子がその場を通り、「狐狸食之，蝿蚋咕嘬之」を見たとき、不意に汗が出て、正視できなくなる。そこで「帰反虆梩而掩之」を行った。これが、埋葬の始まりだと言われる。孟子の性善説は、実際には儒家の孝道の学説であり、孝行の起源から実施の具体的な内容にいたるまでの比較的完全な思想基礎を提供していた。孔子は、人類が共有した人間の心にある仁を孝道の重要な基礎にしたのに対し、孟子は更に一歩進めて、性善で仁の源を解釈した。これにより、孝道の哲学基礎は更に堅固なものになった。

「五教」を「五倫」に拡大し、そして孝悌を道徳範疇の中心にすると主張したは、孟子が孝道観の発展に貢献したもう一つの重要な点である。『尚書・堯典』には「五典」と「五教」の言い方がある。[41]後代の人は「五教」の解釈も様々である。例えば、『左伝』文公十八年では「父義、母慈、兄友、弟恭、子孝」と解釈されるのは、比較的『尚書』の原義に合う。ここで言うのは、純粋な家庭の血縁関係なので、前の階級社会の言い方である。戦国時代では、社会関係は血縁関係より重い。孟子は「五教」を彼の「五倫」に、帝の舜が「使契為司徒，教以人倫：父子有親，君臣有義，夫婦有別，長幼有序，朋友有信」[42]とさせる。人倫とは、孟子がその時の社会に定めた道徳標準である。この五倫の中で、君臣、友達は社会の政治関係に属し、他の三倫は家庭関係である。残りの三つの同類は家庭関係で、二者ともに当時の人と人の間、及び個人と社会の間の主要な関係を構成する。孟子は、「人倫明於上，小民親於下」[43]さえできれば、誰もが五倫に規定する道徳的な標準に従うことにより、統治を強固にし、秩序を安定することができると言った。しかし、この五倫は、重要さが同じではなく、その中の父子、君臣という二倫が最も重要である。「未有仁而遺其親者也，未有義而後其君者也。」[44]と「仁之實，事親是也；義之實，從兄是也。」[45]と孟子が言ったのように、彼は「四徳」が主に、この父子・君臣という二倫を体言すると考える。このように、彼は仁、義、孝を親と、忠を君との関係とした。それにより、孝（親を扶養する）、悌（兄に従う）も五倫の中心になった。

所謂「人人親其親、長其長、而天下平」にも「入則孝，出則悌，守先生之道」にも、いずれも孝、悌を徳性の最高表現とした。そのために、「堯舜之道，孝悌而已矣」から、孟子が最も尊重する聖人は、舜であったことが明らかになった。孟子が、孝悌倫理を道徳の中心とするのは、孔子の孝悌合一思想を直接継承し、発展させたからである。孝悌倫理を儒学の建物と喩えるなら、この建物の礎石は、孔子によって打ち立てられ、更に孟子によって確立されたと言える。

　孟子が孝悌倫理を道徳範疇の中核とするのは、やはり政治との結びつきを考慮し、孝悌倫理道徳の範疇を中心とした「仁政」を推進する方法の根拠とする目的があったからである。孟子の観点からすれば、性善説からの親子の愛は、人類の各種の美徳の基礎である。もし、この美徳を十分に発揮するならば、凡ての社会の政治問題を順調に解決することができると孟子は思った。衆知のように、孟子の政治主張は「仁政」の実施であった。孝行と仁政とは、一体どんな関係であるのか。孟子は、孔子の「仁」の学説を受け継ぎ、孝が性善学から自然に生じたので、親への愛から他人への愛に普及し、その他の人への愛こそが「仁」なのであった。孟子は「人皆有不忍人之心。先王有不忍人之心，斯有不忍人之政矣。以不忍人之心，行不忍人之政，治天下可運之掌上。」と言った。孟子は、道徳から政治に至る論証を完成し、「仁政」が「仁心」から生じたと明確に提出した。君主が仁愛の心さえ備えていれば、仁政も実施しやすくなる。仁愛の心があれば、「老吾老以及人之老，幼吾幼以及人之幼，天下可運於掌」をすることができる。統治者が仁の標準に基づき自身を教養することを強調する孟子は、統治者が「仁心」があってはじめて「仁政」の実施が可能になると思い込む。道徳を政治の上に置いて、儒家の倫理思想の備わった鮮明な特徴を表現した。上述から見れば、孝行と仁政の関係は、孝行から仁に、更に仁政を施す。このように個人の品格を重視し、人間性を政治原理に導入することこそ、孔子の学説伝統に対する発展である。明確にするべきなのは、統治者が孝道さえ実行すれば、天下を自由に支配できるという孟子の主張を誤りとするのは妥当でない。ここには最も「推恩」の「推」という文字があるからである。『孟子・尽心上』に「桃應問曰："舜為天子，皋陶為士，

瞽叟殺人，則如之何？"孟子曰："執之而已矣。""然則舜不禁與？"曰："夫舜惡得而禁之？夫有所受之也。""然則舜如之何？"曰："舜視棄天下猶棄敝蹝也，竊負而逃，遵海濱而處，終身訴然，樂而忘天下。」と記載されている。孟子の考えでは、もし瞽叟殺人という事件が出たら、舜は皐陶の公平な執法を阻止することができない。瞽叟の犯行も覆い隠すことができなく、天子の位を放棄し、瞽叟を連れて野蛮な未開地に自動的に流れて死ぬまで姓名を隠すしかない。つまり、天子でも犯罪者の父をかばうことはできない。何故なら、彼が自分の父を愛するのと同様に、他人にもそれぞれの父親があることを類推する必要があるからである。親孝行で政治原則に背くなら、国を治めることはできなくなる。「悌」と「仁政」の関係となると、孟子が最も徹底的に解明している。年輩者尊重を意味する「悌」が、親親から派生した血縁関係の貴兄に対する尊敬と服従するのである。ただし、孟子の考えでは、年配者尊重は、決して血族の長兄に限られるだけではなく、弟から兄への関係から派生した普通の年配者に対する尊重という原則を含む。そのため、「悌」が含まれる本当の意味は、実際には、所謂「親親，仁也；敬長，義也」(51)（孟子に「義」と呼ばれる）という社会関係を処理する普通の準則である。孟子から見れば、悌も一種の天賦の良知良能で、長兄尊重から「義」とも呼ばれる年配者尊重に延長するものである。儒家に一貫している言い方により、その本質が「尊尊」である「義」が、社会等級の原則を意味するものである。(52)容易に想定できるのは、人々は悌から義にまで集成し、それぞれに本分を守り、年配者と上役に尊重し従いさえすれば、社会の秩序は乱れなく、等級制度は破壊されなく、仁政の実行も極簡単になる。孔子の「成仁（仁を成す）」を「取義（義を取る）」と言う意味こそ、孟子が孔子の仁愛学説を新しく発展させ、表現したものである。上述を総合してみれば、孟子の学説では、性善説からの仁政の政治主張を中心に、孝悌を仁政実施の方法と根拠にするのが明らかである。孝悌倫理では、孟子の学説の中の地位は、次のように図示されている。

第七章　春秋戦国の思想界における伝統孝道に対する認識と発展　193

```
              ┌─→ 孝（親扶養） ──→ 仁 ┐
性善 ─────┤                              ├─→ 仁政
              └─→ 悌（長兄服従） ──→ 義 ┘
```

　孝行と不孝の内容は、孟子に具体化された。『孟子・離婁下』では、「世俗所謂不孝者五：惰其四肢，不顧父母之養，一不孝也；博弈好飲酒，不顧父母之養，二不孝也；好貨財，私妻子，不顧父母之養，三不孝也；從耳目之欲，以為父母戮，四不孝也；好勇鬥狠，以危父母，五不孝也。」と言われている。この五種の所謂俗世の孝行は、前の儒家が言った孝道内容とは違い、恐らく当時の一般民衆が、それを以て父子関係の道徳的観念を評価したことを反映している。それは間違いなく伝統孝道が、時代に必要な新しい内容を取り込んでいったことを証明する。

　総じて見て、孝道を非常に重視する孟子は、中国の孝道の発展歴史上において、非常に重要な人物である。孟子の孝道観は直接孔子と曾子から継承したので、孝道そのものの発展変遷の歴史から見れば、孔子が儒家孝道観の基本的内容を打ち立てたという言い方が正しいとすれば、曾子、孟子は更にこれらの内容を拡大し補充し、そしてそれにより理論的進化と向上を完成させたと言える。政治思想と文化伝統の角度から見て、孟子は意識的に孝道自身の論理に合わせ、自分の孝悌倫理学説から政治思想を導き出し、それにより政治への主張は非常に濃厚な道徳的な色合いを匂わせていた。孔子の「人治」という思想を受け継ぎ、発展させた孟子の活動は、中国封建社会における倫理型政治形成の大きな推進力となった。

（四）荀子の孝道に対する認識

　荀子は、孝道を宣伝することにより有名になったわけではない。彼は孔子の継承者と自認しているが、その政治観は孔子とは完全に一致していない。孔子は政治の議論をした際、「導之以德，齊之以禮」[53]と主張した。後期儒学者の孟子は「導之以德」を偏重した。荀子は「齊之以禮」を重視した。彼らは同じ儒家なのに、それぞれ異なった学派に属した。つまり、荀子は、仁より礼の方を重視した。「礼制」と「礼教」を偏重し、人々の内

心の道徳自覚を重視しなかった荀子は、孟子とはちょうど真逆の立場である。荀子の学説を孟子の学説と比べながら研究してみれば、もっと荀子学説の特徴を明確にすることができる。

孟子の学説は「性善説」を出発点にするのに対し、荀子の学説は「性悪論」を土台にする。孟子は、「惻隠之心」、「羞悪之心」、「辞譲之心」、「是非之心」という人性の「善端」は生まれつきのものであり、この「四端」から仁、義、礼、智という四つの道徳に発展した。それに対し、荀子は人間性を自然に形成した人の本能を説明し、「今人之性, 生而有好利焉, 順是, 故争奪生而辞譲亡焉；生而有疾悪焉, 順是, 故残賊生而忠信亡焉；生而有耳目之欲, 有好声色焉, 順是, 故淫乱生而礼義文理亡焉」とした。荀子は、階級社会の中から私有財産を保護したり、奪い取ったりする角度から、争奪、残賊、淫乱は人だからすることなので、それにより「人之性悪明矣, 其善者偽也。」という性悪の結論を得た。荀子から見れば「人之性悪」は人の持つ共通性で、いかなる人も例外にはできないとする。彼は「凡人有所一同：飢而欲食, 寒而欲暖, 労而欲息, 好利而悪害, 是人之所生而有也, 是無待而然者也, 是禹桀之所同也。」から、「君子之与小人, 其性一也」である以上は、仁義道徳は、すべての人間性にある固有のものではなく、ただ聖人が創造したものであるとした。これが彼の言った「礼義法度」、「生於聖人之偽」である。彼は聖人が「所以異而過衆者, 偽也。」とした。

性悪論から、荀子の道徳論も孟子と全く逆である。孟子は性善を「四端」に拡充し、道徳の本義にするので、仁義礼智という主観道徳と人格の自我教養を重視するに対し、荀子は性悪論から人為的な矯正を倫理要点にするので、礼楽刑政という客観的な道徳を重視し、「化性起偽」を強調する。そのため、荀子の礼を尊び崇めよと法律を重んじ、主に外在する規制だけを重視し、内在の仁を重んじない。このような彼の所謂礼は、実は既に「法」に近づいていた。これは儒家思想の外面へ広げる重要な一歩である。荀子は「今人之性悪, 必将待師法然後正, 得礼義然後治」と言っている。また「然則礼義法度者, 是生於聖人之偽, 非故生於人之性也。……故聖人化性而起偽, 偽起而生礼義, 礼義生而制法度。」と言っている。その言論から見れば、孔子、孟子は仁から礼へ、つまり、個人の道徳的な教養から社会の道徳規

範の自覚的な順守にまで上昇し、内心自覚の啓発を偏重するとした。つまり個人倫理から社会倫理に昇ると主張している。それに対し、荀子は社会倫理から個人倫理にまでという順序により、礼法を中心にし、それにより個人の行為を制約し、強化することに重点をおくと主張した。

　上述のように、人間性論が道徳論と違うため、孝道は荀子の学説で孟子と異なる地位を占めている。孝行を五倫の中心する孟子は、生まれつきの親孝行の道徳が、仁に広がり、自身の内心からこの恩恵がすべての他人に及べば、仁政を実行することができる。したがって、孝行は、孟子の学説の中で極めて重要である。荀子は、礼儀作法を重んじ、社会の等級と身分で人の行為を制約し、制御することを強調した。彼は「入孝出悌，人之小行也；上順下篤，人之中行也；從道不從君，從義不從父，人之大行也。若夫志以禮安,言以類使，則儒道畢矣,雖舜不能加毫末於是矣(61)。」と言っている。荀子が孝道をそれほど重視しない最も根本的な原因は、彼の観察の出発点が文明社会に着眼しているからである。孟子は荀子と異なり、主に氏族社会に自然に芽生えた構造から問題を見すえたので、特に血縁関係を重視したのである。

　上述のような孝道に対する全体の認識と結びつき、荀子は子が父からの命令に従うのが孝行とは限らないと思っている。なぜなら、このような「父命」は「礼義」に合うかどうかがポイントだからである。換言すれば、孝は礼に従わねばならぬものである。そのため、彼は特に「從義不從父」を強調し、特に礼義に通じる「諍子」を重視するのである。『荀子・子道』で「魯哀公問於孔子曰："子從父命，孝乎？臣從君命，貞乎？"三問，孔子不對。孔子趨出,以語子貢曰："郷者君問丘也,曰：子從父命孝乎？臣從君命，貞乎？三問而丘不對。賜以為何如？"子貢曰："子從父命，孝矣；臣從君命，貞矣。夫子有奚對焉？"孔子曰："小人哉，賜不識也。昔萬乘之國，有爭臣四人，則封疆不削；千乘之國，有爭臣三人，則社稷不危；百乘之家，有爭臣二人，則宗廟不毀。父有爭子，不行無禮，士有爭友，不為不義。故子從父，奚子孝？臣從君，奚臣貞？審其所以從之之謂孝之謂貞也(62)。」と言っている。この話は確かに孔子の言論なのであるかと言えば、精確に考察ができていない。荀子に仮託される話の可能性があると思うが、しかしいずれにして

も、これが荀子の観点を反映していることは、間違いがないのである。

　荀子の孝道観には、特に葬儀を重視し、三年の喪服を変更してはいけないという一つの明らかな特徴がある。『荀子・礼論』では「事生，飾始也；送死，飾終也。終始具而孝子之事畢，聖人之道備矣。」と言っている。また「三年之喪何也？曰：稱情而立文，因以飾群別親疏貴賤之節，而不可益損也，故曰無適不易之術也。」、「故三年之喪，人道之至文者也，夫是之謂至隆。是百王之所同，古今之所一也。」と言っている。荀子は何故、三年喪服を変更できないとし、葬式の儀礼を重視するのかと言えば、これは「報本反始（受けた恩恵を忘れないで、恩返し）」という情感意向こそが、礼が発生する基礎の一つであると思っていたからである。彼が言った「禮有三本：天地者，生之本也；先祖者，類之本也；君師者，治之本也。無天地惡生？無先祖惡出？無君師惡治？三者偏亡，焉無安人？故禮上事天，下事地，尊先祖而隆君師，是禮之三本也。」(63)から、孝行と礼との関係を非常に明らかに説明していることが分かる。荀子が三年の喪服を重視するのは、実際に彼が礼儀作法を重んじることからであるのが明らかになる。ここまで見たところ、荀子は決して孝行を軽視するのではなく、彼はただ孝行を礼の範疇以内に組み入れて評価しようとしただけである。「孝」の道徳を抽象し、それにより人の内心世界を規範すると言う孟子の観点とは異なり、孝行を礼として決められる制度に外在化し、人の外在する行為を制約しようというものであった。

　荀子の孝行言論から、祖先尊敬、父親孝行重視が主君敬重と同じ道理で、礼の要求に従えば、父親孝行よりも主君敬重のほうが重要であるという重要な傾向があることが表明されている。荀子が「禮之三本」で、天、地、君、親、師を共に同じく重視しているが、君が文明社会においてなくてはならないことを意味している。「無君師惡治」からも、主君の重要さが表明されている。『荀子・礼論』で言った「君之喪所以取三年何也？曰：君者，治辨之主也，文理之原也，情貌之盡也，相率而致隆之，不亦可乎！《詩》曰：'愷悌君子，民之父母'，彼君子者，固有為民父母之説焉。父能生之，不能養之；母能食之，不能教誨之。君者，已能食之矣，又善教誨之者也，三年畢矣哉？」も、両親より主君の恩のほうが重要で、三年の期間だけでは返しきれない

と強調している。君の恩は親の恩より重要だという荀子の言い方は、孔子、孟子の観点とは全部は一致せず、後者は孝から忠に類推し、「忠孝一本（忠誠と孝行は同じ体系）」だけで、君主を父親の上に置かない。

　荀子の学説は、孝道としては知られないが、彼の孝道観は、孔子の孝道思想を継承しつつも、多くアウフヘーベンし、儒法融合の傾向が見られる。歴史上でも、比較的影響力があり、伝統の孝道観が封建的倫理へ転化する際に、一定の役割を果たした。特に荀子の言う、両親より君主の方が重要だという思想は、直接、韓非子と『孝経』に影響を与え、更に後世の統治者に買われ、封建的な孝道観の重要な内容となった。もし、専制主義が封建的な孝道の重要な特徴だとするなら、孝道の助成で専制政治の最初の理論原型は、荀子からだと言える。しかし、荀子学派は長期にわたり排斥される。後世の統治者の多くは、荀子の理論に従うが、往々にして孔、孟を名目にしていた。私見ではあるが、伝統の孝道が封建倫理への「転向構築」の過程で、荀子の役割を研究するには、まず彼が父親扶養と主君仕えとの限界を混淆する点を捉えねばならない。親の恩より君の恩の方が重いという荀子の思想については、私はここで道徳的に評価する気はない。しかし観念上、現代社会までずっと続いた次のような事実を掲示する。ちょうど、個人崇拝の年代での流行り歌が「両親よりは、やはり毛主席のほうが親しい」という歌でも、近年には、「母親は私を生んだだけだが、共産党の輝きは、私の心の奥まで射し温めてくれる」という歌でも、根掘り葉掘り追究すれば、いずれも荀子から答えを探し当てることができるのである。

## (五)『孝経』の孝道思想と本質

　孝道に関する『孝経』の専門著書では、儒家学派の孝道論述の言論を理論に上昇させるのと同時に、またその他学派のいくつかの観点を吸収し、比較的系統的に十分に揃った孝道の学説を構成している。この本は、それからまた歴代の封建的な統治者を基準として守られ、極めて重要な経典となった。そのため、私達が先秦時代の孝道を議論する際には、『孝経』を無視できない。

　『孝経』の作者は、漢以来、大体孔子著述説、曾子著述説、曾子の学生

著述説、孔子の学生著述説、子思著述説、漢代儒学者著述説と六つの諸説があるが、今日までずっと定説がない。当本の成立年代に関しても、先秦説、漢代初期説、前漢中期説、前漢末期と四つの説がある。恐らく『孝経』の内容が乱雑で、正史の中で『孝経』に関わる記載は極めて簡略的で記述も詳しくなく、また文語文が混ざるなどして、この問題を複雑化させてしまっている。古今すべての『孝経』懐疑論者達が発表した様々な考証の成果を総合し、研究を繰り返しても、確かな判断を下すことはできていない。『孝経』に対する懐疑は理に適っている。しかし現在でもなお、先秦時代の文献すべての『孝経』を否定する証拠の多くは憶測であり、信憑性が低く、史料として引用する価値はない。『史記』と『漢書』から、この『孝経』の著作権は曾子か孔子だと判定した以上(64)、新素材のない状況で私達が考証を繰り返すことは意味のないことであり、古代のことをそのまま信じたほうが、割に妥当だと思われる。まして『孝経』は、間違いなく戦国時代の思想界（特に儒家）の孝道に対する認識を反映したものであり、この共通認識さえあれば十分である。したがって、『孝経』の作者が誰でも、たとえ漢代の人であったとしても、そのようなことは重要ではなくなる。実は、私本人も、この『孝経』が孔子か曾子により書かれたものだとは信じていない。何故なら、これは先秦孝道の全体の発展経路に一致しないからである。もし今、大体の結論を言わせてもらうならば、『孝経』の成立は『荀子』に遅れ、『呂氏春秋』の前後の可能性が高いと思う。その作者は当時の儒学者、あるいは孟子の弟子かも知れない(65)。内容から見て、『孝経』は孔子、曾子から孟子、荀子に至る儒家学派の諸大家の言論を広範に吸収した上で、孔子と曾子との問答形式で一々文章に編集してある。ここから見て、この本は、実に先秦時代の儒家が孝道を論述した集大成であり、先秦儒家の孝道思想に対するまとめと総括なのである。

　『孝経』では、孝行自体に対し、様々な解釈法があり、孝道の価値をかつてないほどの高度な位置にまで高めた。まず、『孝経』は、孟子の性善説を受け継ぎ、孝行を人間性の固有の一種の美徳にした。所謂「父子之道, 天性也」(66)が『孝経』の孝行の出処を明確に解説している。その次に、孝行を百行の本にし、凡ての王道強化を孝行から生み出し、諸道徳を優先させ

第七章　春秋戦国の思想界における伝統孝道に対する認識と発展　199

首位に置かせた。『孝経』の第一章でも「夫孝，德之本也，教之所由生也」、また「教民親愛，莫善於孝；教民禮順，莫善於悌。」(『広要道章』により)、「故親生之膝下，以養父母日嚴。聖人因嚴以教敬，因親以教愛。聖人之教不肅而成，其政不嚴而治，其所因者本也。」(『聖治章』により) と述べている。明朝の呂維祺の『孝経・或問』という本で德教は『孝経』の二文字のみである。孝行道徳の本は、王道強化の指針であり、『孝経』の綱領であると言っている。なぜ孝行を教化するのかの問に、「広治徳章」では「子曰：君子之教以孝也，非家至而日見之也。教以孝，所以敬天下之為人父者也；教以悌，所以敬天下之為人兄者也；教以臣，所以敬天下之為人君者也。」と、明らかに述べている。それにより、「孝」を拡大させ、充実させ、「民莫遺其親」(67)を目的とし、孝悌の義を提唱し、臣としての道を類推させ、「敬天下之為人君者」に達するのである。したがって『孝経』では、孝を最高の道徳的準則と見なし、「聖人之德無以加於孝」、「人之行，莫大於孝」(『聖治章』により) とし、『孝経』は、形而上の意義から孝を釈明し、それを当たり前の行為と見なした。『三才章』では、「子曰：夫孝，天之經也，地之義也，民之行也。天地之經，而民是則之，則天之明，因地之利，以順天下。」と書かれているように、孝を人倫の本というだけではなく、更にその上の天道の高度に昇華させた。このようにして孝道とその観念は、世界中どこでも適用できる普遍的かつ永久不変の真理思想だという曾子の思想を受け継ぎ、発展させていったと思う。(68)孝行は、絶対真理以上であり、孝行の極致に達したら、神に通じ合うようになる。したがって、『感応章』で、「子曰：昔者明王事父孝，故事天明；事母孝，故事地察；長幼順，故上下治。天地明察，神明彰矣。故雖天子必有尊也，言有父也；必有先也，言有兄也。宗廟致敬，不忘親也，修身慎行，恐辱先也。宗廟致敬，鬼神著矣。孝悌之至，通於神明，光於四海，無所不通。《詩》云："自西自東，自南自北，無思不服。"」と書かれている。

　ここでは既に孝行を神秘化する傾向が見られ、漢代以後に現れた大量の「孝感」類の物語の一部分は、正史に記載されている。孝行をして、最高の境地に達したら、神を感動させ、福祉を賜われることに対し、逆にもし親不孝なら、神の懲罰を受けるという根源を明らかにしているのは、実は

『孝経』である。

　孝道の内容に関し、『孝経』で標榜し列挙したことは、主に服従、敬愛、孝養、祭祀、諫諍などについてである。その中の諫諍は、孔子、曾子、孟子などの正統的な儒家達の論述がそれぞれ違いがあるほかに、前の四項でも、彼らの論述が完全に一致していたと言えない。しかし、その精神は同じであった。『孝経』の『諫諍章』では、曾子と孔子の問答という形を模擬し、君主の命令、父親の命令には正義か不義かに分けられ、盲従してはいけないと強調している。「從父之令，可謂孝乎？」という曾子の質問に対し、孔子は「是何言與！是何言與！昔者天子有爭臣七人，雖無道，不失其天下；諸侯有爭臣五人，雖無道，不失其國；大夫有爭臣三人，雖無道，不失其家；士有爭友，則身不離於令名；父有爭子，則身不陷於不義。故當不義，則子不可以不爭于父，臣不可以不爭於君。故當不義，則爭之。從父之令，又焉得為孝乎？」と答えた。この答えは、前に引用した『荀子・子道編』で子貢に答えた孔子の言論と意味がやや同じであり、文字も類似する。したがって、ここに表現された「從義不從父」という思想傾向は、荀子からなのであるか、或いは、この文字自体は『荀子・子道編』からそのまま書き写して取ってきたものなのかもしれないと疑っている。重要な点は、この話は儒家の伝統的な言い方とは違うことである。儒家は「門内之治恩揜義，門外之治義斷恩」(69)のように、いかなる父子間の情感ある雰囲気の中でも、必ずある善の標準をきちんと実現することなどは求めず、ほどよく互いに隠すのも必要であるとしている。そこで、孔子は「事父母幾諫，見志不從，又敬不違，勞而不怨」(70)曾子説"孝子之諫，達善而不敢爭辯"とい言い、曾子は「孝子之諫，達善而不敢爭辯」(71)と言い、孟子も「父子之間不責善，責善則離，離則不祥莫大焉。」(72)と言っている。それなら、『孝経』では、諫諍を強調し、父親より正義のほうに従うと主張する意義はどこにあるのかと言えば、言うまでもなく、君主の権力、利益を守るためである。ここで言う「義」は、間違いなく君主統治の観念に合うのである。

　『孝経』全書を総観してみれば、その孝道を宣伝する目的と方針は、「孝治」の実行である。「孝治天下」と「孝順天下」の中核思想は、全書に貫かれている。『孝経』の冒頭にも「仲尼居，曾子侍。子曰：先王有至德要

道, 以順天下, 民用和睦。上下無怨。」と全篇の主旨を明らかに示している。『孝治章』では「昔者明王之以孝治天下也, 不敢遺小國之臣, 而況於公侯伯子男乎？故得萬國之歡心, 以事其先王。」と言っている。『孝経』全書でも、文字数は二千字不足しているが、何回も「治」と「順」に言及し、孝道さえ行えば「治天下」、「順天下」をすることができるとし、『天宗明義章』では「夫孝, 始於事親, 中於事君, 終於立身。」と言っている。

　極めて重要で、全文の目的であると言える第三の話は、非常に明確に孝行実施を「事君（君主仕え）」と結びつけ、「事親（親扶養）」と「事君」を混同し、「事君」は孝道の不可欠な内容となった。ここから推論してみれば、孝行は「事親」と「事君」を含むからには、君主は父親が息子に要求するように、自分の臣下に要求するので、臣は君主に対し、無条件に尊敬し服従せねばならない義務があった。元々、処士が自由に議論した百家争鳴の戦国時代では、君臣関係は「義」で繋がっていた。人士は、ある固定の君主に忠誠する必要はなく、「義」に合えば残るが、もし合わなかったら他所へ去って行った。さらに王侯に仕えず、高尚な志を自我標榜することは、孝行か親不孝かという意識とは関係がなかったのである。『孝経』にある君主に仕え、孝行実施をするための必要条件は、法家の韓非子の観点に比較的近い。既に「従義不従父」と「君恩重於親恩」という荀子の思想を上回っていた。それは「忠孝一本」思想の最終形成を示しており[73]、漢代以後の孝で国家を治める理論の根拠になった。徐復観氏が「『孝経』でいう「中於事君」の言い方こそ、理論上、独断者に制限はなく、臣下を抑圧する根拠を提供し、知識人に対する精神的麻酔の効果を果たした。したがって、この３つの話は、儒家の孝道が歪曲された大きな標識であり、「孝道という口実でもって独断を助長させた総根源である。」[74]という分析は要点を突いている。専制集権のために忠孝合一により孝道をさせる動きは、伝統孝道が封建倫理に転化する重要な標識となった。

　『孝経』では、なるべく親孝行を忠君と混同させながら、孝治の主義を吹聴したことは、「五等之孝」に表現され、解明されている。所謂「五等之孝」は、天子、諸侯、卿大夫、士、庶民の孝行実施について、それぞれ異なる要求と対応の規範である。まず「天子之孝」を見てみよう。『天子章』

では「子曰：愛親者，不敢惡於人；敬親者，不敢慢於人。愛敬盡於事親，而德教加於百姓，刑於四海，蓋天子之孝也。《甫刑》云："一人有慶，兆民賴之。"」と述べられている。

前の観点からは、天子の応行の孝行を言って、天下人として手本を示すために、天子も孝行をすべきであるとした。これにより「德教加于百姓」をし、更に誰も親を乱暴に扱えなくなり、世界も安定するようになる。『広要道章』では「敬一人而千萬人說，所敬者寡，而說者眾，此之謂要道也。」と述べたように、更に明確にこの目的を掲示している。「千萬人說（悅－喜ぶ）」とは言うまでもなく、万民が皆天子を尊敬し支持することである。天子自らが孝行さえ実施すれば、天下を治めることができる。世界を治療するための本当に何の苦労も要らない天下統治の秘訣である。これを何より明らかにしたのは、この目的と着眼点が天子の孝行自体ではなく、これを以て庶民を管理することにより、統治地位を保守するということである。この点は非常に明らかである。

再び「諸侯之孝」を見てみよう。『諸侯章』では「在上不驕，高而不危；制節謹度，滿而不溢。高而不危，所以長守貴也；滿而不溢，所以長守富也。富貴不離其身，然後能保其社稷，而和其民人，蓋諸侯之孝也。『詩』云："戰戰兢兢，如臨深淵，如履薄冰。"」と述べられている。

この文を表面だけ見れば、諸侯の孝行という題目なのだが、特に孝行については言及していない。諸侯は親扶養の事には触れず、自慢せず、ただ富貴、社稷と百姓を長らく守ることだけを求めるという不得要領な内容に見える。しかし、ちょっと深く考えてみれば、実際の本当の意味は分かりやすい。つまり、諸侯の孝行は、主に本分を守り、その地位を維持することにより、みだりに妄念を生じ、天子の位を分不相応に望まないことである。ここでは、天子の権力を守る意味は非常に明らかなので、諸侯の「孝」とは、実際には「忠」なのである。

卿大夫の孝行につき、『孝経・卿大夫章』では「非先王之法服不敢服，非先王之法言不敢道，非先王之德行不敢行。是故非法不言，非道不行，口無擇言，身無擇行。言滿天下，無口過；行滿天下，無怨惡。此三者備矣，然後能守其宗廟，蓋卿大夫之孝也。《詩》云："夙夜匪懈，以事一人。"」と規

定されている。

　この文字は、浅薄そうに見えるが、決して無頓着に起用したのではない。その文字で述べた思想は、やはり明確である。ここにおいては服装、言語、徳行という三方面すべてにおいて先王の規定を厳守するように求める。それができれば、その祖廟はしっかり守れる。これが卿大夫の孝行である。実際には、「一人」のみに忠義を尽くすことが孝と見なされ、それだけでは時や場合によっては不孝になるので、孝はやはり忠の範疇に含まれた。しかし所謂「非法不言，非道不行」は、君主に認定された是非の標準に基づかず、先王の道徳標準に基づくのである。『事君章』では「君子之事上也，進思盡忠，退思補過，將順其美，匡救其惡，故上下能相親也。」と言ったように、もし君主が誤ったら、やはり助けて正道に戻させるべきであるのは、『諫諍章』に表現された精神に一致する。封建社会では、大臣に対し、このような要求ができたのは明らかに忠で、孝のはずではない。士の孝行はとても重要であり、『士章』では、「資於事父以事母而愛同，資於事父以事君而敬同。故母取其愛，而君取其敬，兼之者父也。故以孝事君則忠，以敬事長則順。忠順不失，以事其上。然後能保其祿位，而守其祭祀，蓋士之孝也。《詩》云：“夙興夜寐，無忝爾所生。”と述べられている。孝行で忠誠従順に君主に仕えることにより、その俸禄と爵位を保ち、その祭祀を守るのは士人の孝行である。ここの要点は「資於事父以事君」である。父親に対するように敬愛を込めて君臣に対することは、親扶養と君主仕えとの区別を曖昧にし、更に君主と父親が人倫の中で完全に混同している。

　最後に「庶人之孝（庶民の孝行）を見てみよう。『庶人章』では「用天之道，分地之利，謹身節用，以養父母，此庶人之孝也。」と述べられている。

　民衆としては勤勉に働き、生活を切り詰め、両親を養うしかない。所謂「謹身」とは、「勿縱」を意味している。つまり、自分の分をわきまえ、分不相応なことをしないことである。もし天下の庶民が、皆このような孝行に勤しめば、天下は自然に治められる。この条では少し親孝行の内容にも触れている。しかし、その目的と言えば、依然として孝を以て民衆を管理できる思想を宣伝することであった。

　以上を総合した上で、明らかに『孝経』は、儒家の伝統的孝道の観念を「五

等之孝」の具体的な論述の中で、当時の「大一統」の社会発展の傾向に丁度良く、巧く適するようにすり替えられていた。『孝経』全体の内容と中心思想から見れば、この本から反映された孝道思想の実質は、間もなく訪れる全国統一の封建的専制政治で中央集権国家における天下管理の思想の武器として提供され、起用される。この武器は、しばらく長い間ずっと秦王朝に利用されていなかったが、前漢の統治者に気に入られ、使われた。『孝経』は、歴代の封建王朝に尊び崇められた経典として、中国の歴史の上に深遠な影響を与えた。

　以上のように儒家学派が中国の伝統孝道に対する認識と発展を総合的に総論したが、総括して言えば、孔子は主に西周以来の伝統孝道を継承しつつ、同時にまた、新しい歴史条件に適応した孝道の発展のために活力を注ぎ込んだ。それは、人間性の基礎の上から孝道の存続の必要性と必然性を肯定したものだった。そして曾子は、孔子の孝道観を受け継ぎ、更に孝道を発展させ、系統化し、理論化して、儒家の倫理の観念を確立し、極めて重要な政治思想にした。孟子の貢献といえば、主に性善説を出し、孝道を哲学の基礎にするだけでなく、道徳範疇の中心にし、更に孝道倫理から政治思想を導き出し、孝行と政治の関係をより緊密にしたことである。しかし、孔子、曾子、孟子とは違った荀子は、三世代の政治に憧れる儒家の大家であるが、主に時代との関係・関連に鑑み、荀子と孟子の観点は大いに異なっている。つまり、孝道は荀子の時代になると、君主を隆盛させる思想と結合したことにより、儒家の孝行の観念が一変した。孔子から荀子までに及ぶ孝道の発展の傾向は、封建政治により強く密着し、広く繋がれていったものであった。先秦儒家が孝行を論述した総括としての『孝経』では、孔子、曾子、孟子の観点を継承し、発展させるだけではなく、荀子の観点をかなりはっきり総括し、発展させたものだった。甚だしきに至っては、法家のいくつかの言い方を参考にしていたことである。したがって、『孝経』の出現は、伝統孝道が封建倫理への理論上の転化を起こし、基本的に完成させたことを明示している。

　私達が春秋戦国の思想界における伝統孝道の認識と発展を議論する課題

は、主に儒家についてである。なぜなら儒家が最も伝統文化を重視していた為である。しかし、伝統孝道の封建的な倫理への転化は、理論上では主に儒家により完成された。次に、墨家、道家、法家について、簡単に分析してみよう。

## 二、墨家の孝道論

『韓非子子・顕学』で書かれた「世之显学，儒墨也」や『孟子・滕文公下』で書かれた「楊朱、墨翟之言盈天下」からでも、先秦時代の諸学派の中で墨家が重要な位置を占め、その影響の大きさは十分に証明されている。

墨家学派の創始者である墨子の思想体系から見ると、その最も主要な構成部分は「兼相愛、交相利」を政治綱領と倫理学説とし、またそれを彼の求める最高の道徳的境界としたことである。所謂「兼愛」とは、即ち他人と自分を問わず、親疎を問わず、貴賎を問わず、同じようにすべての人を愛することを意味する。「兼愛」の原則から言えば、墨子は決して孝道に反対はしていない。『墨子』という本で、「君恵（主君が臣に恩恵を与える）、臣忠（臣が忠誠心を主君に捧げる）」、「父慈（父が慈悲深い）、子孝（子が父に孝行を行う）」、「兄友（兄が弟に友達のように扱う）、弟悌（弟は兄を敬愛する）」という理想的社会へのあこがれを表現している。例えば、

> 君臣不惠忠，父子不慈孝，兄弟不和調，此則天下之害也。（『兼愛中』）
> 人君之不惠也，臣者之不忠也，父者之不慈也，子者之不孝也，此又天下之害也。（『兼愛下』）
> 為人君必惠，為人臣必忠，為人子必孝，為人兄必友，為人弟必悌。（同上）

どうやら、墨子は確かに孝行は必要であると思っていたようだ。しかし、墨家も孝行に言及したが、儒家とは大いに違っている。儒家が提唱する「愛人」とは、汎愛ではなく、「以己度人，愛己及人」で、順序的な愛なので、「親親之殺，尊賢之等」が肯定される。孔子の「親親而仁民，仁民而愛物」

にしても、孟子の「老吾老以及人之老，幼吾幼以及人之幼」にしても、自分から他人へ、近くから遠くへの類推で、要点はこの「推」という字にある。したがって、儒家の学説の中で極めて重要な孝行は、「仁」の根本、愛の本源で、哲学上の地位を占めるものである。儒家が推賞した孝道は、それ自体がきわめて等級を重視し、血縁関係の遠近により様々な差別が見られる。たとえば、喪服の制度が最も明らかである。それに対し、「兼愛」を提唱する墨家は、「愛無差等」、「不辟親疎」を主張する。「愛無差等」とは、君と臣、父と子、諸侯と家臣更に全体の人と人の間では、地位と身分などを問わず、愛し合わねばならない。『墨子・兼愛中』では「諸侯相愛，則不野戰；家主相愛，則不相簒；人與人相愛，則不相賊。」、「君臣相愛則惠忠，父子相愛則孝慈，兄弟相愛則和調，天下人皆相愛，強不執弱，衆不劫寡，富不侮貧」と、これが実現したら、「凡天下禍簒怨恨，可使毋起者」という理想的な社会になる。所謂「不辟親疎」とは、即ち人間愛と人を使用する時は、「親親」を標準にしないで、完全に親疎の違いを取り除き、真に分け隔てなく同様に見なすようにするのである。「親貧，則從事乎富之；人民寡，則從事乎衆之；衆亂，則從事乎治之」なので、「兼愛」の原則から、墨子は「孝」は自分の両親と年配者に愛と利益を捧げることだけに限らず、また民衆にも同様に捧げるべきとした。それだけでなく、墨子は、更に、親に利益を捧げるのは、まず他人の親からしたほうがと良いとし、「先從事乎愛利人之親」こそ、他人から「報我以愛利吾親也」をもらえると考えた。これらから見れば、墨子の観点は儒家とは逆で、等級の愛を無差別の愛に、近くから遠くへの愛を遠くから近くへの愛に与えてからもらおうとするものだった。彼はまた「夫愛人者，人亦從而愛之」、「惡人者，人亦從而惡之」と言い、自分の父親、自分自身、自分の家族を愛するように他人の父親、他人、他人の家族を愛し、あらゆる面で他国、他家、他人の事を優先して考えてほしいとする。上述の基本的な思想に決定され、社会の一般倫理の中の一つとした。しかし孝道での「兼愛」は、ただの一つの小さな道徳項目で、親子の間に表現されたありふれた一つの名詞に過ぎなかった。よって、孝道は、墨家の思想体系においては、それほど重要な地位を占有するわけではなかった。墨子は「愛人若愛其身，猶有不孝者乎？」と

いう考えから、もし誰でも「兼愛」でき、自分のように他人を愛するならば、親孝行と親不孝との違いもなくなると類推した。墨子の兼愛説によれば、血縁関係の親子の間柄だからといっても、その他の人間関係より近いということは決してないとしている。そこで、孟子は「楊朱為我，是無君也；墨子兼愛，是無父也。無君無父，是禽獸也。」と墨子の兼愛説を攻撃している。

　上述の孝道に対する全体の認識と結びつき、手厚く埋葬することに強く反対し、儒家は葬式、祭祀の儀礼を重視すると主張したのである。例えば、孔子は「三年之喪」は変更してはいけないと言い、孟子も「三年之喪」が仁義と孝道に合致するので滕文公に極力「三年之喪」を回復するようにと勧めた。「兼愛」の原則の下では、もはや親疎の区別が無くなり、手厚く葬し久しく喪服することは要らなくなる。墨子は、簡素に葬し短く喪服することを主張する。まして、厚く葬し、久しく喪服することは、大量に社会財産を浪費し、庶民の健康を損ない、正常な生産の破壊及び労働人口の減少をもたらす。「富貧眾寡，定危治亂」、「以厚葬久喪為政，國家必貧，人民必寡，刑政必亂。」によくない。一方、当事者に「出則無衣也，入則無食也」をさせるので、言うまでもなく「為人弟者，求其兄而不得不弟弟，必將怨其兄矣；為人子者，求其親而不得不孝子，必是怨其親矣；為人臣者，求其君而不得不忠臣，必且亂其上矣」という結果になる。そこからは、少しの孝道も見られない。したがって、手厚く葬し久しく喪服することは確かに「非仁非義，非孝子之事也」である。墨子が古代聖王のことを言及したとき言った「制為葬埋之法，曰：棺三寸足以朽體，衣衾三領足以覆惡。以及其葬也，下毋及泉，上毋通臭」は、彼の葬儀に対する態度である。

　墨子の死後の学説は、所謂「相夫氏之墨」、「相裏氏之墨」と「鄧陵氏之墨」の後期墨家の三つの学派に分けられた。現存している墨家後期の諸学派の著作だと思われる『経上』、『経下』、『経説上』、『経説下』、『大取』、『小取』の六つの著作は、他の篇とは違う。墨子後期の学説は、墨子の「兼相愛，交相利」の政治と倫理の思想を継承し、発展を成し遂げた。ここでは全面的な分析はせずに、ただ孝道に関わる一つの問題だけについて述べてみたい。「貴義」、「重利」と強調する墨子の学説では、愛は利とともに重視さ

れた、義を愛の基礎にされる。後期の墨家になったら、義と利、愛と利という関係の中でもっと利の重要性を強調し、利こそ義と愛の内容であると思っている。『経上』では：「義，利也。」、『経説上』では「義，志以天下為芬（愛），而能能（善）利之，不必用。」と述べ、愛を捧げる相手は天下人とした。更に自分のためではなく善を施し、天下人に利益をもたらすことこそ、他人のためであり、本当の義であるとした。所謂愛と義とは、その実態は利益に過ぎない。利益が有るのは愛である以上は、後期の墨家はこの「利益」を各方面に貫徹した。彼らが提唱した「孝」は、両親が実利を獲得することを要素にした。結果、その観点は、すっかり功利主義となった。『経上』では「孝，利親也。」と述べ、『経説上』では「孝，以親為愛，而能能（善）利親，不必得。」と述べ、『大取』でも「智（知）親之一利，未為孝也。亦不至於智（知）不為己之利於親也。」と述べている。以上から見れば、所謂孝行は、「利親」、「愛親」のことであり、親に利益を巧みにもたらすことであった。確かにこの新鮮な孝行に対する説明は、儒家の「養志」、即ち敬重を孝行にする観念とは完全に異質なものである。このことから儒家と墨子学派の孝行の根本的意味に対する理解上の相違を見抜くことができる。

　要するに、墨家の孝道論の主要な観点は上述の通りである。伝統孝道から封建的な倫理への転化過程から見れば、墨家の貢献はそれほど大きくはない。しかし、「兼愛」を重んじる墨家は、いつも孝を慈と同列に論じ、最後まで「孝」を「慈」よりも重要な地位などに高めたりはしなかった。墨子から見れば、父の慈愛にしても子の孝行にしても、いずれも兼愛の表現にほかならない。このような孝行と慈悲を共に重視し、孝行を強調しないという特徴から、墨子学派が等級格差付けを批判し、否定していたことが覗える。それは孝道の中に含まれる民主的内容の増加に対し一定の意義を持つ。また、墨家が盛大な葬儀と長く喪に服することに反対したのも、進歩的な歴史的意味を持っていた為、後世に比較的大きな影響を与えた。

## 三、道家の孝道論

　全体の思想体系から見れば、根本的に道徳を越える先秦の道家は、「無名之樸」に戻ると主張する。そこで彼らは、所謂「孝」というものは、その名称にしても現象にしても、仁、義、礼、楽、聖、智と同様であり、共に人類が堕落した後に生じる不吉な風潮のために壊滅するものと考えた。これが道家の孝道に対する全体の認識である。それでは、道家の代表人物が孝道を論述する関連問題を簡略に分析しながら、上述の観点を論証してみよう。

　道家の祖は老子である。老子が道家と称されるのは、全体の思想の基礎と核心は「道」であると確信したからである。彼は「非常道」が「常道」によって生じると説き、更に古今無双の観念論形而上学の理論体系を築いた。ここでは老子哲学自体を多く探求するつもりはない。老子の哲学思想の表現は、「小国寡民（国土が小さくて、人口が少ないこと）」といった政治上での原始社会の復元を主張するものであった。彼は「小國寡民，使有什伯之器而不用；使民重死而不遠徙；雖有舟輿，無所乗之；雖有甲兵，無所陳之。使人複結繩而用之。甘其食，美其服，安其居，樂其俗，鄰國相望，雞犬之聲相聞，民至老死，不相往來。」と言った。どのようにしたら「小國寡民」という理想世界に戻れるかについて、老子は自然に任せ、無為にしていれば治まると説いた。文明社会になって初めて現れた仁、義、礼、智などの思想が、いずれも道徳と人間性を傷つけたと説き、これらの人為的な原因を排除し、「絶仁棄義」、「絶聖棄智」さえすれば、人類の素朴な徳性に戻ることができ、社会もよくなることができると主張した。『老子』では、次のように述べられている。

　　聖人不仁，以百姓為芻狗。（第五章）
　　大道廢，有仁義；慧智出，有大偽；六親不和，有孝慈。（第十八章）
　　絶聖棄智，民利百倍；絶仁棄義，民複孝慈。（第十九章）
　　失道而後德，失德而後仁，失仁而後義，失義而後禮。禮者，忠信之薄

而亂之首也。(第三十八章)

　明らかに、老子から見れば、仁、德、義、禮、智及び孝、慈の出現は決して社会の進歩ではなく社会の衰退を表しているとし、それはつまり人類が日に日に堕落していった結果であるから、皆消滅されるべきものであった。上述の観点から見れば、孝行に対しては、墨子よりは老子のほうがはるかに研究開発及び発展している。何故なら、墨子は哲学上にある孝行の地位を認めず、ただ倫理上の地位を承認していただけなのに対し、老子は、孝行が文明社会の中で「六親不和」で生じた自然的人間性を束縛する偽りのものであるとした。したがって老子は、孝行が哲学或いは倫理上の地位を持ち、社会に果たす役割があるといった考えを根本的に認めていなかった。

　しかし、また重点的に指摘しておきたいのは、老子が反対する「孝」は、ただ階級社会の中にあった一種の観念であり、一種の道徳規範或いは人為的な礼儀作法の「孝道」であった。絶対に親子の感情を認めないというのではない。『老子』という本の中で「而我獨頑似鄙，我獨異於人，而貴食母」、「無名萬物之母」、「可以為天下母」、「天下有始，以為天下母。既得其母，以知其子；既知其子，複守其母，沒身不殆」などというような母親重視の観点を繰り返す。老子はなぜ、母親重視を主張したのかについては、恩師の金景芳先生が多くの著作でこの問題に言及している。老子が母性と柔弱を重視する観点は、殷易『帰蔵』の淵源に遡るはずである。『帰蔵』は『坤乾』とも言われ、その六十四卦で一番先に坤、次に乾という配列でその書名が名付けられている。『周易』は、父権と尊尊を重視するのも周代社会の特徴を反映している。それに対し、『帰蔵』は、母権と親親を重視するのは、殷以前の社会母権利の名残である。[87] 老子は『帰蔵』の坤道重視の思想を受け継いだ。父権重視を思想基礎や表現特徴とする法令制度を含む周代の礼楽文化に不満を感じ、母権重視の母権社会に憧れる。母権重視の坤道こそはと、老子は度々、人間慈母の無私な愛を賛美する。彼は次のように「我有三寶，持而保之。一曰慈，二曰儉，三曰不敢為天下先。」[88] と見なす自分の生命中の三宝では、まずはその母の道徳の慈である。そして、「道生之，

德畜之，長之育之，亭之毒之，養之覆之，生而不有，為而不恃，長而不宰，是謂玄德。」と言った。

　世の中の慈母の愛は、「道」の成長により万物に栄養を提供するように、最も無条件に捧げるものである。慈母は愛で子供を束縛するわけではなく、子供が成長できるように十分な自由を与える。老子からすると、「慈」が母体の生まれつきの自然の愛で、「孝」は子女が意識的に親への恩返しをする反哺なのである。これらはいずれも人為的ではなく、生まれつきの自然行為で、故に貴重である。仁、孝、礼、慈などの道徳的な教条でそれを正すならば、かえってその本性を削ってしまう。したがって、肉親同士の親子の間では、互いに束縛するべきでない。人為的な反自然の「孝」などで相手を負担させるべきでない。無為こそ本当の孝行である。つまり、階級社会において標榜された「孝道」は、根本的に人間性の中における最も美しいものを剥奪した。標榜された「孝道」を排除して、初めてやっとそのような原始的で、本当の意味上の孝行に戻れるのである。本当の孝行は「無名之樸」なので、必ずしも「孝」という口実のような名をつける必要はない。老子が孝道を論述する観点は、儒家、墨家のどちらとも根本的に対立している。

　戦国時期の道家の最も有名な人物は、楊朱と荘周が挙げられる。

　楊朱は、陽子居或いは陽生と称す。一般的にその活動年代は、およそ孔子、墨子の後であるが、孟子、荘子より昔であると思われる。『孟子・滕文公下』では「聖王不作，諸侯放恣，處士橫議，楊朱、墨翟之言盈天下。天下之言，不歸楊，則歸墨。」又说：「楊墨之道不息，孔子之道不著。是邪說誣民，充塞仁義也。仁義充塞，則率獸食人，人將相食，吾為此懼。閑先聖之道，距楊墨，放淫辭，邪說者不得作。作於其心，害於其事。作於其事，害於其政。聖人複起，不易吾言矣。」「豈好辯哉，予不得已也。能言距楊墨者，聖人之徒也。」と述べられている。「言距楊墨」の「聖人之徒」と自負している孟子は、楊子と墨子に対抗したことは大きな功績だと見なしている。これから見れば、楊子の学説が、当時たいへん盛んに流行し、甚だしきに至っては儒学、墨家と天下を大きく三分割すると言うところまでに至ったと十分

に証明された。楊子学説の一時の盛況について、ここで回避することはできないので、単独に並べて検討してみる。

楊子は事績の考察が難しいだけではなく、後の世代に伝わった著作もない。その思想と言論は、『孟子』、『荘子』、『荀子』、『韓非子』、『呂氏春秋』及び『淮南子』などの書籍に散見している。真偽を弁別しにくくなる『列子』の『楊朱篇』は信用できない。楊朱の思想の中心内容に関し、現在引用できる文献の材料は以下のような三条のみである。

楊子取為我，拔一毛而利天下，不為也。(『孟子・尽心上』)
陽生貴已。(『呂氏春秋・不二』)
全生保真，不以物累形，楊子之所立也。(『淮南子・氾論訓』)

これらの文献から分かったことは、楊子の人生哲学の根本的な目的が「為我」であったことである。これは老子の「貴身」、「愛身」の観点に対する発展、即ち老子の厭世境界から楊子の「為我」の説に一変したと見なすことができる。楊子の学説が老子による以上は、その理想はもちろん、社会をあの虚無で穏やかな自然な時代、即ち知恵が未開のままの原始時代へ回帰することである。楊子は、当時の濁った俗世を嫌悪し、文明社会を超然と超え、太古の質素で、無為に憧れた。よって彼の主張は、儒家と完全に異なっている。人々は、儒家に重んじられる君、臣、父、子、友達という五倫の等級の差の中に制限され、世の中に一日でも生きているならば、できるだけ自分の責任を尽くすようにしていた。楊子は「為我」を主張し、人間としての責任を回避し、社会性の人から自然性の人に戻ることを説いた。社会は文明化とともに進歩していき、社会組織が日に日に複雑になるに連れ、人々の共同生活もますます広がり、自身及び他人との関係はすっかり蒙昧な時代と異なるほどに密接になっていった。したがって、楊子が主張したように、自分のみのために人の道は行き止まりになる。なぜなら、そうなれば社会を「無君」の時代に戻すばかりでなく、家庭まで存在できなくさせてしまう。道理で孟子は「楊氏為我，是無君也」、「無君無父，是禽獸也」と鋭く楊子を批判した。今日、既に楊子の孝行についての具体的

な言論を読むことはできない。しかし彼は自分のためだけでなく、すべてを社会から超然させたいと考えていたことから、孝道を重視していたわけではなかったことが容易に類推できる。楊子の学説は、儒家の社会進出の思想と逆なだけではなく墨家とも違う。「兼愛」を重視し、一身を顧みず苦労して天下に役立てようとする墨家に対し、楊子はちょっとした利益では、天下の役には立たないと主張している。ここで一つの肝心な問題、即ち楊子の「為我」と極端なエゴイズムを意味する「人不為己，天誅地滅」とは、それぞれ別物であるとし肝要な問題を誤解してはいけない。彼は、誰もが他人を邪魔したり妄りに波風を立てたりせずに、自分のために、自らの現状に甘んじ、満足し、身を清く保てば、それによりすべての争いを無形に消す事が出来ると説いた。楊子の思想が天下に広く行き渡ることができたのは、恐らくこの主張が原因であろう。このような頗る消極的な無為思想は、乱世における多くの知識人の気持ちにぴったりと一致したのである。

　荘周は基本的に老子の思想を祖述しつつ、同時にまたある程度発展し、更に道家学派の理論を更に改善した。政治の上の「至德之世」に憧れる荘子は、当時の社会がすっかり破壊された根源は、人々が常に社会を改善したいと七転八倒を繰り返したせいであると考えた。つまり、天下が乱れているのは、絶えず直すからである。その挙げ句、直せば直すほど乱れていくことになった。そこで、何もせずにただその成り行きに任せようとするよりしかたがない。蒙昧混沌の太古の時代状態に戻らないと、本当のやり直しが実現できない。『荘子・胠篋』で述べられている「子獨不知至德之世乎？昔者容成氏、大庭氏、伯皇氏、中央氏、栗陸氏、驪畜氏、軒轅氏、赫胥氏、尊盧氏、祝融氏、伏犧氏、神農氏，當是時也，民結繩而用之，甘其食，美其服，樂其俗，安其居，鄰國相望，雞狗之音相聞，民至老死而不相往來。若此之時，則至治已。」からは、荘子が憧れた所謂「至德之世」は、実際は原始社会の初期である。「自然」、「無為」を崇め尊ぶため、荘子は人間性の問題の上でも「複歸於樸」という老子の主張を受け継ぎ、「求複其初」を提唱する。人間性が「天下有常然」で、その成り行きに任せることこそ、最も完璧であると思った荘子は、これが「性命之情」[92]であると主

張する。同様に「不以心捐道，不以助天」と言われたように、凡てを成り行きに任せることは、荘子の人性論の綱領になった。『繕性』篇では「繕性於俗，學以求復其初；滑欲於俗，思以求致之明，謂之蔽蒙之民。」と述べられている。ここで言い出した「求復其初」は、人間性を愚かな時代に戻した方がいいと主張している。自然で素朴な人間性が最も円満であるとし、文明社会から発生した全ての人為的な礼儀に反対する荘子は、仁義道徳のようなものは素晴らしい徳性ではなく、却って完璧な人間性を傷つけ、道徳的なものを損なうものであると認定している。『荘子』という本では、老子の「絶仁棄義」という思想精神を受け継ぎ、仁義を極力排斥している。例えば、「自虞氏招仁義以撓天下也，天下莫不奔命於仁義，是非以仁義易其性歟？故嘗試論之，自三代以下者，天下莫不以物易其性矣。(『駢拇』により)」、「請問仁義之性耶？……夫子亦放德而行，循道而趨，而至矣！又何偈偈乎揭仁義，若擊鼓而求亡子焉！意夫子亂人之性也。(『天道』により)」と述べられたように、仁義のようなものは人間性とは決して相容れなく、文明社会からの「以物易性」の結果である。にもかかわらず、人々はなぜ、仁義礼智を創造し推進するのか。それについて、『大宗師』では「泉涸，魚相處于陸，相呴以濕，相濡以沫，不如相忘於江湖。」、「魚相忘乎江湖，人相忘乎道術。」とあり、述べられた内容から分かるように、世の中で礼儀道徳を提唱することは、ちょうど人々の礼義が乏しいことが反映されているのだ。もし礼義道徳が珍しくないならば、人々はそれをわざわざ提唱する必要はなくなるであろう。比喩的に表現してみれば、泉に枯られ、陸地に困っている魚たちがお互いに口の中の湿り気を呼吸し合い、唾で相手を潤い合うように助け合うが、もしその後、海洋を泳げたら、先の湿り気と唾などは気にしなくなる。ちょうど「道德不廢，安取仁義？性情不離，安有禮樂？……毀道德以為仁義，聖人之過也。」と言われたように「攘棄之義」により、「至德之世」にさえ戻せば、人の徳性が「大道」と一つになるのである。

　仁義道徳は、自然な人間性に背くからこそ生まれたとしたら、倫理道徳としての「孝」は一体何を意味しているか。荘子の理論に基づいて人間性が堕落し、ねじ曲がってしまったという考えは、初めて現れた観念であ

る。人々が孝行を提唱していたのは、既にこの社会が道徳を喪失し、親戚とも睦まじくなかったことを証明しているとした。したがって、孝行も仁義礼智と一緒に除去した方がいいと考えた。この観点に関し、『荘子・天運』においては、次のように比較的はっきりした解明がある。

　　商大宰蕩問仁於莊子。莊子曰："虎狼，仁也。"
　　曰："何謂也？"
　　莊子曰："父子相親，何謂不仁？"
　　曰："請問至仁？"
　　莊子曰："至仁無親。"
　　大宰曰："蕩聞之，無親則不愛，不愛則不孝。謂至仁不孝，可乎？"
　　莊子曰："不然。夫至仁尚矣，孝固不足以言之。此非過孝之言也，不及孝之言也。夫南行者至於郢，北面而不見冥山，是何也？則去之遠也。故曰：以敬孝易，以愛孝難；以愛孝易，以忘孝難；忘親易，使親忘我難；使親忘我易，兼忘天下難；兼忘天下易，使天下兼忘我難。夫德遺堯舜而不為也，利澤施于萬世，天下莫知也，豈直大息而言仁孝乎哉！夫孝悌仁義、忠信貞廉，此皆自勉以役其德者也，不足多也。故曰：至貴，國爵並焉；至富，國財並焉；至願，名譽並焉。是以道不渝。"

　以上の対話から、荘子の仁、孝に対する具体的な見方が明らかに分かる。その見解から三つの重要な問題を次に挙げる。
　第一に、「虎狼仁也」。虎でも狼でも、他の動物を惨殺し食しながら生計を立てるのは狂暴で残忍な猛獣であり、その猛獣は最も恐ろしく、慈悲心がない。しかし、これは世間の人の角度だけから見たことであり、もし人類の利益を出発点とする狭い立場と視角を越えることができるならば、容易に虎狼でも「仁」があることを見て取れるだろう。なぜなら、「父子相親」の虎狼が他の動物を惨殺するのは、後代を扶養するためだからである。虎狼は「仁愛」などと表現はしなくても、これを「仁」と言わないわけにはいかないだろう。虎狼のように自然体で何の飾りもない親子間の愛こそ、この上もない慈愛なのであり、それは「仁」なのである。逆に、人類の父

子間に多くの礼節を人為的に加え、甚だしきに至っては、それにより人間の本性を埋没させてしまうことは、かえって本当の仁愛とは言えない。

　第二に、「至仁無親」。孝道は至仁の境界に達することはない。この上なく崇高な「仁」である至仁を説明できない。人が親疎に区別されるのは、俗世間の考え方であり、親疎を消滅して初めて「道」に合うようになる。「無親」は、親を忘れることでもある。親と孝行を忘れて、初めて至理が通じ、本当の愛に達することができる。最高の道徳は、名言を越え、いかなる名詞でもそれを概括できない。いかなる言語でも、それを表現することができないのだ。愛と孝行などの道徳項目は、一旦は言及されるが、名言の境界に止まる。俗世間の理解を越えられず、間違いなく至高境界の仁に達することはできない。そこで荘子は「有親,非仁也。」(95)と言っている。荘子は、うわべに表現する恭敬は必ずしも内在する愛からではなく、虚偽的なものからかもしれない。恭敬を使うより、親愛で孝行をするほうが難しい。しかし、内在する愛心が外見だけでする恭よりも更に有り難いことなのである。恭敬と愛心で孝道を実践することは普通の人でもでき、そんなに難しくない。愛も忘れた方がいい。しかし、難しいのは忘れることである。両親を忘却したり、両親に自分を忘れさせたりして、それぞれの人文を取り除き、その正体を明らかにしたとき、ようやく自我を実現することができ、他人の真実の生命も実現させることができる。このように荘子は、人の価値を儒家や道家とは全く違った理解で表現した。つまり、儒家は人を完全に社会の「五倫」の中に限定し、生命が存在するなら僅か一日でも道徳実践で生命価値の無限さを開発しようと主張し、道家は別に責任を投じたり負担をかけずに、人の個体を解放し、人生の価値を実現し、超越し放すことにより、自我を実現させれば、同時に他人の自我も実現できると主張した。

　第三に、「至礼不人」。「至仁無親」と結びつき、荘子は、更に孝悌仁義、忠信貞廉などの道徳的教条は、人の天性を強制し、改造し労役させるために使われたので、賛美と称揚に値しないとした。道徳的な礼文の制限を越え、返僕帰真すべきであると説いた。この点に関し、『荘子・庚桑楚』では、次のように明確に説明している。

蹍市人之足，則辭以放驁，兄則以嫗，大親則已矣。故曰：至禮有不人，至義不物，至知不謀，至仁無親，至信辟金。

　もし、市場で見知らぬ人の足をうっかり踏んでしまったらどうすればいいか。相手に赦してもらうために、自分の放縦傲慢のせいなどと言いながらお詫びしなければならない。同様に、うっかり兄弟の足を踏んだのならば、誤ったり自責する必要はなく、慰めさえすれば十分である。次に、もし父親が自分の子供の足を踏んだならば、父と子は最も近い肉親関係のため、慰めさえ必要とせず、子供は決して父の何の気なしの過失を咎めるわけでもない。これらの例から分かったように、人間関係は近いほど、礼節が簡単になる。逆に、礼節が複雑なほど、関係が疎遠であることを表す。何故なら、相手が見知らぬ人なので、礼儀文飾が行き届かなければ誤解を招きやすい。逆に双方関係が近ければ、互いに信頼しているので、礼儀文飾などは必要としなくなる。この道理に照らして推理してみれば、相手に対し礼儀が要らないようになったら、至礼である。所謂「至禮有不人」とは、即ち最高の境界に届いたら、他人と自分を区別せず、言葉で表現する必要もなくなる。他人と自分の限界が分かった時点で、その形式化した礼儀言葉を使う必要はなくなる。礼の客観的な効用は、人と人との間の距離を反映している。礼が表現する孝悌仁義、忠信貞廉などは、道徳の喪失後に生じた人間の天性を制限した精神的束縛でしかない。それは賛美に値しないばかりでなく、言うまでもなく取り除くべきである。

　総括的に言えば、道家の思想は、道徳を越え、政治上では孝行の哲学と倫理における地位を認めなかった為、この学説の中では重視されていない。また、道徳の範疇に属していた孝道が封建的な倫理に転化する過程でも、道家の役割はそれほど大きくなかった。しかし、道家が親子間の精神情感の疎通を重視し、心で互いに意気投合することを重んじ、繁文複雑な儀礼に反対していたことは、間違いなく一定の意義があった。そして道家は、中国孝道文化が形成される最終段階において、直接影響を与えたのである。そのほかに、道家の「絶仁棄義」という学説が法家の韓非子子に対する影響も割合に直接である。

## 四、法家の孝道論

　政治の派は別として、法家は歴史上戦国時代の特定の時期に生まれた。呉康の『諸子学概要』では「周王朝は戦国時代に入ると没落に向かった。辺鄙な西部にあった秦国でも、東側にあった齊楚燕韓趙魏でも、いずれも富国強兵の道を重視し、合従連衡の優劣点を巡り議論され、勝利を勝ち取るための政治活動と外交であらゆる手段を利用した。これらの合従連衡に対する好き嫌いは当時の君主により、おのおの大きく異なっていた。しかし、どちらも自国を強大にさせ、安定させるための議論を取り入れたかった。すると遊説する人士は、君主の心理を推察し、自分の学説を君主に薦めることを勇敢にも試みた。そこで法律に基づき国を強大化させる学説が大いに流行する。当時、功利を頂けるのは有能な人間とされ、仁義などは時代遅れと見なされていた。孟軻の主張を採用せずに、申不害と韓非子子の主張を受け入れ、明確に法律で国家を治めようとしていた。そこで、法家の学説が誕生した。(96)」と述べている。金景芳先生が『中国奴隷社会史』で「法家は当時の新興地主階級の政治的代表として、政治舞台で奴隷制を封建制にした先導者であった。(97)」と書かれている。上述で引用した法家の発生する背景と政治の主張はかなり的を得たものである。司馬遷の言った「法家不別親疏, 不殊貴賤, 一斷於法(98)」こそ、法家の精神の本質を言い当てている。

　『漢志』に収められ、現存する法家の著作は、わずか『商君書』、『慎子』、『韓非子』のみである。その中の『慎子』は、とても短く、ほかのさまざまの著作に引用された内容を選んでできた著作である。『管子』となると、多くの様々な法家の言葉が混在している。しかし『漢志』は既に道家の所属に収められ、しかもその完成年代は戦国時代よりやや遅れるので、法家の著作と判定するのは難しい。少なくとも典型的な法家の著作ではないことは確かである。そこで、法家の孝行観念は代表的な商鞅、韓非子の二人に限定して述べる。

　前期の法家である慎到、申不害、商鞅は三つの派閥の代表人物である。慎到は「勢」を、申不害は「術」を、商鞅は「法」をそれぞれ重視した。(99)

その中で、韓非子への影響が最も大きく見られる商鞅は、法家の学説を伝承し、次第に社会が変遷していく中で重要な位置を占めてきた。

　商鞅の秦国改革については、前章で少し述べたので、ここで再び具体的には取り上げない。『商君書』及びそのほかの史料によれば、商鞅の思想の核心は絶えず発展し変化していき、その観点は天地自然と人類社会を評価し、人類の行為と社会の変化は共にあると主張している。そこで、『商君書・開塞』次のように述べられている。

　　天地設而民生之。當此之時也, 民知其母而不知其父, 其道親親而愛私。親親則別, 愛私則險, 民眾而以別險為務, 則民亂。當此時也, 民務勝而力征。務勝則爭, 力征則訟, 訟而無正, 則莫得其性也。故賢者主中正, 設無私, 而民說仁。當此時也, 親親廢, 上賢立矣。凡仁者以愛利為務, 而賢者以相出為道。民眾而無制, 久而相出為道, 則有亂。故聖人承之, 作為土地貨財男女之分。分定而無制, 不可, 故立禁。禁立而莫之司, 不可, 故立官。官設而莫之一, 不可, 故立君。既立君, 則上賢廢, 而貴貴立矣。然則上世親親而愛私, 中世上賢而說仁, 下世貴貴而尊官。上賢者, 以道相出也, 而立君者, 使賢無用也。親親者, 以私為道也, 而中正者, 使私無行也。此三者, 非事相反也, 民道弊而所重易也, 世事變而行道異也。

　この話は商鞅の歴史観を集中的に体現している。所謂「世事變而行道異」は、すなわち異なった時代には、それに応じる違った状況が現れる。民衆を管理する方法も変化に応じ、昔からの旧規を踏襲しなければ改革にはならない。この基本認識から、商鞅は古来の礼制に固執し、守り続けることに反対している。『商君書・更法』では次のように述べられている。

　　前世不同教, 何古之法？帝王不相複, 何禮之循？伏羲、神農, 教而不誅；黃帝堯舜, 誅而不怒；及至文武, 各當時而立法, 因事而制禮。禮法以時而定, 制令各順其宜, 兵甲器備, 各便其用。臣故曰：治世不一道, 便國不必法古。湯武之王也, 不修古而興；殷夏之滅也, 不易禮而

亡。然則反古者，未必可非，循禮者，未必多是也。
是以聖人苟可以強國，不法其故；苟可以利民，不循其禮。

　昔からの法制と習俗を改変しようという主張は、古に照らして制度を改革しようという儒家の伝統習慣をすっかり変え、礼楽の制度に対しては断固、否定をした。礼楽教化を否定した上に、過酷な法律と刑罰の施行を極力主張する商鞅は、「礼楽」、「詩書」、「修善」、「孝悌」、「誠信」、「仁義」を「六蝨（国家に危害をもたらす六つの物事——訳者注）」と認定する。「王者刑九而賞一」、「求過不求善，藉刑以去刑」と言った商鞅は、「一斷於法」、「立法明分，而不以私害法，則治」と主張した商鞅は、秦国で相前後して二回改革を実行し、おかげで秦国を「道不拾遺，山無盗賊，家給人足」と良く治め、富強な国に一躍させた。

　上述の論述から分かったように、商鞅は前期の法家の代表として、既に法家の理論の基礎をしっかり持っていた。そして自らの政治主張を自らの体験に反映させ、それは国家管理の実践の中でも貫徹していた。礼制に反対し、礼楽教化を否定するため、商鞅は仁義孝悌などの道徳規範を認めなかった。彼の言った「治主無忠臣，慈父無孝子」は、両親の愛だけでは決して十分に息子を教育することができないとし、社会の過酷な法律と刑罰こそ庶民に孝行をさせられるとした。商鞅は、根本的に孝行に反対するのではなかった。ただ彼の孝行の効果に対する理解は、儒家とは大いに違った。儒家は、孝道を推進することにより庶民を教化し、孝道を礼楽文化の重要な内容としていた。礼儀と道徳を信じない商鞅は、孝悌道徳を口だけで言うのは、庶民教化には何の役にも立たないとした。やはり法律に基づき国を治めるほうが、何より重要であると考えていた。商鞅の道徳的な効果に対する否定は、直接韓非子に影響を与え、そして韓非子の非道徳主義の倫理関係に発展した。伝統孝道が封建的な倫理へ転化する過程から見れば、商鞅の貢献は、主に彼が血縁の親疎により政治上での尊卑の等級を決めるという昔からの方法を打ち破り、「不別親疏」と言われたように、凡ては法律により決断すると主張したことである。これは社会が発展するにつれて、血縁関係が人々を拘束する力は、やや退いた。それにより韓非子

が忠誠心と孝行心を混同させた。そして血縁関係を起用した孝悌倫理を忠誠心にすり替えて政治関係の中に投入していく変化が起こった。

　戦国末期の法家思想の集大成者である韓非子は、直接三晋の法家の伝統を受け継ぎ、商鞅の法治派、慎到勢治派及び申不害の術治派の思想を鋭く批評し、継承した。先秦時代の最後の哲学家である韓非子は、儒家、墨家、道家などの諸派の思想も吸収し発展させた。それにより、彼独自の法家の思想体系を確立し、成し遂げた。梁啓超が「法家とは、儒家、墨家、道家の低俗な部分を取り入れて総合し長い時間をかけて変化、発展したものなり」(105)と言ったのは、韓非子のことを指し示して述べた言論だと言える。どうやら韓非子の理論基礎は先秦諸学者の集成言論から派生し、形式構造は三つの前期法家学派の伝統言論の綜合から成り立っていると思われる。ここでは韓非子の哲学を全面的に品評はしない。韓非子のその孝道観と、それに関わる諸問題について簡単に論じる。

　韓非子は、政治の権力構成から当時の混乱を解決することを主張した。富国強兵で覇業を成し遂げる道を探求し、現実的に政治の弊害を解決することを目的とした。韓非子の哲学は、政治哲学の範疇に属すると一般的に思われている。韓非子の哲学の特質を把握できれば、世界に共通する根本的な観点や認識論の純粋な哲学問題について、手っ取り早く解決できるので、非常に重要である。

　韓非子の政治哲学の重要な理論の基礎は、その人間性論である。人間性に対する考察と判断は、各派の政治思想の総方向を決定する。それは、先秦時代のいかなる政治流派でも回避できなかった大きな問題だと言えよう。孔子、孟子のような正統的な儒家が、実際には皆性善説を主張し始めたきっかけは、間違いなくその人間性論から派生したものである。墨家が愛と利が総合的に対立統一していると主張するのに対し、人間性を肯定し、尊重した道家の特徴を見れば、それは性善説の観点を証明している。韓非子の人間性に対する見方は、荀子の「性悪論」から直接的な影響を受けながら、前期法家の人間性の「為我」の思想を継承し、発揮し、人間性は利己的なものだと認めた。彼が言った「好利悪害，夫人之所有也。」、「喜利畏罪，人莫不然。」(107)により、人と人の間の全ての関係を利害関係と見なし

た。多くの人々が韓非子の人間性論は荀子から生じたものだと思っているのは、間違いない。しかし、韓非子の人間性論と荀子の性悪論とは全く同じではない。なぜなら、荀子は人間性の性悪は自然な本能から生じたものであるとし、礼義の教育を受け、改造されるものだとした。これに対して韓非子は、このような認知心を否定し、人間性の性悪は生まれつきであり、いかなる道徳的規範と教育を施しても、この悪を善に転じることはできないとした。よって、ただ法律的手段と君主の権威でのみ対処しなければならないと主張した。このように韓非子は、荀子の性悪論の基礎の上に更に極端な利己主義の人間性論の観点が形成された。韓非子の人間性論が極端性悪論と言われても過言ではない。極端な性悪論により韓非子は、世間の孝行慈悲という道徳の存在を軽蔑し、家庭の中の父子関係、夫婦関係をも純粋な利害関係だと見なした。彼は、次のように言ったのである。

> 人為嬰兒也，父母養之簡，子長而怨；子盛壯成人，其供養薄，父母怒而誚之。子父至親也，而或誚或怨者，皆挾相為，而不周於為己也。夫買庸而播耕者，主人費家而美食，調錢布而求易者，非愛庸客也，曰：如是，耕者且深，耨者且熟云也。庸客致力而疾耘耕，盡功而正畦陌者，非愛主人也，曰：如是，羹且美，錢布且易云也。此其養功力，有父子之澤矣，而必周於用者，皆挾自為心也。故人行事施予，以利之為心，則越人易和；以害之為心，則父子離且怨。(108)
> 且父母之于子也，產男則相賀，產女則殺之。此俱出父母之懷妊，然男子相賀，女子殺之者，慮其後便，計之長利也。故父母之于子也，猶用計算之心以相待也，而況無父母之澤乎(109)！
> 夫妻者，非有骨肉之恩也，愛則親，不愛則疏。語曰："其母好者其子抱"，然則其為之反也：其母惡者其子釋。丈夫年五十而好色未解也，婦人年三十而美色衰矣。以衰美之婦人事好色之丈夫，則身死見疏賤，而子疑不為後，此后妃夫人之所以冀其君之死者也。(110)

この言い分は、権力と利益の誘引の下に置かれた父子間の肉親愛は、孝行と慈悲の規則も何もなくなってしまったことに基づいている。儒家では

全ての人倫道徳の根本だと尊重された孝道が、意外にもここでは完全に否定されている。

　韓非子は極限な性悪論を決定付け、非道徳主義の倫理観念を提唱し、すべての道徳準則を否定した。甚だしきに至っては、必須の社会公徳を承認せずに、人と人の関係を弱肉強食の動物界の禽獣関係と同一と考えた。彼は道徳は偽りで、孝道について言えば、「孝子愛親, 百數之一也(111)」のように、世の中で最も親しい関係は両親と子女に勝るものはないのに、現実には本当に親孝行な人などは極めてまれに見るだけであると言い、まして他人との関係では、なおさら情が見られない。いわゆる仁、義とは皆、完全に嘘である。そのために、韓非子は道徳教化の効果を信じなかった。また、両親の愛だけで子供に教育を施すのは足りないと考えた。韓非子は次のように言っている。

「今有不才之子, 父母怒而弗為改, 郷人譙之弗為動, 師長教之弗為變。夫以父母之愛, 郷人之行, 師長之智, 三美加焉而終不動, 其脛毛不改。州部之吏操官兵, 推公法而求索姦人, 然後恐懼, 變其節, 易其行矣。故父母之愛不足以教子, 必待州部之嚴刑者, 民固驕於愛, 聽於威矣(112)。夫嚴家無悍虜, 而慈母有敗子, 吾以此知威勢之可以禁暴, 而德厚不足以止亂也(113)。」

　道徳が社会に与える調節効果は何も見えない。韓非子からすると、刑法さえ実行すれば十分に天下を治めることができるとし、道徳で教化を施すことは必ずしも必要だとは限らないということである。

　上述の両項を合わせてみれば、韓非子の政治観と儒家の仁政学説及び政教一致の観念とはまるっきり正反対である。韓非子は政治を道徳の領域から独立させることを主張し、儒家が人情で国を治めることに反対し、「仁義喪國」、「慈惠亂政」と考えた。『五蠹』篇では「文王行仁義而王天下, 偃王行仁義而喪其國, 是仁義用於古, 不用於今也。故曰：世異則事異。上古競于道德, 中世逐于智謀, 當今爭於氣力。」と書かれている。

　『奸劫弒臣』篇ではまた、「世之學術者説人主, 不曰乘威嚴之勢, 以困奸

邪之臣, 而皆曰仁義惠愛而已矣。世主美仁義之名而不察其實, 是以大者國亡身死, 小者地削主卑。何以明之？夫施與貧困者, 此世之所謂仁義；哀憐百姓, 不忍誅罰, 此世之所謂惠愛也。夫有施與貧困, 則無功者得賞；不忍誅罰, 則暴亂者不止。國有無功得賞者, 則民不外務當敵斬首, 內不急力田疾作, 皆欲行貨財, 事富貴, 為私善, 立名譽, 以取尊官厚俸。故奸私之臣愈眾, 而暴亂之徒愈勝, 不亡何待！」と書かれている。

　このように仁義恵慈の危害は大きいので、決して当時の国を治める良法でない。それでは、国を治める良法は何であるのか。韓非子は「嚴刑者, 民之所畏也；重罰者, 民之所惡也。故聖人陳其所畏, 以禁其邪；設其所惡, 以防其奸。是以國安而暴亂不起。吾以是明仁義愛惠之不足用, 而嚴刑重罰之可以治國也。」と考えた。酷刑と重罰以外の「仁恩礼義」のようなものは時代遅れで、役に立たない。それでは、奨励することはまだ必要なのかどうかと言えば、勿論必要である。ただ奨励する対象は、慈父孝子ではなく、耕作作戦功績のあった人間に限る。韓非子は、功利は何よりで、主君と国家の勝利の鍵は富国強兵にあるが、富国強兵の基礎は耕作しかないと考えた。したがって、『八説』篇では、「博聞辯智如孔墨, 孔墨不耕耨, 則國何得焉？修孝寡欲如曾史, 曾史不攻戰, 則國何利焉？」と言われている。

　韓非子の政治哲学の中には、道徳倫理と学術文化は存在せず、法律で国を治め、耕作戦争で強国にすることが何よりの根本であった。このような功利主義の思想の下で、国にとって良い事なら何でも良いものだとされた。仁孝のような道徳的なものは富国強兵には役に立たないので、速やかに政治から捨て去られた。

　韓非子の政治哲学には、君主主体の価値観という重要な基礎がある。孔孟は性善説から、非常に個人の人格を重視し、人生の価値を肯定した。重点的に人類が共有する心の仁を啓発することを重視し、個人の生命価値を実現するように努力することを主張していた。それに対し、荀子は性悪論から、個人の人格を軽視し、人生の価値を否定した。凡ての個人は、人間としての価値を実現することはできない。個人が集合し、構成した社会群体において実現可能になると認定している。韓非子の場合は、もっとその極限に達した性悪論から、完全に父子の愛、夫婦間の感情、君主と臣下と

第七章　春秋戦国の思想界における伝統孝道に対する認識と発展　225

の義を否定した。人間性には価値と理想はなく、実際に主君群体の利益と、いくつかの外在する功利だけを得るものと認定する。ここでの人間性は何と言っても悪であり、誰でも自分の利益には注目する。それで韓非子は、唯一の方法は君主の政治権力を強化し、そしてそれを利用してすべての個人の利害的衝突を取り除き、君主と国家の旗幟の下で皆の多様な私利を統一達成することができると考えた。このような功利主義の価値観から、韓非子は君主至上主義、国家至上主義を極力主張し、庶民を塵に等しいと見なし、その人格や民事を軽んじた。韓非子の学説では、勢（つまり独断の国家機関）を後ろ盾にし、術（陰謀詭計）を以て大臣たちを制御し、法（厳重な刑罰）を以て百姓を支配し、本当の専制君主制を実行することにより、君主を尊び崇める。このように見たところ、韓非子の政治哲学の総目標は、封建制の君主専制のためである。君主を尊崇するために、韓非子は人の心に深く染込んだ孝道の人倫道徳を利用し、君主に対する忠誠心を釈明させた。『韓非子子』にある『忠孝』篇[115]では忠、孝という道徳に対して、儒家と完全に異なる解説をした。この冒頭でも、「天下皆以孝悌忠順之道為是也，而莫知察孝悌忠順之道而審行之，是以天下亂。皆以堯舜之道為是而法之，是以有弒君，有曲父。堯舜湯武，或反君臣之義，亂後世之教者也。堯為人君而君其臣，舜為人臣而臣其君，湯、武為人臣而弒其主，刑其屍，而天下譽之，此天下所以至今不治者也。」と書いてある。

　ここにおける君主の見方が儒家の態度とは全く逆である。堯舜の伝統を継承し、文王と武王の法令制度を真似る儒家は、堯舜が禅譲を行うことや商湯武王が百姓を慰労し、罪のある支配者を討伐したことは、皆仁義の行為である。それに対し、韓非子の考え方では堯が君であるからには、舜を臣から主君にさせるべきでなく、同様に、舜は臣であるからには、堯を主君から臣にさせてはいけないとし、湯、武の革命で、桀、紂を殺し、王になるのは、不忠不孝にはならない行為であるとし、更に堯、舜、商湯、武王の行為は、忠孝の規則に合わないと非難した。韓非子の見方は、主君でさえあれば、どんなに凶暴残虐で非人間的でも、臣下は主君に対して反対の考えや挙動があってはならない。罪を討伐したり、非を明らかにするた

めに議論することは妥当ではない。君主が臣に位を譲るとなると、更に取る価値がない。韓非子子は「夫所謂明君者，能畜其臣者也。所謂賢臣者，能明法辟，治官職，以戴其君者也。今堯自以為明，而不能以畜舜；舜自以為賢，而不能以戴堯；湯武自以為義，而弑其君長。此明君且常與，而賢臣且常取也。故至今為人子者，有取其父之家；為人臣者，有取其君之國者矣。父而讓子，君而讓臣，此非所以定位一教之道也。」と言っている。

君主に対して無限の忠誠を尽くし、臣が主君に仕えるという秩序が乱れることを決して許さないことが韓非子の「忠」である。孝行に対する韓非子の見方も同様で、つまり親尊子卑を主張し、息子が父に反対することを決して許さない。彼は父への孝行と主君への仕えを完全に混同させ合理化し、不合理な凡ての違いを抹殺した。次のような『忠孝』の文から、このことが非常に明らかに体現されている。

　　臣以為人生必事君養親，……孝子之事父也，非競取父之家也；忠臣之事君也，非競取君之國也。夫為人子而常譽他人之親，曰某子之親，夜寢早起，強力生財，以養子孫臣妾，是誹謗其親者也。為人臣常譽先王之德厚而願之，是誹謗其君者也。非其親者，知謂之不孝，而非其君者，天下賢之，此所以亂也。

韓非子は、世間の人々は必ず主君に仕えねばならず、これは両親の扶養と同じであるとした。これにより、「忠」を「孝」と混同した。いわゆる「忠臣不違其君，孝子不非其親」は、彼が言った孝と忠が完全に一致すると表明している。彼は「孔子本未知孝悌忠順之道也」と言って、儒家の忠と孝という理論を攻撃する。しかし、彼が自分で鼓吹した孝悌忠順の思想も、実際は主君と父親の絶対的な権威を尊崇するにすぎないのである。親や兄に仕えるひたすら従順な道、君と父の絶対的な権威を尊崇する。『忠孝論』では「臣事君，子事父，妻事夫，三者順則天下治，三者逆則天下亂，此天下之常道也。」と言っているが、上下の関係を逆さまにしないことを意味する「順」とは、韓非子の忠孝観の中心である。道徳主義に背く韓非子の忠孝観は、彼が個人の生命価値を否定し、彼の主張する誰でも自利心を持

つという極端な性悪論から生まれた。『忠孝』篇では、「父之所以欲有賢子者，家貧則富之，父苦則樂之。君之所以欲有賢臣者，國亂則治之，主卑則尊之。今有賢子而不為父，則父之處家也苦；有賢臣而不為君，則君之處位也危。然則父有賢子，君有賢臣，適足以為害耳，豈得利焉哉！」と言っている。

韓非子からすると、君臣、父子の間にも「利」の関係が存在し、君、父の利益に繋がるのは忠、孝であり、それは人生価値の実現でもあった。

上述から分かったように、韓非子の孝道観念には次のような重要な特徴が二つある。その一つは、極端な人生悪と父子関係は純粋な利害関係が根底にあるということである。そこから政治と道徳をはっきりと区別した非道徳的主義の倫理思想を主張した。その主張により、孝行、慈悲の存在と孝道が精神を教化する役割を否定した。必要なのは、ただ過酷な法律と刑罰だけであり、孝道に依存して国家を管理することに反対した。この学説は、急速に富国強兵を促し、天下を奪い取る理念に適した。そして秦皇に取り入れられ、ついに六国を統一した。しかし、このように文化伝統を断ち切り、人間の内在する主体性を否定し、その道徳と学術に反対する学説は、道徳精神と文明の水準を高められず、かえって人間性を閉鎖的にせざるを得ず、人間の心を窒息させかねず、国家官吏の道には合わなかった。漢の時代に入ると間もなく、封建統治者が完全に韓非子の系統理論を捨て、再び儒家の仁孝の思想を拾い、伝統的な倫理型政治を実行したのだ。このことは、孝道反対の韓非子学説の不可避な歴史上の悲劇である。韓非子の孝道観のもう一つの特徴としては、君主を主体とするその価値観から、主君と父親の絶頂の地位を尊崇するように類推したことである。君が臣に、父が子に対する絶対権力を強調し、父親を世話することと主君に仕えることを完全に混同させた。主君に仕えることと親を養うことを人生価値実現の全ての内容と位置付けた。忠誠心と孝行心を混同し、儒家の孝道とすり替えるような言い方は、後世の封建的な統治者の独断の主義の需要に適していたので、これらの観点全てが受け入れられた。『孝経』の中にある「始于事親，中於事君」と「資于事父以事君」は、韓非子の学説に対する説明である。孝道観の進展及び変化した歴史の過程から見れば、韓非子の観念

は、荀子とそれ以前の法家の商鞅が継承した痕跡が明らかに見られるので、そこから出自したわけである。

伝統孝道が封建倫理に転化する過程で、法家(主に韓非子)は、はるか儒家には及ばないが、しかし道家、墨家を超えて広く貢献したと思われる。ただし、それは法家が忠を孝と混同し、孝道が封建独断的政治に奉仕することに役立ったので、漢代の統治者に受け入れられ、孝を核心とする封建倫理の重要な内容になったのである。


## 注釈

(1)『史記・孔子世家』。

(2)『論語・八佾』》。

(3)(22)(34)『論語・陽貨』。

(4)(21)『論語・子路』。

(5)(6)『論語・顔淵』。

(7)『左伝』文公二年。

(8)『国語・周語』。

(9) 本書第五章に詳見。

(10)(11)『論語・述而』。

(12)『荘子・天運』:「商太宰問仁於荘子。荘子曰:'虎狼仁也。'曰:'何謂也?'荘子曰:'父子相親,何謂不仁?'」

(13)『論語・泰伯』。

(14)『論語・述而』:「為仁由已,而由人乎哉?」

(15)(28) 周予同の『「孝」與「生殖器崇拝」』を参照 『古史弁』第二冊中編に掲載。

(16)『論語・為政』:「子夏問孝,子曰:色難,有事弟子服其勞。」

(17)(18)(20)『論語・里仁』。

(19)(53)『論語・為政』。

(23)『左伝』僖公五年。

(24) 同上書籍　僖公二十年。

(25) 同上書籍　成公二年。

(26)(74) 除復観の『中国思想史論集』 台湾学生書局八三年版　158、185頁。

(27)『大戴礼記』、『礼記』と『呂氏春秋』を参照。

(29)(44)(50)『孟子・梁恵王上』。

(30)(40)(51)『孟子・尽心上』。

(31)(33)(45)(46)(72)『孟子・離婁上』。
(32)『孝経・開宗明義章第一』。
(35)『論語・雍也』。
(36)恩師の金景芳先生が『易大伝』が確かに孔子によって書かれたと考えた。金景芳著『周易講座序』を参照。『易大伝』における六条がそれぞれ一、『乾卦彖伝』:「乾道變化,各正性命」;二、『乾文言伝』:「利貞性情也」;三、『系辞伝上』:「一陰一陽之謂道,繼之者善也, 成之者性也」;四、『系辞伝上』:「天地設位而行乎其中矣, 成性存之,道義之門」;五、『説卦伝』:「窮理盡性以至於命」;六、『説卦伝』:「昔者聖人之作『易』也, 將以順性命之理」である。
(37)(39)『孟子・告子上』。
(38)(49)『孟子・公孫丑上』。
(41)『尚書・堯典』:「帝曰:「契！百姓不親, 五品不遜, 汝作司徒, 敬敷五教, 在寬."」
(42)(43)『孟子・滕文公上』。
(47)(80)『孟子・滕文公下』。
(48)『孟子・告子下』。
(52)如『礼記・中庸』説:「仁者人也, 親親為大;義者宜也, 尊賢為大, 親親之殺, 尊賢之等,禮所生也.」
(54)(55)(57)(58)(59)(60)『荀子・性悪』。
(56)『荀子・栄辱』。
(61)『荀子・子道』。
(62)この話は文字が「四人」を「七人」に、「三人」を「五人」に、「二人」を「三人」に、最後の文を「夫能審其所從之謂孝之謂貞也」にされるとやや異なるが、『孔子家論・三恕篇』にも記載されている。又、『孝経・諫諍章』には孔子と曾子との問答に記録されているが、文字もほぼそれと同じである。
(63)『荀子・礼論』。
(64)『史記・仲尼弟子列伝』:「曾參, ……孔子以為能通孝道, 故授之業, 作『孝経』, 死于魯。」『漢書・芸文志』:「『孝経』者, 孔子為曾子陳孝道也。」
(65)王正己氏著『孝経今考』で、指出『孝経』における思想が『孟子』のと同じ証拠が五つあると指摘して、孟子の弟子によって書かれたと断定する。『古史辨』第四を参照。しかし、除復観氏が『中国孝道思想的形成演変及其歴史中的諸問題』でその結論に対して『孝経』と孟子の思想と異なると反論を出した。筆者の考えでは、孟子の弟子たちの学術観点も、必ずしも完全に孟子の思想に厳格に守り抜くとは限らなくて、ある程度でいくらか発展してのも当たり前である故に、孟子弟子たちによって書かれた可能性も排除できないのである。
(66)『孝経・聖治章』。

⑹⑺『孝経・三才章』。
⑹⑻『礼記・祭義』:「曾子曰:「夫孝, 置之而塞乎天地, 溥之而横乎四海, 施諸後世而無朝夕。推而放諸東海而准, 推而放諸西海而准, 推而放諸南海而准, 推而放諸北海而准。』『詩』云:'自西自東, 自南自北, 無思不服,'此之謂也。」
⑹⑼『礼記・喪服四制』。
⑺⓪『論語・里仁』。
⑺①『大戴礼記・曾子大孝』。
⑺③『礼記・祭義』では「忠臣以事其君, 孝子以事其親, 其本一也。」があるが、しかし、ここでは忠を孝の条件としない。
⑺④具体的な状況は本書第四編における葬儀部分についての小節を参照。
⑺⑤これは『孟子・滕文公上』に記載される墨家夷之の話であるが、原文は「愛無差等, 施由親始」である。
⑺⑥『墨子・尚賢上』。
⑺⑦『墨子・兼愛下』。
⑺⑧『墨子・兼愛中』。
⑺⑨『墨子・兼愛上』。
⑻⓪⑻②⑻③『墨子・節葬下』。
⑻④『韓非子子・顕学』を参照。
⑻⑤『墨子・尚賢中』における「兼而愛之, 從而利之。」
⑻⑥『老子』第八十章。
⑻⑦金景芳著『中国奴隷社会史』第四章第五節を参照　上海人民出版社　1983 年出版。
⑻⑧『老子』第六十七章。
⑻⑨『老子』第五十一章。
⑼⓪馬叙倫著『列子偽書考』及び陳文波著『偽造列子之一証』という二文を参照　二文とも『古史弁』第四冊に掲載。
⑼①『老子』第十三章を参照。
⑼②『荘子・駢拇』。
⑼③⑼⑤『荘子・大宗師』。
⑼④『荘子・馬蹄』。
⑼⑥台湾正中書局 1982 年版　144 頁。
⑼⑦上海人民出版社 1983 年版　457 頁。
⑼⑧『史記・太史公自序』における「論六家要旨」。
⑼⑨『四庫全書総目提要』に慎到と言及する時、次のように「今考其書, 大旨欲因物理之当然, 各定一法而守之。不求於法之外, 亦不寛於法之中, 則上下相安, 可以清淨而治。然法所不行, 勢必以刑齊之。道徳之為刑名, 此其轉關, 所以申韓多稱之也。」

第七章　春秋戦国の思想界における伝統孝道に対する認識と発展　231

と曰く。『韓非子子・難勢』に「飛龍乘雲，騰蛇遊霧，雲罷霧霽，而龍蛇與蚓蟻同矣，則失其所乘也。賢人而詘於不肖者，則權輕位卑也；不肖而能服賢者，則權重位尊也。堯為匹夫，不能治三人；而桀為天子，能亂天下。吾以此知勢位之足恃，而賢智之不足慕也。夫弩弱而矢高者，激於風也；身不肖而令行者，得助於眾也。堯教於隸屬而民不聽，至於南面而王天下，令則行，禁　則止。由此觀之，賢智未足以服眾，而勢位足以詘（原作"缶"，據俞樾校改）賢者也。」という慎到の言葉を引用した。上述は慎到の「勢」に対する証拠である。

『韓非子子・定法』には「今申不害言「術」，而公孫鞅為「法」。術者，因任而授官，循名而責實，操生殺之柄，課群臣之能者也。此人主之所執也。法者，憲令著於官府，刑罰必乎民心，賞存乎慎法，而罰加乎奸令者也。此人臣之所師也。君無術，則弊於上；臣無法，則亂於下，此不可一無，皆帝王之具也。」と　申不害、商鞅をを論ずる。

(100)『商君書・靳令』。
(101)『商君書・開塞』。
(102)『商君書・修権』。
(103)『史記・商君列伝』。
(104)『商君書・境内』。
(105) 梁啓超著『先秦政治思想史』　中華書局版　第134頁。
(106)『慎子・因循』における「人莫不自為也，化而使之為我，則莫可得而用矣。」
　　　『商君書・算地』における「名與利交至，民之性，饑而求食，勞而求佚，苦則索樂，辱則求榮，此民之情也。」
(107)『韓非子子・難三』。
(108)『韓非子子・外儲説左上』。
(109)『韓非子子・六反』。
(110)『韓非子子・備内』。
(111)『韓非子子・難二』。
(112)『韓非子子・五蠹』。
(113)『韓非子子・顕学』。
(114)『韓非子子・奸殺弑臣』。
(115)『忠孝』篇の作者について、学界では韓非子子による説を疑う者が多いが、証拠が不十分である。我は其の内容が韓非子子の全体の思想にはほぼ一致しているので、本篇が間違いなく韓非子子によると思う。本篇が韓非子子によると思う代表人物である日本の太田方氏が『韓非子子翼毳』という本で、「韓非子子の学術理論が老子によるので、本篇が「恬淡之學」に批判すべきでない」と「「更名民曰黔首」というのは韓非子子が死後の事であるので、韓非子子が生前では「黔首」という称号があるのは無理である。」というように二つの証拠を提出した。この二点の懐疑につ

いては実は説明できるのである。除復観が『中国思想史論集』第185 – 186頁には、これについての価値のある分析がいくらか有るので、読者の諸様が参照していい。

# 結語　いくつかの簡単な結論

　孝行観念は一定の歴史段階の産物として、歴史の発展とともに変化するものである。したがって、私達が孝道の発展過程を研究するには、必ずそれを歴史発展の長い過程と結び合わせながら考察を行わねばならない。

　人類がまだ蒙昧、甚だしきに至っては野蛮な段階の先史社会にいたとき、国家は未成立の状態で、いかなる制度も未整備のときであった。両性関係が確立されない自然な結合で、子供が生まれ、母親しか分からない状況である。当時は、血縁関係は氏族層を繋ぐ天然な唯一の絆であった。この絆によって連結されたのは、母系しかなかった。母系氏族公社の発展階段には、人間自身の生産の社会構造は決定的な働きを果たしていた。血縁関係なら人類を生存維持させることや、発展需要を求めることを強力に保証してくれる。しかし血縁関係は、これほど重要なのにも関わらず、個人の婚姻制度がまだ確立さえしていずに人々は自分の父親が誰だか分からなかった。親子間では、いかなる権利や義務の規定もなかったので、この時期には、孝行の意識は生まれなかった。

　いざ生産の発展が剰余生産物のある程度の量に達し、男子の生産中の地位が高まった時期となると、母系を主体とする血縁の絆が生産力発展を妨げるものになった。労働生産物が更に増えるにつれて、私有制の発生が刺激を受けた。私有制の本質が個人の社会生産の剰余生産物を要求するわけである。このような独占の継続として、父子継承の父系制度が気運に乗じて生まれた。すると、父権が母権に打ち勝って、「女性の世界的歴史意義の失敗」を迎え、社会は母系の氏族から父方の氏族に移行する。父方の氏族公社で、社会制度の実質部分が父権で、男性に従属する一夫一妻制の家庭によって社会構造の細胞が構成された。この頃になると、肉親への「親

親」の情と個体婚姻制度という孝行観念の発生に必要な2つの前提条件が既に備わっているので、孝行観念も時機が熟して自然に成就した。

父方の制度は私有制の産物であるが、また逆に私有制を保護して、人類はついに野蛮時代から文明時代に入った。その後、階級の出現と国家の発生に従って、地域的団体は次第に血縁団体に取って代わり、それにより、奴隷制度は誕生した。奴隷制度の下で、国家の統治権力は血族団体に握られて、このような血族団体の絆をつなぎとめたのは、父子の継承する関係である。父系制度を完備し、確保するために、西周の初め、嫡長子相続制を中心とする宗法制度が構築された。それに応じて、孝行の観念も前例のないほど重視され、一種の自然な感情から強烈な階級性と政治機能のある観念形態のものに転化して、周代礼楽文化の重要な内容の一つになる。孝道が盛んに行われることにより、宗法制度の合理性を実証するためにも、更に父子相続の私有の制度を確保するためにも、歴史の上でとても重要な進歩的な役割を果たした。

にもかかわらず、この進歩効果の時間は長くはなかった。血族団体を統治の基礎とする奴隷制社会が生まれたばかりの時は、革命性に富み、向上的な生命力に満ちていた。しかし、それがやがて衰えていくにつれ、反動的に没落し、気息奄奄のものになった。孝道は、奴隷制度の上昇時期では、この政権の創立、強化と発展を保証するのにかなり進歩的な役割を果たした。しかし制度が老衰し始めると、それはかえって歴史の前進を妨げるものとなり、朽ちて没落した。春秋戦国の世になって、新興の地主階級は、更に生産力を開放し、歴史の前進を推進するために改革を行い、奴隷制度に取って代わる封建制度の社会秩序が成立していく。しかし孝道は、没力した奴隷主貴族の利益を守るために潜在し続けた。極力影響力のある形式（主に道徳的な仲介を借りる）で以って、古い井田、戸の多い土地の制度、分封制、宗法制度や礼楽制度の合理性を実証し、すべての旧秩序を弁護しようとした。これは地主階級の行う革命とは相容れなかった。このような強大な歴史変革の風潮を前に、孝道が直面した運命は打撃と選択しかなかった。そのため衰微し、不振になり、社会から重視されなくなった。

秦の六国統一により、中国の歴史が封建社会に入ったとされる。しかし

地主階級は、なかなか奴隷制度に対して徹底的な革命を起こせない。ただ一つの新しい搾取階級が、古い搾取階級に取って代わることは、搾取の方法は異なるが、統治の性質から言えば、いずれも同じと言える。地主階級の奴隷制度に対する革命は、主に既存の生産関係を変えた。それは古い宗法制度に打撃を与えだが、奴隷主貴族が血縁関係を利用して推進した「親親」という原則を破壊しただけに留まった。家庭を細胞とする農業型の現物経済と血縁宗法関係は、完全なままで依然として存在していた。そこで、新しい統治秩序の長期の安定のために、地主階級は政権を強固した後、また再び彼らに否定された古い価値観を利用し、全面的に宗法制度、礼楽制度や血族家庭の道徳標準を含む全ての父系制度を確立した。そして再び孝道は封建社会で人気を盛り返し、治国の本として歴代の封建王朝に重視される。

　封建統治者は、孝道に対する評価に関わらず、その観念を含む制度により、人材を確保し、及び設置し一律に統括できる封建社会を目指した。同時に、血族の間の利益関係を維持し、保護するための観念としても孝道を取り入れた。ところがそれにより、地主階級の内部の闘争が一層激烈となった。我が国の封建社会は、最初から嫡庶、妻妾の間で寵愛を得ようと競い合い、長子と庶子の間で父を奪い合い、外戚が政治を乱脈にしたり、皇后及び太后を巡る利益的な政治集団が権力を独占したりと、内部の権力闘争が珍しくもなかった。これらの封建社会の特有な痼疾、宗法、世襲制度を維持し、保護する制度にある孝道の観念はなかなか否定できない。統治者同士のますます激しくなる権力の奪い合いにより、静まらない混沌社会は問題を引き起こし、新しい社会の革命がもたらされるからである。しかし封建社会の革命から、新しい歴史的意味を発生することはあまりない。ただ、王朝や政権の交代の意識しかない。実際に王朝交代は、古い統治秩序を合理的に扱い黙認することが前提にある。「皇帝が交代する」と言われるが、皇帝になったら、誰でも例外なく、父系血族の宗法世襲制度を維持し、孝道を利用して庶民を束縛していた。庶民に家では父親の意識に従い、外では忠君させ、謀反するような勇気など出ないように孝道精神を教化した。何故いつも王朝が交代する前に孝道が打撃を受けるのか。いったん新しい

統治が確立されても、すぐに再び孝道は利用されると自然に明らかな答えが出る。歴史の階級制限のため、地主階級は永遠にこの父系の血縁関係の束縛から抜け出すことは不可能である。したがって、歴史が20世紀に入り、西欧植民者の「堅船利砲」（強大な軍艦と強力な艦載砲）を前にしても、やはり宣統三歳の小児に即位させた。理由はただ一つ――彼が竜種からこそである！

この本のなかで、先秦時代の孝道の発展過程を系統的に考察し、ここまで早足で孝道の発生から封建社会の終焉まで論じてみた。孝道の発生と発展を全体の歴史軌道から総合して見ると、我々は少なくとも、以下のようないくつかの結論を得ることができる。

第一に、孝行の観念は、歴史上自然に発生し、周公、孔子のような聖賢により創造されたわけではないということ。孝道が異なる歴史段階で表現した異なる特徴は、その時期の社会状況によってそれぞれ創造され、決められたことであったということ。人類の歴史活動により自分の観念意識は作られたが、またそれは逆に人類の歴史に影響を与えたということ。したがって、孝道を研究するには歴史学の角度と方法を捨て、ただ倫理学、政治学の角度から研究するだけでは明らかに足りない。

第二に、生産力が弱まったために古い生産関係を変えなけれならないとき、社会が発展する際には古い歴史段階を越えなければならなかったこと。古い歴史段階のイデオロギーの一つであった孝道は、社会革命により打撃を受ける。しかし新しい政権が強固になった後には、新しい統治秩序を守るために、孝道は再び提唱される。このような循環現象から、支配階級の手段であった孝道の深い本質を説明した。同時に封建社会の超安定構造に対する認識にも役立っていた。

第三に、孝道のシステムを考察してみると、父権は間違いなくその唯一の基礎であった。孝道が保護するのは、父子相続の宗法血族制度である。中国の奴隷制社会では、封建社会と同じく孝道を尊び崇めた宗法世襲の等級社会であった。宗法世襲を利用し、父子の血族統治を守らなければならなかった。宗法世襲制度の下での孝道の盛行は、歴史の流れの上で必然性があった。封建制と奴隷制の社会組織の核心は、宗法制である。しかも宗

法制の核心思想の絆が「孝行」である。これこそ孝道と父権制の下の宗法制度の関係である。

　第四に、小農経済を主体にする農業社会では、孝道は特殊な生命力を持っていた。農業社会が血縁関係から離れられない限り、父系血族の倫理観念は守り続けなければならない。今日の中国では、工業社会を目指して邁進中である。しかし主体的にはまだ農業国であり、生産の社会化の程度は高くない上に、社会の公共福祉もはるかに足りない状況である。この点を考え、子供が元気に大きくなり、老人に対して必要不可欠の配慮ができ、社会の負担を軽減し、安定の因素を強めるために、私達は伝統の孝道を改造し、参考にする必要がある。例え今後工業社会に入ったとしても、伝統と完全に断絶するわけでない。近代化経済と忠誠心・孝行心の伝統と互いに結合した日本社会の体系は、経済発展の参考になると私は思う。

　第五に、孝行の観念は、本来、人類自身が再生産に伴い、自然に発生した「親親」の情である。親が子へ、愛によりできた子が親へ愛を示すという純真な情感であり、何の階級性もなかった。ただ階級社会になった後、それは宗法制度と結合し合って、統治者の手段になった。よって、階級社会では共犯者の面構えのようにみえる「孝道」は、実は原始の孝行の観念が異化した形態なのである。反対するべきなのは、人為的に無理に押しつけた観念であるが、「親親」という内核まで捨ててしまうことは妥当ではない。人類が絶えず増え、生存さえすれば、「親親」の情は続いて存在するものであり、未来の社会にも同様に持続されるはずなので、この内核が消滅することはない。歴史上から見ると、孝行の観念は、ずっと父系社会に始終伴っている。いかなる社会でも、この「親親」の情を無視することはできない。また、いかなる階級でも自分の利益のためにそれを改造し、利用することができる。このように永遠に残る自然の感情に対する研究も、私達の長期の任務である。この点を考えて、民族のために、人類のために、我々自身のためにも、孝道研究の新しい成果を絶えず発表できる未来を待ち望んでいる。

## 参考文献総目録

1 『礼記』
2 『周礼』
3 『儀礼』
4 『左伝』
5 『公羊伝』
6 『穀梁伝』
7 『国語』
8 『戦国策』
9 『呂氏春秋』
10 『尚書』
11 『竹書記年』
12 『周易』
13 『詩経』
14 『論語』
15 『孟子』
16 『荀子』
17 『老子』
18 『墨子』
19 『荘子』
20 『韓非子』
21 『管子』
22 『楚辞』
23 『大戴礼記』
24 『世本』
25 『孝経』
26 前漢・司馬遷『史記』

27　後漢・班固『漢書』
28　南朝・宋・範曄『後漢書』
29　前漢・賈誼『過秦論』
30　前漢・劉向『説苑』
31　前漢・桓寛『塩鉄論』
32　後漢・桓譚『新書』
33　晋・陳寿『三国志』
34　唐・房玄齢『晋書』
35　明・董説『七国考』
36　後漢・班固撰、清・陳立により疏注『白虎通疏証』
37　『マルクスエンゲルス選集』第一から四巻
38　モルガン『古代社会』
39　モルガン『人類家庭の血親と婚姻制度』
40　[仏] ルソー『社会契約論』　商務印書館 1980 年版。
41　[ソ] セミョーノフ『婚姻と家庭の起源』　中国社会科学出版社 1983 年。
42　[日] 桑原隲蔵『支那の孝道』
43　[ソ] ケスウェン『原始文化の史綱』　人民出版社　1955 年。
44　[英] フレイザー『金枝』　中国民間文芸出版社　1987 年。
45　モリス『裸のサル』　百花文芸出版社　1987 年。
46　ダーウィン『人間の由来』　商務印書館　1983 年。
47　[米] C·Enber、M·Enber『文化の変化——現代文化人類学通論』遼寧人民出版社 1988 年。
48　金景芳『中国奴隷社会史』　上海人民出版社　1983 年。
49　金景芳『古史論集』　斉魯書社　1982 年。
50　金景芳『論井田制度』　斉魯書社　1982 年。
51　金景芳、呂紹綱『周易全解』　吉林大学出版社　1990 年。
52　呂紹綱『周易闡微』　吉林大学出版社　1990 年。
53　徐旭生『中国古史的伝説時代』　文物出版社　1985 年
54　謝維揚『周代家庭形態』　中国社会科学出版社　1990 年。

55 『儒学国際学術討論会論文集』 斉魯書社 1989 年。

56 『中国伝統文化的再估計——首届国際中国文化学術討論会文集』 上海人民出版社 1987 年。

57 沈善洪、王鳳賢『中国倫理学説史』上冊 浙江人民出版社 1985 年。

58 李玉潔『楚史稿』 河南大学出版社 1988 年。

59 王光鎬『楚文化源流新証』 武漢大学出版社 1988 年。

60 鄭慧生『上古華夏婦女與婚姻』 河南人民出版社 1988 年。

61 李孟存、常金倉『晋国史綱要』 山西人民出版社 1988 年。

62 田昌五『古代社会断代新論』 人民出版社 1982 年。

63 趙光賢『周代社会弁析』 人民出版社 1980 年。

64 陶立璠『民俗学概論』 中央民族学院出版社 1987 年。

65 馮友蘭『三松堂学術文集』 北京大学出版社 1985 年。

66 常玉芝『商代周祭制度』 中国社会科学出版社 1987 年。

67 周予同『周予同経学史論著選集』 上海人民出版社 1983 年。

68 高清海編集組織する『マルクス主義哲学基礎』 人民出版社 1985 年。

69 湯一介『中国伝統文化中的儒道釈』 中国和平出版社 1988 年。

70 王恵岩、張創新『中国政治制度史』 吉林大学出版社 1989 年。

71 『古史弁』 上海古籍出版社 1982 年。

72 楊寛『戦国史』上海人民出版社 1980 年。

73 蔡俊生『人類社会的形成和原始社会形態』 中国社会科学出版社 1988 年。

74 呂思勉『先秦史』香港太平書局 1968 年。

75 呂思勉『中国制度史』 上海教育出版社 1985 年。

76 童書業『春秋左伝研究』 上海人民出版社 1980 年。

77 王仲犖編集組織する『歴史論叢』 第二集 斉魯書社 1981 年。

78 『先秦史論文集』『人文雑誌』増刊 1982 年（西安）。

79 『西周史研究』『人文雑誌』 叢刊第二集。

80 『中国古代史論叢』（総第八集） 福建人民出版社 1983 年。

81　『全国商史学術討論会論文集』『殷都学刊』　増刊　1985年。
82　範文瀾『中国通史』一、二冊　人民出版社　1978年版。
83　羅光『中国哲学思想史篇・先秦篇』　台湾学生書局　1982年増訂版。
84　熊公哲など『国学研究論集』　台湾黎明文化事業公司　1983年。
85　労思光『新編中国哲学史』（一）　台湾三書局　1984年増訂版。
86　顧光駿『儒家倫理思想』　台湾正中書局　1967年。
87　劉真『儒家倫理思想述要』　台湾正中書局　1946年。
88　徐複観『中国思想史論集』　台湾学生書局　1983年。
89　杜正勝『封建與宗法』　中央研究院史語所集刊第50本。
90　杜恵祥『文化人類学』　台湾商務印書館　1981年第七版。
91　詹承緒など『永寧ナシ族的阿注婚姻和母系家庭』　上海人民出版社，1980年。
92　衛恵林『社会人類学』　台湾商務印書館。
93　林耀華、庄孔韶『父系家族公社形態研究』　青海出版社　1984年。
94　厳汝嫻、宋北麟『永寧ナシ族的母系制』　雲南人民出版社　1983年。
95　秋浦など『エヴェンキ人的原始社会形態』　中華書局　1980年。
96　『チンポー族社会歴史調査』　雲南人民出版社　1985年。
97　『ハニ族社会歴史調査』　雲南人民出版社　1982年。
98　『アチャン族社会歴史調査』　雲南人民出版社　1983年。
99　『パラウン族社会歴史調査』　雲南人民出版社　1981年。
100　『ナシ族社会歴史調査』　雲南人民出版社　1983年。
101　『ヌー族社会歴史調査』　雲南人民出版社　1981年。
102　『四川省涼山イ族社会歴史調査』　四川社会科学院出版社　1985年。
103　『ワ族社会歴史調査』（一）、（二）、（三）　雲南人民出版社　1983年。
104　『栗栗族社会歴史調査』　雲南人民出版社　1981年。
105　『ミャオ族社会歴史調査』　貴州民族出版社　1987年。
106　『涼山イ族奴隷社会』　人民出版社　1982年。

107　顧棟高『春秋大事表』　清乾隆十二年版。
108　洪亮吉『春秋左伝詁』　中華書局　1987年。
109　高士奇『左伝紀事本末』　中華書局　1979年。
110　応邵撰、呉樹平校釈『風俗通義校釈』　天津人民出版社　１９８０年。
111　董説撰、繆文遠訂補『七国考訂補』　上海古籍出版社　1987年。
112　梁玉縄など『史記漢書諸表訂補十種』　中華書局　1982年。
113　許慎撰、段玉裁注『説文解字注』　上海古籍出版社　1981年。
114　郝懿行『爾雅義疏』　中国古籍出版社　1983年影印本。
115　王念孫『広雅疎証』　江蘇古籍出版社　1984年。
116　阮元『経籍纂詁』　成都古籍书店　1982年影印本。
117　王夫之『読通鑑論』　中華書局　1975年。
118　王国維『観堂集林』　中華書局　1959年。
119　王国維『王国維先生遺書』　上海古籍出版社　1981年。
120　梁啓超『飲氷室合集』　中華書局　1932年。
121　廖從雲『中国歴代県制考』　台湾中華書局　1969年。
122　李安宅『儀礼與礼記之社会学的研究』　商務印書館　1931年。
123　尚秉和『歴代社会風俗事物考』　商務印書館　1938年。
124　郭沫若『両周金文辞大系』。
125　羅振玉『三代吉金文存』　中華書局　1983年。
126　楊樹達『積微居金文説』　科学出版社　1959年。
127　唐蘭『西周青銅器銘文分代史証』　中華書局　1986年。
128　徐中舒『殷周金文集録』　四川辞書出版社　1986年。
129　陳夢家『殷墟卜辞綜述』　科学出版社　1956年。
130　于省吾『甲骨文字釈林』　中華書局　1979年。
131　姚孝遂編集組織する『殷墟甲骨刻辞類纂』　中華書局　1989年。
132　孫海波『甲骨文編』　中華書局　1932年。
133　胡厚宣『甲骨文與殷商史』　上海古籍出版社　1983年。
134　李学勤『東周與秦代文明』　文物出版社　1984年。
135　北京大学歴史系『商周考古』　文物出版社　1979年。

136 中国社会科学院考古所『新中国的考古発現和研究』 文物出版社 1984 年。

137 『大汶口文化討論文集』 斉魯書社 1979 年。

138 『文物考古工作三十年』 文物出版社 1979 年。

139 『西安半坡』 文物出版社 1963 年。

140 『文物與考古論集』 文物出版社 1987 年。

# 後記

　本書は恩師の金景芳先生の心のこもったご指導のもとで書き上げました。テーマの選定、資料の収集、組み立ての構想などから創作に至るまで、金先生から細かい指導を頂きました。内容の審査認可の過程では、金先生は基本的な観点と具体的な学術問題について、いくつかの重要な修正点の意見を出すだけでなく、それぞれの言葉、引用句のすべてに渡って厳しくチェックをしていただきました。甚だしきに至っては、誤字と当て字まで訂正をしてくださいました。本書に心血を注いでくださった金先生に、私の言葉では言い尽くせないほど感謝の念で心が溢れています。金先生が九十歳になられても、常に強く熱心に教育をしてくださり、全力を尽くして後輩を抜擢し、励ましてくださる姿勢は尊敬に値するものであり、本当に感激してしまいます。先生の気高いお人柄は、本当に吾輩の手本です。私は先生のように、同じような精神で仕事に接し、学生達にも接しようと思います。そのことは、高齢の恩師に対する最高の恩返しだと思います。

　呂紹綱教授からは、論文の創作過程でいろいろとご援助していただきました。しかも本書へ序文も書いていただきました。友人の陶清先生には、論文の改正過程で温かいご指導をいただきました。本書が答弁を通ると、すぐに台湾の文津出版社が出版してくださいました。文津出版社の編集長の邱鎮京先生は、自ら原稿をチェックしてくださり、訂正箇所の意見を出していただきました。本書を出版するにあたり、謹んで、以上の諸先生の皆さまがたに心からの謝意を申し上げます！

　元々は、本書の最初の構想としては中国の孝道を孝道観念の形成から今に至る現代までについて書きたかったのですが、しかし、それはあまりにも長すぎて、私の学力では三年以内にはなかなか終了できないと思い、秦の統一までとして先秦時代の孝道研究に変更いたしました。漢代以降の長期の封建社会の中では、孝道は歴代王朝の治国の根本でした。歴史学の角度から孝道に関わる多くの課題を、私が研究を続けていく機会がある限り、

早急に研究に着手したいと願っております。本書の創作につきましては、私は全力を尽くしたと言うことしかできません。まじめな態度で取り組みましたが、力不足で、適切ではない箇所が恐らく多数あると思われます。次回の本がこれより少しでも良くなるよう、学界の皆さまがたのご叱正を心より望んでおります。

作者　1992年初秋長春にて

## 大陸版の後記

　私の博士学位論文の『先秦孝道研究』は1992年に台湾で出版されて以来、幸運にも国内外学術界から多くの配慮を得ています。私が覚えている中でも五篇の専門的評論文章があります。また多くの著作と二十篇近くの論文のいくつかの基本的観点を引用し、述べさせていただきました。本書はまた、吉林省政府が授与した社会科学の奨励を、光栄にも獲得しました。更に著者である私自身も慌て慄いたことに、本書は台湾で出版されました。印刷部数がまだ少なく、本書を求める国内の同僚からの手紙にどう答えればよいのか分かずに困った状況でした。幸いなことに、吉林人民出版社の第一編集部主任の張立華氏が、経済的圧力を顧みないで、本書を簡体字にして出版し、大陸で販売することを申し出てくださいました。ここに謹んで、張立華先生と吉林人民出版社の方々に心からの敬意を表し、感謝申し上げたいと思います。

　最後に、この本書について説明をさせていただきます。本書が博士論文の答弁を通った日から既に九年を越え、公開出版からは八年が過ぎようとしています。今日でも学術は絶えず発展しています。本書の中のいくつかの観点は、修正されるべき可能性が高い論述があるかもしれません。しかし近年、私事で恐縮ですが、その他のプロジェクトに忙しく、真剣に本書を再び検討する時間がなかなかありませんでした。短期間で校閲を試みた結果、大きな問題点が見い出せなかったため、ごく一部の字句のみ訂正をし、本書は依然として当初のままの状態です。よって出版後、学界からのご批判とご叱正を頂ければと待ち望んでおります。

康学偉<br>
2000年9月

### 著者略歴

康学偉：1958年生まれ、吉林省永吉県出身。1982年に四平師院の中国語学部の本科卒業、文学学士号取得。1988年に武漢大学の中国語学部大学院修了、文学修士号取得。1991年に吉林大学の古典籍所大学院卒業、歴史学博士の学位を取得。通化師範学院の学長を現任、国家2級の教授、博士課程学生の指導教官を担当している。中国国務院より政府特別手当を享受する専門家。学術上においては吉林省歴史学会副会長、吉林省哲学学会副会長、吉林省周易学会副会長などを兼職。長期にわたり中国の思想史、中国の哲学史の研究に従事している。国内外の学術刊行物で論文を50数編発表し、著作、編集主幹として教材を10余りを出版した。とくに孝道及び経学に関する研究学術成果は、国内外学術界において広範に引用され評価され、高い学術影響として注目されている。

### 訳者略歴

李学義：1965年生まれ、山東省章丘県出身。1987年に長春師範学院外国語学部日本語学科卒業、文学学士号取得。2005年に客員研究員として日本中央大学へ赴き、2008年に当大学文学部大学院国文学卒業、文学修士号を取得。通化師範学院外国語学院で助教授を現任。研究方向は中日文学、文化の対比。国内外学術刊行物で論文を10数編発表し、著作を1部出版した。
　　　　翻訳部分：第一章、第二章、第四章、第五章、第六章、第七章

李筱彤：1992年生まれ、吉林省通化市出身、2010年に通化師範学院外国語学部日本語学科に入学、現在大学4学年の学生であり。卒業論文のテーマは「『紅楼夢』の賈宝玉と『源氏物語』光源氏との比較」である。
　　　　翻訳部分：第三章

---

**先秦時代の孝道の研究**　　2015年4月16日　初版発行

著　者　康　学偉
訳　者　李 学義・李 筱彤
発行者　佐藤 康夫

発行所　白　帝　社
　　　〒171-0014　東京都豊島区池袋2-65-1
　　　TEL：03-3986-3271
　　　FAX：03-3986-3272
組版所　柳葉コーポレーション
印　刷　大倉印刷
製　本　若林製本所
ISBN978-4-86398-193-5
＊定価はカバーに表示されています。